오늘의 사회, 오늘의 종교

최 현 종

다 산 출 판 사

본서에 대한 지극히 개인적인 소개

주로 학문적인 글쓰기, 논문이라는 형식에 길들여지면서 자기를 드러내는 글을 쓰는 것은 점점 어색해졌다. 이 책에 수록된 글들은 2012~16년의 기록들이다(이 기간에 쓴 글 중 공저로서 다른 단행본에 실린 글들은 제외되었다. 각 장의 첫 머리에 해당 글이 원래 실렸던 출처가 나와 있다). 이 글들에 나의 모습이, 사고하는 나를 제외하고는 드러나지 않지만, 돌아보면 많은 생각과 정서가 엇갈리는 시기(독일에서의 귀국과 이어지는 강사 시절의)가 그 뒤에 숨어 있다.

1장과 2장의 앞 부분에의 배열은 필자의 전작인 『한국 종교인구변동에 관한 연구』(부천 : 서울신학대학교출판부, 2011)와 연결을 갖고자 하는 의중이 포함되어 있다. 2015년의 새로운 (종교에 관한) 센서스 결과가 발표를 앞두고 있는 시점에서 업데이트되어야 할 부분도 있지만, 그냥 묻어두기는 아까운 내용들을 본서의 1장과 2장에서 상당 부분 인용하였다. 이러한 인용은 1장과 2장의 주제를 발전시키는 토대로서의 역할을 담당한다.

3장은 본래 『한국 종교인구변동에 관한 연구』 프로젝트에 포함되어 있던 부분이지만, 시간적인 제한 때문에 빠졌던 부분을 차후에 보충한 것이다. 따라서 이 장은 『한국 종교인구변동에 관한 연구』의 주요 부분을 인용한 1~2장의 다음에 위치하는 것이 적절한 것으로 보인다.

4장은 내용상으로는 책의 3부에 위치하여도 무방하다. 실제로 이 글은 8장에 이어서, 그 결론부의 언급을 증명하기 위해 쓴 글이다. 다만, 보다 현실을 반영하는 내용이 많기에 3부가 아닌 1부에 넣었다.

5~7장은 필자가 관련하였던 여러 프로젝트들의 산물이다. 실현된 것도, 그렇지 못했기에 초안(proposal)에 머물렀던 내용을 발전시킨 것도 있다. 특히, 7장은 개인적으로, 한편으로는 독일 유학시절을 정리하는 의미를, 또 한편으로는 강사 시절을 정리하는 의미를 지니기도 한다. 어쨌든 이 모든 글들을 '공적 영역에서의 종교'라는 이름으로 묶어 보았다.

1부와 3부의 구분은 모호하다. 다만, 3부에 수록된 글들의 제목에 담긴 표제들—영성, 신 없는 사회, 자기만의 신—이 '오늘과 내일 사이에서'라는 3부의 제목에 보다 적합하다고 생각하였기에, 하나의 섹션으로 묶었다. 표제로 보면 3부는 종교사회학 이론적인 측면에 가장 근접한 글들로 볼 수 있다.

개인 저서로는 두 번째 책을 출간하며, 여러 감사할 사람들을 떠올린다. 2012~16년의 시간 동안 내가 속했던 기관들의 장(長)이셨던 박명수 교수님(현대기독교역사연구소), 오희천 교수님(기독교신학연구소), 유석성 前 총장님과 노세영 現 총장님(서울신학대학교), 안성우 목사님(로고스교회), 또한 개인적 사정으로 빠지게 되었지만, 이 시간을 함께 해 주었던 송재룡, 김성건 교수님을 비롯한 SSK '종교와 사회진보' 팀원들(본서의 3, 5, 6, 9장은 이 연구의 산물이다), 또한 부족한 원고를 출판하기로 결정해 준 다산출판사 측에도 감사의 말을 전한다. 이 시간을 함께 해 주었던 일일이 거명하지 못한 모든 이들에게도 감사의 말을 전하며, 특히 지금도 분투하고 있을 모든 (시간)강사들과 비정년교수들에게 조금이나마 용기를 드렸으면 한다. 마지막으로 아들을 위해 끊임없이 기도하고 계신 어머니 김정숙 권사님과 여기까지 나를 인도해 주신 하나님께 영광을 돌린다.

첫 번째 저서 '저자의 글'의 말미에 썼던 것처럼, 다음에 발표되는 글은 더욱 의미있는 글이 되기를 기원해 보며, 이 글을 읽어 주실 독자 여러분에게도 감사의 말을 전하고 싶다.

2017년 2월

최 현 종

차 례

1부
변화하는 사회, 변화하는 종교

3장
한국 개신교의 새신자 구성과 수평이동에 관한 연구

4장
생활세계의 식민화와 종교 시장 체계

2부

공적 영역에서의 종교 : 다종교사회, 정치, 통일

5장

다종교 사회의 긴장과 공존 : 공적 영역에서의 종교

6장

선거의 독립변수로서의 종교적 요인

7장

통일 전후 구 동독 지역의 종교사회학적 변화와 한반도 통일에 갖는 의미

3부

오늘과 내일 사이에서

8장

제도화된 영성과 한국 종교 지형의 변화 : 가톨릭과 개신교를 중심으로

9장

신 없는 사회와 하나님 나라 : 신 없는 사회가 더 행복할까?

10장

종교사회학적/기독교적 관점에서 바라본 울리히 벡의 '자기만의 신'

부록

통계와 함께하는 우리 시대 목회

1부

변화하는 사회, 변화하는 종교

1장 탈물질주의와 포스트모더니즘을 통해 살펴본 다음 세대의 종교 이해

Ⅰ. 들어가는 말

Ⅱ. 인구 센서스로 살펴본 한국 개신교의 현재 상황

Ⅲ. 탈물질주의로 살펴본 한국 종교의 상황과 미래

Ⅳ. 포스트모더니즘과 한국 종교의 상황과 미래

Ⅴ. 나가는 말 : 다음 세대 이해를 위한 몇 가지 지침

I. 들어가는 말

산업화 시기에 개신교의 성장은 당연한 일이고, 하나님의 한국 사회에 대한 축복의 한 징표로 여겨졌다. 그러나 어느 정도 산업화가 달성된 1980년대 이후 한국 개신교의 성장은 정체되었고, 2000년대에 이르러는 드디어 개신교 인구수가 감소하고 있다는 조사 결과도 나타나기 시작하고 있다. 이러한 현재의 개신교 상황에서 더 이상 외형적 확대에 주력하기보다는, 교육을 통한 보다 내실 있는 성장을 추구하는 새로운 움직임의 등장은 의미 있는 것이라고 할 수 있다.[1]

이 장은 이러한 맥락에서 다음 세대의 교육을 위한 약간의 지침을 제공하기 위한 것이다. 현재도 제대로 파악하기 어려운 상황에서, 다음 세대를 이해한다는 것은 쉽지 않은 일이지만, 일반적 추세를 통하여 어느 정도의 준비는 할 수 있으리라 생각한다. 여기서는 먼저 현재의 한국 종교, 특히 개신교의 상황을 인구 센서스의 분석을 통해 살펴보고, 여기에 나타난 경향을 탈물질주의와 포스트모더니즘이라는 2가지 변화 방향을 통해 분석함으로, 다음 세대 이해를 위한 지침을 제공하고자 한다.[2]

* 이 장은 제19회 바른교회아카데미 연구위원회 세미나에서 발표된 것을 수정, 편집한 것임.

1 실제로 미국의 복음주의권의 성장은 전도보다는 다출산과 교육에 힘입은 것으로 설명되기도 한다(Hout, Greeley and Wilde, 2001).

2 이 장의 Ⅱ와 Ⅲ은 필자의 『한국 종교인구변동에 관한 연구』(2011)에 기초하였다.

II. 인구 센서스로 살펴본 한국 개신교의 현재 상황

종교에 대한 조사는 1985년부터 인구 센서스의 한 항목으로 채택되었다. 1985년 이후 인구 센서스에 의한 주요 종교 및 전체 종교 인구에 대한 조사 결과는 〈표 1〉과 같다.

표 1 1985~2015년 인구 센서스에 따른 종교 인구 변동 (단위 : 명, %)

구분	1985		1995		2005		2015[3]	
	인구	비율	인구	비율	인구	비율	인구	비율
불 교	8,059,624	19.9	10,321,012	23.2	10,726,463	22.8	7,619,000	15.5
개신교	6,489,282	16.1	8,760,336	19.7	8,616,438	18.3	9,676,000	19.7
가톨릭	1,865,397	4.6	2,950,730	6.6	5,146,147	10.9	3,890,000	7.9
기 타	788,993	2.0	565,746	1.3	481,718	1.0	369,000	0.8
전 체	17,203,296	42.6	22,597,824	50.7	24,970,766	53.3	21,554,000	43.9

출처 : 최현종(2011 : 19); 통계청(2016).

이 결과에 따르면 종교 인구 센서스를 실시한 1985년 이후 한국의 종교 인구는 지속적으로 늘어나다가, 2005년 이후 감소세로 돌아선 것으로 나타난다. 종교 인구가 감소하기 이전인 1985~95년과 1995~2005년 사이에도 성장세는 감소하는 현상이 나타나는데, 1985~95년에는 비율로는 8.1%, 인구수로는 5,394,528명이 증가한 데 반하여, 1995~2005년에는 비율은 2.6%, 인구는 2,372,942명이 증가하는 데 그쳤다. 또한 성장을 이끈 종교에도 변화가 있었다. 1985~95년에는 개신교(3.6%)를 필두로 하여 불교(3.3%), 가톨릭(2.0%) 모두 고르게 성장하였는

3 2015년의 센서스는 표본조사에 따른 추정값.

데, 1995~2005년에는 가톨릭만이 4.3% 성장하였을 뿐, 불교(−0.4%)와 개신교(−1.4%)는 감소하였다. 다만 불교는 비율은 감소하였으나, 성도 수(405,451명)에 있어서는 증가하여, 주요 종교 중 개신교만이 순수 감소를 기록하였다. 반면, 2015년의 조사에서는 오히려 개신교가 1.5% 성장하였고, 불교(−7.3%), 가톨릭(−2.9%), 기타 종교(−0.2%) 모두 감소한 것으로 나타났다.[4] 그러나 2015년의 조사는 1985~2005년의 조사와는 다르게 표본조사이기 때문에, 조사 결과에 대한 확대 해석은 경계할 필요가 있다. 그럼에도 불구하고 불교 인구의 감소는 예상을 뛰어넘는 것이기에 이에 대하여는 좀 더 심층적인 분석이 필요한 것으로 보이며, 실제로 통계청이 발표한 결과에 따르면, 불교 인구의 감소(2,969,000명)는 전체 종교 인구 감소(2,972,000명)에 거의 육박하는 수치를 보이고 있다.[5]

인구 센서스는 종교별 전체 인구 이외에 성, 연령, 행정구역 별 통계를 제시하고 있는데, 이에 대한 분석 또한 각 종교별 상황을 이해하는 데 매우 중요하다. 성별 종교 인구는 종교에 상관없이 유사한 경향을 보이고 있지만, 연령, 행정구역 별로는 종교별로 상이한 분포를 보이고 있다. 먼저 연령별 분포를 살펴보면, 개신교는 소·청년층에서, 불교는 장·노년층에서 평균보다 높게 나타나며, 가톨릭은 상대적으로 고른 분포를 보이고 있다. 인구 센서스에 따른 연령별 종교 인구에 대한 조사 결과는 〈표 2〉와 같다.

---

4 필자는 선행연구에서, 2005년의 조사가 2.0% 정도 개신교를 과소, 가톨릭을 과대하게 조사했을 가능성을 제기한 바 있는데(최현종, 2011: 16-19), 이에 따른 수정 수치를 적용할 경우, 개신교는 0.6%, 가톨릭은 1.0% 감소한 것으로 나타난다.

5 물론 가톨릭 인구의 감소(1,125,000명)도 무시할 수 없는 것이지만, 불교에 비하면 적다고 볼 수 있고, 또한 2005년의 조사에서 980,000명 정도를 과대 조사했을 가능성(각주 4 참조)과 표본조사에 따른 오차범위를 고려한다면, 어느 정도 가능한 것으로 볼 수 있다.

표 2 1985~2015년 인구 센서스에 따른 연령별 종교 인구 변동 (단위 : %)

구분	불교				개신교				가톨릭			
	1985	1995	2005	2015	1985	1995	2005	2015	1985	1995	2005	2015
0~9	9.5	11.3	13.2	6.0	14.1	19.3	19.9	20.4	3.8	5.6	9.7	5.7
10~19	15.0	**18.3**	17.7	8.4	18.1	**22.5**	20.4	22.1	4.4	**7.2**	11.7	6.9
20~29	18.6	**19.4**	**19.3**	9.6	17.3	**19.7**	**17.9**	17.6	4.9	**5.8**	**11.2**	7.3
30~39	25.2	**24.7**	**19.6**	11.6	17.9	**20.0**	**17.7**	18.6	5.7	**7.0**	**9.8**	7.7
40~49	30.3	**31.5**	**26.6**	15.6	14.9	**20.0**	**17.7**	19.5	4.9	**8.0**	**11.3**	7.4
50~59	31.5	34.7	**31.7**	22.0	12.8	16.7	**17.8**	19.1	4.3	6.3	**12.0**	8.8
60~69	30.4	34.5	34.1	26.0	13.0	16.0	16.9	20.6	4.5	6.2	10.8	10.1
70~	28.0	30.5	31.1	25.5	12.4	17.5	18.2	21.3	4.4	6.8	11.5	9.9
전체	19.9	23.2	22.8	15.5	16.1	19.7	18.3	19.7	4.6	6.6	10.9	7.9

주 : % = 해당 종교의 연령별 인구/전체 연령별 인구
출처 : 최현종(2011: 23); 통계청(2016).

연령별 분포를 개신교에 집중해서 보면, 2005년의 조사에서는 평균보다 높은 비율을 보이는 연령층이 10대 하나로 줄어들고, 여기에 새로이 0~9세 연령층이 더해진다. 즉, 10대에서는 여전히 개신교가 강세를 보이고 있지만, 기존에 강세를 보였던 20~40대의 연령층에서는 더 이상 이전의 강세를 이어가지 못하고 있다. 이러한 사실은 시간의 흐름을 고려한 연령층의 비교에서 두드러진다(〈표 2〉의 굵은 글씨 부분 참조). 즉 1985년의 10대는 1995년에는 20대가 되고, 2005년에는 30대가 된다. 단순히 각 조사 시기의 동일 연령대를 비교하기보다는, 이와 같이 시간의 흐름을 고려하여 한 세대의 변화를 보는 것도 연령별 종교 인구를 분석하는 데 있어 의미 있는 일이라 할 수 있다. 이러한 세대의 시간적 변화에서 보면 개신교 청·장년층의 감소는 더욱 두드러진다. 1995년과 2005년을 비교하여 볼 때, 10대 → 20대는 −4.6%, 20대 → 30대는 −2.0%, 30대 → 40대는 −2.3%, 40대 → 50대는 −2.2% 감소하였다.

반면 불교의 동일 세대들은 조금씩 증가하였다. 가톨릭의 경우는 증가세가 전 연령층에 걸쳐 고르게 나타나고, 이것은 비교의 대상인 10~40대(1995년 기준) → 20~50대(2005년 기준)에서도 4% 내외로 동일하게 나타난다. 즉 개신교에서만 이 세대의 감소가 두드러진다. 개신교 인구의 성장세가 꺾인 원인을 규명하려면 바로 이 연령층에 대한 보다 심층적인 분석이 필요할 것으로 보인다.

지역별 분포에 있어서도 종교별 상이한 양상은 분명하게 드러난다. 지역별 종교 인구에 대한 조사 결과를 정리한 다음의 〈표 3〉에 의하면 불교는 영남권과 제주에서 두드러진 강세를 보이고 있다. 특히 부산 · 경남권에서는 2005년 기준으로 40% 내외의 무척 높은 비율을 점하고 있다. 개신교 인구는 불교와는 반대로 영남, 제주에서 약세, 수도권과 호남 지역에서 상대적 강세를 보인다. 충청, 강원의 경우는 다시 대전 · 충남이 약간의 강세, 충북 · 강원을 약간의 약세로 묘사할 수 있다. 가톨릭 인구는 연령별 분포와 마찬가지로 불교와 개신교에 비해 상대적으로 고른 비율을 보이고 있지만, 수도권에서 상대적인 강세를, 영남권에서 상대적인 약세를 보인다고 말할 수 있다.

표 3 1985~2015년 인구 센서스에 따른 행정구역별 종교 인구 변동 (단위 : %)

<table>
<tr><th rowspan="2">구분</th><th colspan="4">불교</th><th colspan="4">개신교</th><th colspan="4">가톨릭</th></tr>
<tr><th>1985</th><th>1995</th><th>2005</th><th>2015</th><th>1985</th><th>1995</th><th>2005</th><th>2015</th><th>1985</th><th>1995</th><th>2005</th><th>2015</th></tr>
<tr><td>서울</td><td>18.4</td><td>18.4</td><td>16.8</td><td>10.8</td><td>23.8</td><td>26.2</td><td>22.8</td><td>24.2</td><td>6.5</td><td>8.7</td><td>14.2</td><td>10.7</td></tr>
<tr><td>인천</td><td>13.4</td><td>14.6</td><td>13.8</td><td>8.8</td><td>21.8</td><td>25.8</td><td>22.4</td><td>23.1</td><td>7.5</td><td>9.0</td><td>13.7</td><td>9.5</td></tr>
<tr><td>경기</td><td>17.3</td><td>18.5</td><td>16.8</td><td>10.7</td><td>19.1</td><td>23.7</td><td>21.9</td><td>23.0</td><td>5.6</td><td>7.7</td><td>12.4</td><td>9.0</td></tr>
<tr><td>대전</td><td rowspan="3">17.7</td><td>23.2</td><td>21.8</td><td>14.0</td><td rowspan="3">15.4</td><td>21.1</td><td>20.5</td><td>21.8</td><td rowspan="3">3.6</td><td>6.6</td><td>10.7</td><td>7.4</td></tr>
<tr><td>세종</td><td rowspan="2">19.9</td><td rowspan="2">20.5</td><td>13.8</td><td rowspan="2">19.1</td><td rowspan="2">19.6</td><td>19.9</td><td rowspan="2">4.7</td><td rowspan="2">9.1</td><td>7.9</td></tr>
<tr><td>충남</td><td>13.8</td><td>20.7</td><td>6.2</td></tr>
<tr><td>충북</td><td>17.6</td><td>23.5</td><td>23.8</td><td>16.4</td><td>10.8</td><td>15.2</td><td>15.1</td><td>15.8</td><td>4.0</td><td>6.2</td><td>9.9</td><td>7.4</td></tr>
<tr><td>강원</td><td>19.0</td><td>23.2</td><td>23.0</td><td>16.4</td><td>12.2</td><td>16.2</td><td>15.6</td><td>17.5</td><td>3.6</td><td>5.1</td><td>9.1</td><td>6.7</td></tr>
<tr><td>대구</td><td>27.5</td><td>33.2</td><td>33.4</td><td>23.8</td><td>11.2</td><td>11.6</td><td>10.4</td><td>12.0</td><td>5.8</td><td>6.8</td><td>9.8</td><td>7.7</td></tr>
<tr><td>경북</td><td>26.1</td><td>31.0</td><td>33.9</td><td>25.3</td><td>10.2</td><td>12.3</td><td>11.5</td><td>13.3</td><td>2.7</td><td>3.9</td><td>7.1</td><td>5.2</td></tr>
<tr><td>부산</td><td>31.2</td><td>38.2</td><td>39.2</td><td>28.5</td><td>10.1</td><td>11.1</td><td>10.4</td><td>12.1</td><td>3.7</td><td>4.7</td><td>7.4</td><td>5.4</td></tr>
<tr><td>울산</td><td rowspan="2">29.0</td><td rowspan="2">36.3</td><td>39.8</td><td>29.8</td><td rowspan="2">7.3</td><td rowspan="2">9.1</td><td>9.5</td><td>10.9</td><td rowspan="2">2.6</td><td rowspan="2">3.6</td><td>6.4</td><td>4.2</td></tr>
<tr><td>경남</td><td>40.1</td><td>29.4</td><td>8.5</td><td>10.5</td><td>5.9</td><td>4.2</td></tr>
<tr><td>제주</td><td>28.7</td><td>33.6</td><td>32.7</td><td>23.4</td><td>7.4</td><td>8.4</td><td>7.2</td><td>10.0</td><td>3.9</td><td>6.2</td><td>10.3</td><td>7.9</td></tr>
<tr><td>광주</td><td rowspan="2">10.6</td><td>15.3</td><td>14.4</td><td>9.5</td><td rowspan="2">14.6</td><td>21.7</td><td>19.7</td><td>20.0</td><td rowspan="2">3.3</td><td>9.1</td><td>13.0</td><td>8.6</td></tr>
<tr><td>전남</td><td>13.6</td><td>16.1</td><td>10.9</td><td>20.4</td><td>21.8</td><td>23.2</td><td>4.3</td><td>8.7</td><td>5.6</td></tr>
<tr><td>전북</td><td>8.1</td><td>12.2</td><td>12.8</td><td>8.6</td><td>19.3</td><td>26.4</td><td>26.3</td><td>26.9</td><td>3.5</td><td>6.0</td><td>11.4</td><td>7.5</td></tr>
<tr><td>전체</td><td>19.9</td><td>23.2</td><td>22.8</td><td>15.5</td><td>16.1</td><td>19.7</td><td>18.3</td><td>19.7</td><td>4.6</td><td>6.6</td><td>10.9</td><td>7.9</td></tr>
</table>

주 : 1) % = 해당 종교의 지역별 인구/전체 지역별 인구
2) 대전 · 세종 · 충남(1985), 세종 · 충남(1995, 2005), 울산 · 경남(1985, 1995), 광주 · 전남(1985)은 행정구역 분리 이전.

출처 : 최현종(2011: 26); 통계청(2016).

표 4 1995~2005년 경기도 성남 지역의 종교 인구 변화[6] (단위 : %)

구분		불 교		개신교		가톨릭	
		1995	2005	1995	2005	1995	2005
성남시	수정구	19.6	17.8	21.6	19.2	5.3	9.2
	중원구	18.8	17.0	21.3	18.3	5.5	9.3
	분당구	**15.6**	**13.9**	**29.5**	**25.1**	**13.0**	**19.3**
	전 체	17.9	15.8	24.4	21.6	8.2	13.7
비교 1(경기도 전체)		18.5	16.8	23.7	21.9	7.7	12.4
비교 2(서울)		18.4	16.8	26.2	22.8	8.7	14.2

출처 : 최현종(2011: 29).

사회경제적 계층과 관련된 자료는 인구 센서스에 제시되지 않고 있지만, 거주 지역의 분석을 통해 간접적으로 이와 관련된 경향을 추정해 볼 수 있다. 필자는 이와 관련하여 경기도 성남의 자료 분석을 시도해 보았다. 〈표 4〉에 정리된 결과에 따르면, 성남을 분당과 비분당 지역(수정구, 중원구)으로 구분할 때, 분당 지역이 비분당 지역에 비해 개신교 비율은 높은 것으로 나타나지만, 감소 비율도 −4.4%로 더욱 높게 나타난다. 반면 가톨릭의 증가는 분당 지역에서 +6.3%로 비분당 지역보다 높게 나타난다. 성남의 경우 분당이 다른 지역에 비해 중산층이 밀접한 지역이라고 본다면, 이러한 결과는 개신교의 감소가 중산층에 집중된 것으로도 해석할 수 있다.

이러한 종교 인구의 변화를 우리는 어떻게 해석할 수 있을까? 또한 앞으로 이러한 추세는 어떻게 변화해 나갈까? 여기에서는 이러한 변화를 2가지 일반적인 추세, 탈물질주의와 포스트모더니즘이라는 일반적 사회의 변화와 관련하여 살펴보고자 한다.

6 2015년 센서스 결과 발표에 따라 향후 이 분석은 2015년까지 확장될 예정이다.

III. 탈물질주의로 살펴본 한국 종교의 상황과 미래

한국 사회에서 개신교의 성장 추세가 조금씩 약해지기 시작한 것은 1980년대 중반 이후로 확인된다(cf. 최현종, 2011: 29ff.). 이 시기는 한국 사회가 어느 정도 산업사회의 틀이 갖추어지고, 경제적 풍요도 조금은 누릴 수 있게 된 시기였다. 또한 사회적 불안정의 많은 요소들이 사회복지 제도들을 통하여 흡수되기 시작한 시기이기도 하였다.[7] 이러한 사회적 변화는 사람들을 예전과는 다른 욕구체계—종교적 욕구를 포함한—에 의해 움직이게 만드는 것으로 보인다. 노리스(Pippa Norris)와 잉글하트(Ronald Inglehart)는 이를 '실존적 안전'(existential security)이라는 개념을 통하여 설명하는데, 그들에 의하면 이는 현재 세계 종교의 다양한 경향을 이해하는 데 중요한 척도로 작용하고 있다(Norris and Inglehart, 2011). '실존적 안전'을 가장 잘 드러내 주는 척도인 복지의 발전 정도는 종교성의 정도와 부적인 상관을 나타내며(Norris and Inglehart, 2011: 210), 1인당 GDP를 통제한 연구에서도, 실존적 안전이 증가함에 따라 종교적 믿음은 쇠퇴하는 경향을 보여주고 있다. 그러나 이는 단순히 한 국가의 경제적 자원의 수준만이 아니라, 분배와 연관되는 특징을 보인다.[8]

잉글하트는 이와 같은 경제 성장에 따른 가치 변화와 종교의 관계를 설명하기 위해, 일찍이 탈물질주의로의 가치 변화 이론을 제시한 바 있다. 잉글하트는 가치 유형을 물질주의자(Materialist, 이후 M)와 탈물질주의자(Postmaterialist, 이후 PM), 그리고 혼합형으로 구분하는데, 이러한

7 1982년 생활보호법이 전면 개정되면서 공적 부조가 본격적으로 시행되었고, 1989년에는 전 국민 의료보험이 이루어졌다. 국민연금법도 1986년 개정되어 1988년부터 시행되었다.

8 하지만 미국의 경우에서는, 교육과 수입 정도가 종교적 가치와는 부정적 상관을 보이지만, 교회 출석과는 긍정적 상관을 보이는 특이한 양상도 나타난다(Norris and Inglehart, 2011: 273f.).

가치 유형의 분포는 그 사회의 경제적 요인에 크게 의존한다. 즉 어느 사회이든 M 유형과 PM 유형이 공존하지만, 사회가 경제적으로 발전할수록 PM 유형이 증가한다는 것이 잉글하트의 기본적 주장이다. 잉글하트는 그의 이론에 기초하여 1970~71년의 "유럽 사회 여론 조사(European Community Public Opinion Surveys)"로부터 시작하여 많은 실증적인 연구를 실시하였다. 그에 따르면 PM 유형의 분포는 1인당 국민소득과 밀접한 상관관계를 지니며($p < 0.0001$; Inglehart, 1997: 151), 그 밖에 학력($\gamma=0.297$), 월수입($\gamma=0.080$)과도 유의미한 상관을 보였다(Inglehart, 1977: 75). 1990~93년 "World Values Survey"의 일환으로 한국에서 행해진 연구 결과에 따르면, 1920년 출생 집단은 M 유형이 70%, 혼합형이 30%를 차지한 데 반하여, 1970년 출생 집단은 M 유형이 PM 유형보다 불과 10% 많은 분포를 보였다(Inglehart, 1997: 146).[9] 이러한 세대별 가치 유형의 변화는 조사대상 43개국 가운데서 가장 큰 것으로, 이후로도 PM 유형이 더 증가하였을 것으로 예측할 수 있다.

이러한 PM 유형의 특징은 무엇인가? 잉글하트는 정치, 노동, 가족, 성 문제 등과 관련된 여러 가지 사항을 제시하고 있지만, 여기서는 종교에 관한 사항에 제한하여 기술하고자 한다. 잉글하트에 따르면, 매주 정기적으로 종교 행사에 참여하는 사람이 비종교인에 비해 물질적 가치를 더 중요시하는 경향을 보인다. 종교 행사 참여자의 경우 M : PM 유형의 비율이 38 : 11%인 데 반해, 비종교인의 경우 22 : 26%로 PM 유형이 높아진다. 또한 "신 존재가 그의 삶에 중요한 의미를 갖지 않는다."고 대답한 비율은 M 유형의 사람들에 비해 PM 유형의 사람들이 2배 정도 높았다(44 : 23%). 반면에 "인생의 의미에 대해 깊이 생각하는가?"라는 질문에 대해서는 PM 유형의 사람들이 더 '자주'라고 대답했다

9 잉글하트는 세대별 가치 유형 분포의 변화를 그래프로 제시하였지만, 구체적인 세대별 유형의 %는 1920년 출생 집단 외에는 밝히지 않고 있다.

(41 : 27%; Inglehart, 1989: 236ff.). 잉글하트는 인생의 의미에 대한 질문을 잠재적인, 그리고 다른 의미에 있어서 종교적인 성격을 지닌 것으로 이해하는데,[10] 이러한 해석에 따르면 PM 유형의 사람들은 기존의 제도적인 종교에 대하여는 소극적이지만, 인생의 의미와 관련된 또 다른 종교적인 욕구를 지닌 것으로 생각할 수 있다. 이러한 변화의 경향은 필자의 조사 결과를 요약한 〈표 5〉에서도 어느 정도 엿볼 수 있다.[11]

표 5 잉글하트의 가치 유형에 따른 종교적 욕구 비교

구분	전체	물질주의	혼합형	탈물질주의	유의미도 (p)
마음의 평안과 위로	1.82	1.81	1.81	1.78	0.929
구원과 영생	1.27	1.36	1.34	1.13	0.038
축복	0.63	0.77	0.64	0.48	0.001
삶의 의미와 목적	0.84	0.60	0.81	1.09	0.000
가정생활의 행복	0.62	0.73	0.66	0.45	0.001
영적 성숙과 헌신	0.50	0.44	0.51	0.55	0.301
사람들과의 교제	0.20	0.18	0.17	0.27	0.015
도덕적 문제에 대한 해답	0.11	0.07	0.11	0.13	0.148
사회 봉사와 구제	0.19	0.20	0.19	0.17	0.717
거룩함과 정화의 체험	0.13	0.08	0.16	0.11	0.041
기 타	0.03	0.02	0.02	0.03	0.937

출처 : 최현종(2011: 74).

〈표 5〉에 따르면 종교적 욕구 조사 항목 중 '축복'과 '가정생활의 행복'은 물질주의형에서, '삶의 의미와 목적'은 탈물질주의형에서 상대적

10 이러한 종교 이해는 종교를 '궁극적인 관심'이라고 보는 틸리히의 견해와 상통한다(틸리히, 1971: 50).

11 조사는 서울 지역에 거주하는 20세 이상의 성인을 대상으로, 2010년 10월에서 2011년 5월 사이에 실시되었다.

으로 높게 평가되었다.[12] 일반적으로 '물질주의'에서 '탈물질주의'로 사회가 변화한다는 잉글하트의 모델이 맞다면, 이러한 결과는 '축복'형에서 '의미'형으로 한국의 종교 지형이 변화하는 것으로도 해석할 수 있다. 즉, 위에 언급한 바처럼 1980년대 이후에 나타난 사회 · 경제적 안정이 '물질주의'에서 '탈물질주의'로 가치 유형의 변화를 가져옴으로써 예전과는 다른 종교적 욕구 형태를 낳고, 이것이 다시 한국 종교의 지형적 변화에 부분적으로 영향을 미쳤다는 것이다. 이러한 변화 과정은 아래의 [그림 1]과 같이 도식화할 수 있다.

그림 1 사회 · 경제적 변화에 따른 종교 지형의 변화 과정

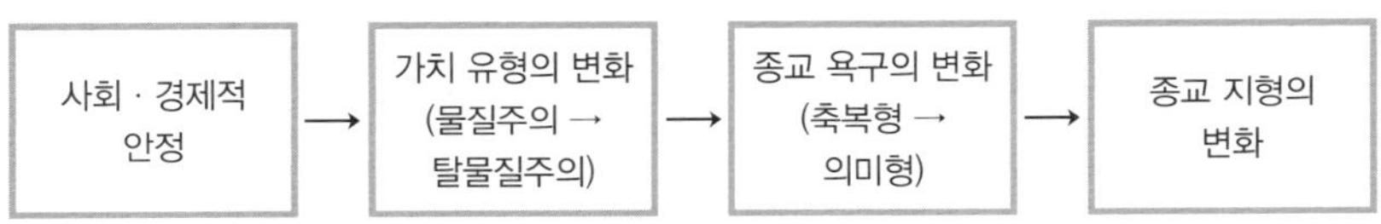

이러한 가치 유형의 차이는 종교 생활에 중요하게 작용하는 요소들의 우선 순위에서도 차이를 보인다.[13] 〈표 6〉에 의하면 물질주의와 혼합형은 각 요소의 평가에 있어 큰 차이를 보이지 않고, 비슷하게 평가하는 경향을 보였다. 다만 '구체적 축복' 항목에 있어서는 물질주의형 신자들이 다른 유형의 신자들에 비해 순위를 높게 평가하였다. 탈물질주의형 신자는 '가족 및 주변 사람들의 종교', '다른 신자들과의 관계', '구체적 축복'의 세 항목에서 물질주의 및 혼합형 신자와 통계적으로 유의미한 차이를 보였고, 이들 3요소의 중요도를 현저하게 낮게 평가하였

12 설문은 표의 보기 중 우선 순위를 3순위까지 선택하도록 제시되었다. 자료의 처리에 있어서는 1순위는 3점, 2순위는 2점, 3순위는 1점, 선택되지 않은 항목에 대하여는 0점을 부여하였으며, 복수의 항목을 선택하였을 경우에도 동일한 점수를 부여하였다.

13 각 항목의 중요도는 4점 척도에서, '매우 중요=4점', '중요하지 않다=1점'으로 평가되었다.

다. 이는 ―'구체적 축복'의 요인을 제외한다면― 자신의 주관적 경험과 판단을 중시하는 '탈물질주의형'의 경향을 반영하는 것으로 보인다.

표 6 잉글하트의 가치 유형에 따른 종교 생활에 중요하게 작용하는 요소들의 분석

구분	전체	물질주의	혼합형	탈물질주의	유의미도 (p)
가족 및 주변 사람들의 종교	3.13(3)	3.19(3)	3.19(3)	2.96(4)	0.001
종교 자체의 신뢰도 및 이미지	3.37(1)	3.38(1)	3.39(1)	3.31(1)	0.266
본인의 종교적 욕구 만족	3.28(2)	3.27(2)	3.32(2)	3.23(2)	0.239
다른 신자들과의 관계	2.80(7)	2.85(7)	2.85(7)	2.66(7)	0.002
개인적 종교적 체험	3.13(3)	3.10(4)	3.15(4)	3.09(3)	0.528
구체적 축복	2.94(6)	**3.08(5)**	3.00(6)	2.72(6)	0.000
기타 생활과의 조화	2.98(5)	2.95(6)	3.01(5)	2.93(5)	0.240
평균	3.12	3.15	3.15	3.01	0.000

주 : ( )안의 숫자는 순위를 나타냄.
출처 : 최현종(2011: 119).

탈물질주의와 관련된 또 한 가지 변인은 종교의 중요도이다. 앞서 언급한 노리스와 잉글하트의 연구에서 종교성의 정도는 종교의 중요도를 통하여 측정된 바 있다. 이러한 경향은 현재 한국 종교인들이 생각하는 종교의 위치와 관련하여 중요한 의미를 갖는다. 최근 한국 사회의 변동은 종교를 중심의 위치에서 주변적 위치로 옮겨 놓은 것으로 보인다. 갤럽의 종교의식 조사에 의하면 개인 생활 속에서 '종교가 중요하다'고 평가한 비율은 68%(1984년), 66%(1989년), 62%(1997년), 56%(2004), 52%(2014)로 지속적으로 감소하였다(한국갤럽, 2015: 37).

종교 생활에 중요하게 작용하는 요소들을 '개인 생활에서 종교가 차지하는 중요도' 별로 분석하면 어떻게 될까? 그 결과가 〈표 7〉에 요약되어 있다. 표에 따르면, 전반적으로 '종교의 중요도'가 떨어질수록 각 요소의 평균적인 중요도도 떨어지는 것으로 나타났다. 요소별로 보면, '개인적 종교적 체험'의 순위는 종교가 '약간 중요'한 집단과 '중요하지 않다'고 응답한 집단에서 현저하게 떨어지는 반면에, '기타 생활과의 조화'의 순위는 상승하는 것으로 나타났다. 또한 '본인의 종교적 욕구 만족'의 순위도 종교가 '중요하지 않다'고 응답한 집단에서는 현저하게 떨어졌고, 반면에 '가족 및 주변 사람들의 종교'의 중요도는 상대적으로 올라갔다. 결국 종교가 '중요하지 않다'고 응답한 집단에 있어서는 '가족 및 주변 사람들의 종교'와 '기타 생활과의 조화' 등 종교 외적 요인이 종교 생활에 상대적으로 중요하게 작용하는 것으로 볼 수 있다.

표 7 종교 생활에 중요하게 작용하는 요소들의 종교 중요도별 분석

구분	전체	매우 중요	중요	약간 중요	중요하지 않다	유의미도(p)
가족 및 주변 사람들의 종교	3.13(3)	3.31(4)	3.02(3)	2.61(3)	**2.30(2)**	0.000
종교 자체의 신뢰도 및 이미지	3.37(1)	3.50(1)	3.28(1)	2.93(1)	2.78(1)	0.000
본인의 종교적 욕구 만족	3.28(2)	3.47(2)	3.21(2)	2.69(2)	**2.07(4)**	0.000
다른 신자들과의 관계	2.80(7)	2.98(7)	2.71(7)	2.20(6)	1.62(6)	0.000
개인적 종교적 체험	3.13(3)	3.45(3)	2.90(4)	**2.32(5)**	**1.60(7)**	0.000
구체적 축복	2.94(6)	3.19(5)	2.78(6)	2.18(7)	2.00(5)	0.000
기타 생활과의 조화	2.98(5)	3.18(6)	2.85(5)	**2.44(4)**	**2.08(3)**	0.000
평 균	3.12	3.32	3.00	2.52	2.08	0.000

주 : (　)안의 숫자는 순위를 나타냄.
출처 : 최현종(2011: 121).

어쩌면 현재의 한국의 종교 지형은 양극화의 경향을 드러내고 있는지도 모른다. 즉, 더욱 열심히 영적인 것, 삶의 의미를 추구하는 자들과(영성화), 종교를 갖고는 있지만 중요하지 않게 생각하는 사람들(주변화)의 증가이다. 드루거스(André Droogers) 또한 2가지 상반된 방향으로 현대 종교의 진행을 언급하는데, 하나는 공적/사적 영역에서의 종교의 주변화(marginalization)이고, 또 하나는 실존적 불안정성의 야기에 따른 새로운 종교성으로의 발전이다(Droogers, 2007: 84). 이러한 2가지 경향이 어떻게 서로 관련을 맺고, 또한 어떠한 변수들이 이러한 차이를 설명해 주는지, 그리고 이러한 2가지 경향을 꿰뚫는 현재 한국 사회의 경향은 어떤 것인지에 대하여는 좀 더 세밀한 분석이 필요할 것으로 보인다.

IV. 포스트모더니즘과 한국 종교의 상황과 미래

"오늘날 지배적인 유행은 없다. 오직 여러 가지 유행만이 있다"(페더스톤, 1999: 131). 이는 포스트모더니즘의 주요한 특징을 잘 드러내 주는 표현이다. 지배적인 유행이 없기 때문에 특정한 경향을 얘기하기가 힘들다. 이러한 사회에서는 '인격'보다 '개성'이 정체성 형성에 있어 중요한 요소로 작용하며(Susman, 1979: 220), 이는 스타일을 강조하는 현재의 소비문화에서 그 경향을 엿볼 수 있다. 새로운 문화 계급의 생활양식은 정체성, 외양, 자기표현, 유행 등으로 표현된다(페더스톤, 1999: 166). 종교와 관련해서도, 공통적인 종교적 내러티브는 쇠퇴하고 있으며, 이들 세대는 점점 더 종교를 포함한 여러 영역에서 이질적이며 상호 분리된, 개인화된 태도를 유지한다(Davie, 2007: 94).

그러나 다른 한편으로, 계급구조와 서로 연관되는 소비 및 생활양식이 사회적 장(field) 내에서 정하는 위치에 그것을 재현하는 경향도 나타난다. 이러한 사회에서 상품은 효용성만이 아니라 경제의 문화적 수준을 상징화하는 기호로서 기능을 갖는다(cf. 보드리야르, 1992). 즉, 상품과 이러한 상품소비에 바탕한 생활양식(habitus)의 차이는 개인의 개성과 그의 계급적 지위를 드러내 주는 중요한 기호로서 작용한다(부르디외, 2005).[14] 종교는 다른 의미복합체들과 함께 이러한 소비시장에 위치한다. 또한 이미지가 과잉부과됨으로 '상징적'인 것이 종말에 이르고(보드리야르, 2012), '현실적'인 경험의 부재와 이에 대한 향수로 말미암아, 여행, 테마파크, 스포츠 등 '경험'이 상품화되고, 판매되는 상황이 이러한 종교의 소비시장의 맥락을 형성하고 있다(페더스톤, 1999: 135). 소비와 여가는 '경험'으로 구성되고(페더스톤, 1999: 160), 더 이상 종교와 관련해서도 보고, 해독하고, 공부하는 것만으로는 사람들을 감동시키지 못한다. 대중적 효과는 만지고 조작하는 것을 통하여 이루어진다(Baudrillard, Krauss and Michelson, 1982: 10).

영국의 종교사회학자 데이비(Grace Davie)는 모더니즘에서 포스트모더니즘으로의 변화에 따른 종교 및 관련 변화를 다음의 〈표 8〉과 같이 정리하여 보여준다. 이 표는 포스트모더니즘 시대의 종교와 관련된 중요한 변화를 잘 요약해서 보여주고는 있지만, 이는 서구, 특히 유럽 사회 맥락에서의 정리이기에 한국 사회와는 약간의 차이가 있을 수 있다. 유의해서 보아야 할 사항 중의 하나는, 모더니즘의 상황에서 종교적 진리의 경쟁자로 작용하였던 세속적 확실성들(과학, 합리주의, 진보 등)도 포스트모더니즘의 상황에서는 다르게 보여진다는 것이다. 이제는 과거의 종교 vs. 과학의 대립보다는, 이들이 결합된 새로운 신조로의 발전 양상도 나타나고 있다.

---

14 영성 추구의 경향이 '뜨거운'(hot) 영성에서 '차가운'(cool) 영성으로 바뀌어 가는 한국 사회의 현상도 이러한 생활양식의 차이와 관련하여 해석할 수 있다. '뜨거운' 영성과 '차가운' 영성이라는 표현은 잘 알려진 맥루한(M. McLuhan)의 대중매체의 분류에 유비한 것이다(cf. 맥루한, 1977). 이분법적으로 나눌 수는 없겠지만, 뜨거운 영성을 추구하던 집단이 주로 가지지 못한 자, 배우지 못한 자들의 집단이었다면, 이제 차가운 영성을 추구하는 집단은 가진 자, 배운 자들의 집단이다. 후자의 집단 또한 '경험적 영성'을 추구하는 것은 동일하지만, 그 양상은 전자의 집단과는 매우 다르다.

표 8 종교와 근대성 : 도식적 제시

모더니즘	포스트모더니즘
거대 서사 : 종교 혹은 반종교주의	종교적/세속적 서사의 파편화/분권화 e.g. 과학적, 합리적, 반종교적 서사
진보	
세속화/세속주의	(전통적인 형태와는 다른) 성스러움에 대한 공간 존재
성자 하나님	성령 하나님
제도적 교회	성스러움의 다양한 형태들
과학적 의학	치유/ 대체 의학
기업적 농업	생태학/ 유기농
의무	소비

출처 : Davie(2007: 90).

제도적 교회의 쇠퇴 양상도 주목하여 봐야 할 현상 중의 하나이다. 일찍이 데이비는 이러한 종교의 변화 양상을 '소속이 없는 믿음'(believing without belonging)이라고 표제화한 바 있다. 하지만 제도적 교회의 약화는 단순한 종교만의 문제가 아니라, 포스트모더니즘 사회로의 변화에 따른 보다 일반적인 사회 현상의 한 양상으로 볼 수 있다. 교회의 변화는 정당 체제, 노동조합의 약화 등 관련된 여타 제도 영역, 다른 자발적 조직체들의 변화와 함께 살펴보아야 할 것이다(Davie, 2007: 92f.). 교회뿐 아니라 정규적으로 모임을 요구하는 다른 사회적 활동들도 쇠퇴하고 있으며, 교회는 많은 자발적 조직체 중의 한 유형으로 존재하고 있다. 카메론(Helen Cameron)은 특히 사회적 자본의 생성과 관련된 집단이 쇠퇴하고 있으며, 반면에 상대적으로 구성원에 대한 요구가 적은 집단은 성장하는 추세를 보인다고 주장한다(Cameron, 2001).[15] 종교적 집단에서 세속적 집단으로 전환하고 있다는 증거도 나타나지 않

15 하지만 어느 정도의 요구를 하는 종교가 '무임승차'를 감소시켜 성장하게 된다는 종교의 '합리적 선택이론가'들의 주장도 있다(cf. 핑크 · 스타크, 2009).

는다.

제도적 종교에 얽매이지 않은 종교인/영적 탐색자의 모습은 벨라(Robert N. Bellah)의 '쉐일라이즘'(Sheilaism)이라는 표현 속에서도 잘 드러난다(벨라, 2001: 373).[16] 쉐일라이즘은 현대의 종교 생활에 있어서의 '표현적 개인주의' 혹은 '공리주의적 개인주의'의 경향을 보여주는 것으로, 특정 종교보다는 자신의 개인적 필요에 따라 접촉할 수 있는 다양한 종교적 원천으로부터 필요한 것을 소비하는 경향을 말한다. 이는 물론 종교만의 현상이라기보다는 사회 전반의 상대주의, 다원주의, 개인주의와 같은 경향이 반영된 것이기도 하다. 또한 '자아'—특히 '자아실현'이나 '자아표현'—, '창조성', '자발성'과 같은 심리학적, 사회문화적 개념이 종교적 현상에 투영된 것으로도 볼 수 있다(Roof, 2003: 142).[17] 이러한 경향들이 종교의 선택 혹은 소비에 영향을 미치고, 나아가 자신의 필요에 따라 종교를 가공하는 것으로 발전하기에 기존의 패키지화된 경험이 아니라, 자신의 창조물로서의 경험적 생산물을 추구하는 경향이 종교에 있어서도 나타나게 된다(Flory and Miller, 2007: 203).[18] 이러한 추구에 있어 중심에 위치한 것은 '신'이 아니라, '자아'이며,[19] 따라서 자신이 소비하고자 하는 종교적, 영적 재화가 소비 욕구에 적합하지 않을 때에는 쉽게 다른 종교적, 영적 재화, 혹은 나아가 비종교적 재화의 소비로 변화할 수 있다. 이제 진리는 '교회'의 진리가 아니라, '나'의

16 종교 문제에 관하여 자기 자신의 내적 목소리를 좇아 행했던, 심리 치료 중에 있었던 한 젊은 간호원(Sheila Larson)을 묘사하기 위해 벨라 등이 사용한 용어. 종교의 개인화 경향을 단적으로 드러내 주는 표현으로 통용된다.

17 루프(Wade C. Roof)는 이러한 변화에 중요한 영향을 미친 요소로 개인주의적 에토스, 치료적 사고방식(therapeutic mentality), 증가하는 소비주의를 들고 있다.

18 미국의 이머징 처치의 경우에도 이러한 경향이 일부 나타나는 것으로 볼 수 있다. 또한 이러한 경향은 단순한 소비자가 아니라, 어느 정도 가공을 행하는 '프로슈머'(Prosumer)라는 일반 사회적 개념과도 상통하는 것으로 볼 수 있다.

19 힐라스(P. Heelas)는 이와 관련 '거룩한 자아'(sacred self)라는 용어를 사용한다(cf. Heelas, 1996).

진리가 되어야 하고, '나'의 진리가 되기 위해서는 '교리'보다 '경험'이 더 중요하다. 이와 같은 상황을 드루거스는 '영혼의 탐색'(soul-searching)이 '진리의 발견'(truth finding)보다 더 중요해진다고 기술하기도 한다(Droogers, 2007: 93f.).

플로리(Richard W. Flory)와 밀러(Donald E. Miller)는 이러한 변화를 하나의 '가치 전환'(a value shift)을 통해 설명한다. 지난 세대의 목회가 근대적 가치관, 즉 "얼마나 크고, 얼마나 지속될 것인가?"와 같은 것에 기초하였다면, 현 세대의 목회는 이와는 다른 무언가를 필요로 한다는 것이다. 예를 들어, 이전 세대의 사람들이 집을 '소유'하는 문제에 관심을 가졌다면, 현재 세대는 그보다 '여가'의 문제에 더 많은 관심을 보이고 있다. 이들은 관계적, 인격적 요소에 더욱 관심을 보이지만, 한편으로는 제도적인 것에도 관심을 나타낸다(Flory and Miller, 2007: 212).

이러한 경향은 일견 모순적으로 보이는 2가지 종교적 대안의 선택에서 확인할 수 있다. 한국 사회를 포함한 많은 기독교 국가에서, (어느 정도 카리스마적 요소를 통합한) 보수적 복음주의 교회들, 현대적 교회들이 성공을 거두고 있다. 또 다른 한편으로는 전통적 의식과 영성을 제공하는 대성당들의 인기도 여전하다. 그러나 일견 상반되어 보이는 이들의 성공에는 무언가 공통적 요소가 있다. 그것은 이 두 가지 대안 모두 종류는 다르지만, 그 참여자들에게 긍정적 체험('feel-good' factor)을 제공하고 있다는 것이다. 무언가의 경험이 그 중심에 있다. 테일러(Charles Taylor, 1992)가 '현대 문화의 대중적인 주관적 전환'(massive subjective turn)이라고 부르는 것 속에서, 그들에게 무언가의 체험을 제공하지 못하는, 그들의 주관적 수요를 채워 주지 못하는 교회는 더 이상 사람들의 그 자리를 채우지 못하고 있는 것으로 보인다. 앞의 표에서 언급한 것처럼 이제 종교는 '의무'라기보다는 '소비'의 형태를 띠어 가고 있다.[20]

---

20 벨라의 '쉐일라이즘' 이하의 논의는 최현종(2012: 138-145)에 기초하였다(본서 8장 참조).

V. 나가는 말 : 다음 세대 이해를 위한 몇 가지 지침

이 장은 현재의 한국 종교, 특히 개신교의 상황을 인구 센서스의 분석을 통해 살펴보고, 여기에 나타난 경향을 탈물질주의와 포스트모더니즘이라는 2가지 변화 방향을 통해 분석해 보았다. 이러한 분석에 기초하여 다음 세대 이해를 위한 몇 가지 지침을 제시함으로 나가는 말을 대신하고자 한다.

1) 실존적 안전의 증가에 따라 종교에 대한 관심은 줄어들 수 있다. 물론, 예기치 않은 불안 요소의 개입, 한 사회의 부의 분배의 불공정성, 복지의 쇠퇴 등과 같은 요소들은 이러한 경향을 변화시킬 수는 있지만, 전반적인 방향성은 지속될 것으로 예상된다.

2) 종교를 통해 바라는 요소들도 변화할 수 있다. 즉, 물질주의적 가치관이 우세하던 시대에는 축복과 물질적 안녕이 가장 중요한 종교적 욕구였다면, 탈물질주의적 가치관이 확산됨에 따라, 인생과 삶의 특정 사건에 대한 해석, 혹은 의미부여가 중요한 종교의 기능으로 등장할 것으로 보인다.

3) 2)의 사항과 관련하여 '개성'의 중시, '자아' 중심, '경험' 중심의 종교적 경향에 대한 대처도 필요한 것으로 보인다. 이는 '교리' 중심의 '보편적 교회'의 진리가 아닌, '차이', '자아실현', '긍정적 체험'('feel-good' factor) 등이 종교를 통하여 제공될 수 있어야 함을 의미한다. 그러나 지나친 다원주의, 상대주의의 상황이 반대급부로 '절대적' 진리에 대한 요

구를 야기할 수도 있음을 현대의 '근본주의'의 융성에서 엿볼 수 있다.

4) 종교의 주변화 경향과 관련하여, 종교의 중요도가 높지 않은 사람에 대한 맞춤형 전략이 필요하다. 그들의 경우, '개인적 종교적 체험'이나, '본인의 종교적 욕구 만족'보다는, '가족 및 주변 사람들의 종교'와 '기타 생활과의 조화' 등이 종교 생활에 상대적으로 중요하게 작용한다.

5) 탈물질주의, 포스트모더니즘의 전개와 관련, 영성의 변화된 양상에 대한 주목도 필요하다. 이분법적으로 나눌 수는 없지만, 교육 받은 중산층 이상의 계급의 경우 뜨거운 영성보다는 차가운 영성을 선호하는 경향을 보인다. 최근 한국 사회에서의 수도원적 영성의 유행은 이러한 경향과도 무관하지 않은 것으로 보인다.

참고문헌

맥루한, 마샬. 1977. 『미이디어의 이해』. 박정규 역. 서울: 삼성출판사.

벨라, 로버트 N. 2001. "종교." 『미국인의 사고와 관습: 개인주의와 책임감』. 김명숙 외 역. 서울: 나남출판.

보드리야르, 장. 1992. 『소비의 사회』. 이상률 옮김. 서울: 문예출판사.

———. 2012. 『시뮬라시옹』. 하태환 옮김. 서울: 민음사.

부르디외, 삐에르. 2005. 『구별짓기』. 최종철 옮김. 서울: 새물결.

최현종. 2011. 『한국 종교인구변동에 관한 연구』. 부천: 서울신학대학교 출판부.

———. 2012. "제도화된 영성과 한국종교지형의 변화 : 가톨릭과 개신교를 중심으로." 『종교와 문화』 22.

통계청. 2016. "2015 인구주택총조사 표본집계결과(인구, 가구, 주택 기본특성 항목)."

틸리히, 폴. 1971. "문화에 대한 종교적인 분석의 견해들." 『문화의 신학』 50-61. 김경수 역. 서울: 대한기독교서회.

페더스톤, 마이크. 1999. 『포스트모더니즘과 소비문화』. 정숙경 옮김. 서울: 현대미학사.

핑크, 로저 · 로드니 스타크. 2009. 『미국 종교시장에서의 승자와 패자』. 김태식 옮김. 서울: 서로사랑.

한국갤럽. 2004. 『한국인의 종교와 종교의식: 제4차 비교조사』. 서울: 한국갤럽.

———. 2015. 『한국인의 종교: 1984~2014』. 서울: 한국갤럽.

Baudrillard, Jean, Rosalind Krauss and Annette Michelson. 1982. "The Beaubourg Effect: Implosion and Deterrence." *October* 20.

Cameron, Helen. 2001. "Social Capital in Britain: Are Hall's Membership Figures a Reliable Guide?" 2001 ARNOVA Conference.

Davie, Grace. 2007. *The Sociology of Religion*. London: Sage.

Droogers, André. 2007. "Beyond Secularisation versus Sacralisation: Lessons from a Study of the Dutch Case." In: Kieran Flanagan and Peter C. Jupp (eds.). *A Sociology of Spirituality*. Hampshire: Ashgate.

Flory, Richard W. and Donald E. Miller. 2007. "The Embodied Spirituality of the Post-Boomer Generations." In: Kieran Flanagan and Peter C. Jupp (eds.). *A Sociology of Spirituality*. Hampshire: Ashgate.

Heelas, Paul. 1996. *The New Age: Religion, Culture and Society in the Age of Postmodernity*. Oxford: Blackwell.

Hout, Michael, Andrew Greeley and Melissa J. Wilde. 2001. "The Demographic Imperative in Religious Change in the United States." *American Journal of Sociology* 107-2.

Inglehart, Ronald. 1977. *The Silent Revolution: Changing Values and Political Styles among Western Publics*. Princeton: Princeton University Press.

________________. 1989. *Kultureller Umbruch: Wertwandel in der westlichen Welt*. F.a.M.: Campus.

________________. 1997. *Modernization and Postmodernization: Cultural, Economic and Political Change in 43 Societies*. Princeton: Princeton University Press.

Norris, Pippa and Ronald Inglehart. 2011. *Sacred and Secular: Religion and Politics Worldwide*. 2nd ed. New York: Cambridge University Press.

Roof, Wade Clark. 2003. "Religion and Spirituality: Toward an Integrated Analysis." In: Michele Dillon(ed.). *Handbook of the Sociology of Religion*. New York: Cambridge University Press.

Susman, Warren L. 1979. "Personality and the Making of Twentieth Century Culture." In: John Higham and Paul K. Conkin(eds.). *New Directions in American Intellectual History*. Baltimore: Johns Hopkins University Press.

Taylor, Charles. 1992. *Sources of the Self: The Making of Modern Identity*. New York: Cambridge University Press.

2장

서울 기독교 공동체의 도시적 형태들

Ⅰ. 들어가는 말
Ⅱ. 한국의 종교적/기독교 현황
Ⅲ. 메가시티 서울
Ⅳ. 서울 기독교 공동체의 도시적 형태들
Ⅴ. 나가는 말

I. 들어가는 말

한국 기독교의 성장은 양적, 질적으로 세계의 주목을 받아 왔다. 1914년 1.1%에 그쳤던 개신교 인구는 2015년 19.7%로 늘어났고, 이는 가톨릭을 합칠 경우 27.6%로 더욱 늘어난다. 이러한 급격한 성장의 배경에는 1960년대 이후의 산업화와 도시화, 그에 따른 사회변동에 힘입은 바 크다. 하지만 1980년대 이후의 한국 사회의 변화는 질주하던 개신교의 성장에 브레이크를 걸었고, 이는 특별히 서울을 비롯한 수도권에서 두드러진다. 이 장에서는 이러한 배경하에 서울을 중심으로 한 수도권의 교회 공동체의 형태 변화를 살펴보고자 한다. 먼저 한국 기독교의 성장 과정과 현황을 간략히 살펴보고, 한국 사회에서의 서울의 위상을 몇 가지 통계적 자료들을 통하여 확인할 것이다. 그리고 구체적인 서울의 기독교 공동체의 도시적 형태로서, 메가처치를 먼저 살펴볼 것이다. 메가처치는 메가시티로서의 서울의 특징과, 또한 성장기 한국 교회의 특징을 잘 드러내는 형태라고 할 수 있다. 하지만 최근에는 이에 대한 일종의 반작용으로 소집단을 지향하는 교회들도 등장하고 있는데, 이러한 소집단 교회를 서울의 기독교 공동체의 도시적 형태의 두 번째 예로서 살펴볼 것이다.

---

* 이 장은 독일 튀빙겐(Tübingen) 대학의 '도시'(Die Stadt)에 관한 심포지엄에서 발표된 원고의 한글 번역판으로, 『교회와 사회』 2(2014)에 게재된 것을 수정, 편집한 것임.

Ⅱ. 한국의 종교적/기독교 현황[1]

여기서는 한국의 종교적/기독교 현황을 수도권을 중심으로 1985년 전후로 나누어서 살펴볼 것이다. 현실적으로 1985년을 기준으로 삼은 이유는 한국에서 종교 인구에 대한 센서스가 처음으로 행해진 해이기 때문이다. 하지만 1985년은 대통령 직접선거가 부활된 1987년, 서울에서 올림픽이 개최된 1988년을 전후한 변화와 맞물려 한국 사회의 사회적, 종교적 변화를 잘 드러내 주는 시점이기도 하다. 이 장에서는 공식적 통계가 나와 있는 1985년 이후의 상황을 먼저 살펴보고, 역으로 1985년 이전의 상황을 돌아봄으로써 한국의 종교적/기독교 상황의 변화와 그 원인을 생각해 볼 것이다.

1. 1985년 이후의 종교 인구 변화

앞서 언급한 바처럼 종교 인구에 대한 한국 정부의 공식적 센서스 조사는 1985년에 이르러서야 이루어졌다. 센서스는 매 5년마다 실시되지만, 종교 인구 조사는 매 10년마다 실시되는 관계로 현재까지 4회의 조사가 있었다.[2] 1985년 이후 인구 센서스에 따른 주요 종교 및 전체 종교 인구에 대한 조사 결과는 이미 1장에서 제시한 바 있다(1장 〈표 1〉 참조). 1장에서 언급한 바와 같이 종교 인구 센서스를 실시한 1985년 이후 한국의 종교 인구는 1985년의 42.6%에서 2005년에는 53.3%로 10.7% 성장하였지만, 2015년의 조사에서는 9.0% 감소한 것으로 나타났다. 종교

1 이 장의 Ⅱ는 필자의 『한국 종교인구변동에 관한 연구』(2011), 1장을 편집하여 기술하였다.

2 1장에서 언급한 바와 같이 2015년의 센서스는 표본조사로 행하여졌다.

별 성장은 시기별로 약간의 차이가 나타나는데, 1985~95년에는 개신교(3.6%)를 필두로 하여 불교(3.3%), 가톨릭(2.0%) 모두 고르게 성장한 반면, 1995~2005년에는 가톨릭만이 4.3% 성장하였을 뿐, 불교(−0.4%)와 개신교(−1.4%)는 감소하였다. 하지만 2015년의 조사에서는 오히려 개신교가 1.5% 성장하였고, 불교(−7.3%), 가톨릭(−2.9%), 기타 종교(−0.2%) 모두 감소한 것으로 나타났다.

한국의 3대 종교의 분포를 지역별로 살펴보면, 종교별로 약간 상이한 분포를 보이고 있다(1장의 〈표 3〉 참조). 이에 따르면 불교는 영남권과 제주에서 두드러진 강세를 보이며, 특히 부산 · 경남권에서 무척 높은 비율을 점하고 있다. 반면 수도권(특히, 인천)과 호남 지역에서는 약세를 면치 못하고 있다. 개신교 인구는 불교와는 반대로 영남, 제주에서 약세, 수도권과 호남 지역에서 상대적으로 강세를 보인다. 가톨릭 인구는 연령별 분포와 마찬가지로 불교와 개신교에 비해 상대적으로 고른 비율을 보이고 있지만, 수도권에서 상대적인 강세를, 영남권에서 상대적인 약세를 보인다고 말할 수 있다.

표 1 1985~2015년 인구 센서스에 따른 수도권의 종교 인구 변동 (단위 : %)

구분	불교				개신교				가톨릭			
	1985	1995	2005	2015	1985	1995	2005	2015	1985	1995	2005	2015
서울	18.4	18.4	16.8	10.8	23.8	26.2	22.8	24.2	6.5	8.7	14.2	10.7
인천	13.4	14.6	13.8	8.8	21.8	25.8	22.4	23.1	7.5	9.0	13.7	9.5
경기	17.3	18.5	16.8	10.7	19.1	23.7	21.9	23.0	5.6	7.7	12.4	9.0
전체	19.9	23.2	22.8	15.5	16.1	19.7	18.3	19.7	4.6	6.6	10.9	7.9

주 : % = 해당 종교의 지역별 인구/전체 지역별 인구
출처 : 최현종(2011: 26); 통계청(2016).

이러한 지역별 종교 인구 분포와는 별개로, 인구 변동 측면에서는 수도권, 특히 서울에서의 변화를 주목할 필요가 있다. 〈표 1〉에서 보는 바와 같이, 2005년 기준 서울에서의 개신교 인구 비율의 감소는 −3.4%, 불교 인구의 감소는 −1.6%로, 각각 전국 평균 −1.4% 및 −0.4%를 상회하는 반면, 가톨릭의 서울에서의 증가는 5.5%로, 전국 평균 4.3%를 넘어선다. 또한 경기와 인천에서의 감소 및 증가도 서울에는 미치지 못하지만 전국 평균을 넘어서고 있다. 2015년의 조사에서는 서울을 비롯한 수도권의 변동 비율이 다른 지역과 비교하여 유의미한 수치를 보이고 있지는 않지만, 수도권 전체 인구의 크기를 고려한다면 그 의미는 여전히 크다고 할 수 있다.[3]

2. 1985년 이전의 개신교 인구 변화와 성장의 요인

현재의 종교 인구 변동을 설명하기 위해서는 먼저 이전의 종교 인구 변동 추세에 대하여 살펴볼 필요가 있다. 많은 사람들이 동의하듯이 1985년 이전의 한국의 종교 인구 변동은 개신교 인구의 성장이 주도해 왔다. 〈표 2〉는 1985년 인구 센서스 실시 이전의 개신교 인구의 변화를 보여준다.[4] 표에서 알 수 있는 개신교 인구의 변화와 관련하여 가장 눈에 띄는 사실은 1960~70년대의 개신교의 놀라운 성장이다. 많은 연구들이 초기의 한국 개신교의 성장에 대해 얘기하지만, 실제로 전체 인구 대비 비율은 1960년대 이전까지는 그렇게 눈에 띄게 높지는 않다. 이러

3 수도권의 종교 인구 변동의 원인에 대하여는 최현종(2011: 2-3장) 참조.

4 그러나 1985년 이전 자료는 인구 센서스에 비해 신뢰도가 떨어지며, 문화공보부에서 발행한 통계조차 각 종교단체의 보고 자료에 근거하였기에 그 실상을 제대로 반영하였다고 보기는 힘들다. 실제로 〈표 2〉에 의하면 1981년의 개신교 인구가 1985년보다도 더 많게 나타나는데, 이는 종교단체가 실제 인구보다 과장하여 보고한 결과로 보인다. 이러한 부정확성에도 불구하고 표에 나타난 수치는 1985년 이전의 변화의 대강의 추이를 살펴보기에는 여전히 유용한 것으로 생각된다.

한 개신교 인구 변화의 상황은 표의 내용을 다시 그래프로 표시한 [그림 1]에서 더욱 눈에 띈다. [그림 1]에서 개신교는 1960년대 이전에도 꾸준한 성장을 유지하고 있지만, 그 추세는 1960년대 이후, 특히 1970년대에 이르러 급속하게 나타난다. 즉, 현재의 한국 개신교의 성장은 1960년대 이후의 변화 요인과 깊은 연관을 갖는다는 사실이다.

표 2 인구 센서스 실시 이전의 개신교 인구 변화 (단위 : 명, %)

연 도	성도수	비율	비교 (1)	비교 (2)
1914	196,000	1.2	177,692(1910)	1.3(1910)
1919	190,000	1.1	190,668(1920)	1.2(1920)
1929	244,000	1.3	260,534(1930)	1.5(1930)
1938	263,000	1.1	360,689(1940)	1.6(1940)
1949	744,000	3.7	500,198(1950)	3.0(1950)
1957	844,000	3.7	623,072(1960)	5.0(1960)
1968	1,873,000	6.0		
1970	3,193,000	10.1	3,217,996(1971)	7.0(1970)
1976	4,659,000	13.0	5,001,491(1977)	10.4(1978)
1981	7,637,000	19.8	7,180,627(1980)	
1985	6,489,282	16.1		

주 : 1949년부터는 남한만 포함.

출처 : 1) Grayson(1985: 126).

2) 비교 (1)은 1940년까지는 한영제 편(1986: 200f.); 1950, 1960년 통계는 이원규(1997: 565); 1971~80년 통계는 문화공보부(1971, 1977, 1980).

3) 비교 (2)는 Kern(2001: 344).

4) 1985년 통계는 인구센서스 결과.

그림 1 **인구 센서스 실시 이전의 개신교 인구 비율 변화** (단위 : %)

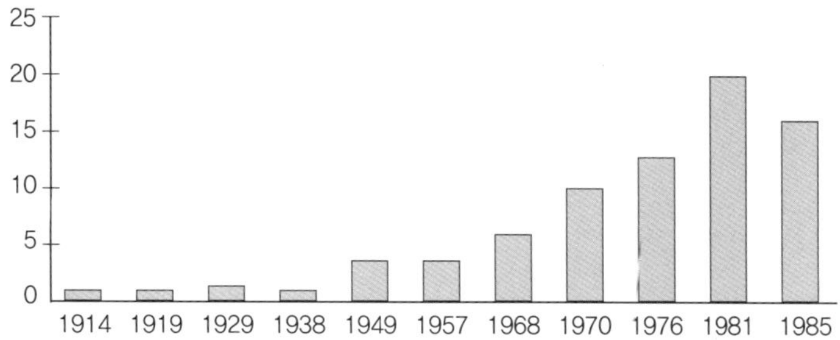

그렇다면 1960~70년대의 한국 개신교의 성장을 가져온 요인은 무엇일까? 여러 학자들이 지적하는 바처럼 이 시기는 경제 개발과 그에 따른 급격한 사회 변동의 시기였다.[5] 물론 정치적 요인도 중요하게 고려될 수 있지만, 정치적 상황이 1960년대 이전에 비해 급격하게 변했다고 보기 어렵고, 또한 당시의 정치적 상황과 개신교의 급격한 성장을 직접적으로 연결 짓는 요인을 상정하기는 쉽지 않다. 물론 당시의 정치적 상황이 사회적 불안을 고조시켰고, 한편으로 정부가 보수적인 기독교 세력을 정권 유지를 위한 도움 수단으로 이용한 것은 사실이지만, 정치적 요인은 본질적 요인이라기보다는 경제 · 사회적 요인에 대해 부가적, 촉진적 요인으로서만 작용한 것으로 볼 수 있다.[6]

경제 개발은 전통적 가치의 붕괴, 농촌에서 도시로의 인구 이동, 그에 따른 생활양식의 변화와 이에 따르는 사회적, 심리적 불안을 야기시켰다. 이는 새로운 가치 체계 및 안정을 위한 연계망을 필요로 하는데, 이 시기에 개신교가 바로 이러한 필요를 채워 준 것으로 보인다. 개신

5 경제 개발과 그에 따른 사회 변동을 개신교의 성장과 연결시켜 설명한 연구로는 노길명(1983: 85-109); 노치준(1998: 11-40); 김성건(2005) 등이 있다.

6 이에 반하여 이원규는 정치적 요인을 개신교 급성장의 상황적 요인의 첫 번째로 들고 있다(이원규, 1997: 566).

교는 급격한 변동의 시기에 불안을 겪는 이들에게, 특히 도시로 이주하여 뿌리를 잃고 새로운 정체성을 필요로 하는 이들에게 정체성과 또한 공동체성의 새로운 뿌리를 제공할 수 있었다. 이는 영국의 산업혁명 시기에 감리교가 행한 역할이기도 하며,[7] 또한 문화적, 경제적 근대화의 과정 속에 라틴 아메리카를 비롯한 세계 여러 곳에서 벌어지고 있는 현상이기도 하다.[8] 현대에 있어 세속화를 주장하는 종교사회학자들도 이러한 사회 변동의 시기는 새로운 정체성을 필요로 하며, 이 시기에는 세속화의 예외로서 종교적 부흥이 일어나기도 한다고 설명한다.[9] 한국의 1960~70년대가 바로 이러한 시기였다.

그렇다면 왜 하필 다른 종교가 아닌 개신교였을까? 비공식 통계에 의하면 이 시기의 불교와 가톨릭도 어느 정도 성장한 것으로 나타난다(Choi, 2009: 139ff.). 그러나 개신교는 이들 종교보다 더 급격하게 성장하였다. 이에 관하여는 몇 가지 요인이 지적될 필요가 있다. 그중 무엇보다 중요한 것은 경제 성장의 역할 모델로서의 미국과 개신교의 역할이다. 개항 이후의 근대적 교육 기관은 대부분 미국을 모델로 한 것이었고, 개신교의 영향하에 있었다. 이러한 교육 기관에서 양육된 한국의 엘리트들은 성장의 모델로서 미국과 개신교의 영향을 탈피할 수 없었다. 더욱이 해방 이후 미 군정과 이승만 정권의 정책은 이러한 경향을 더 강화시키는 것이었다. 즉 1960~70년대의 많은 국민들은 미국을 발전을 위한 이상적 국가로 생각하였으며, 미국은 무엇보다도 개신교 국

7 감리교의 탄생과 산업혁명의 시기를 연결시켜 설명한 대표적 학자로는 Elie Halevy가 있다. 이에 관하여는 Halevy(1971) 참조.

8 라틴 아메리카의 근대화와 종교, 특히 개신교의 성장과 관련하여서는 새뮤얼 헌팅톤(1997: 124-31); Martin(1990) 참조.

9 사회 변동의 시기에 종교의 부흥을 얘기하는 대표적인 종교학자는 Steve Bruce이다. 그는 이러한 현상을 '문화적 이행'(cultural transition)이라고 명명하며, 국가적 정체성과 종교가 밀접하게 연결된 '문화적 방어'(cultural defense)의 사례와 함께 세속화의 두 예외로 기술하고 있다. 이에 대하여는 Bruce(2002) 참조.

가였다. 그렇기 때문에 개신교는 전통적인 불교나, 유럽적 색채가 짙은 가톨릭보다 더 나은 종교적 대안이 될 수 있었다.

이와 함께 한국 개신교의 몇 가지 특징 또한 그 급격한 성장을 촉진한 것으로 볼 수 있다. 성장을 목표로 한 사회 변동의 시기에 무엇보다도 중요한 것은 그 변동 과정 속에서 살아남는 것이고, 이것은 성공을 필요로 하였다. 이에 개신교는 '축복'의 교리를 통하여 생존, 혹은 성공을 위한 중요한 이데올로기를 제공하였다. 개신교를 믿으면 축복을 받고, 성공할 수 있으며, 이 변화의 소용돌이 속에서 살아남을 수 있다. 이것은 급격한 사회 변동 속에서 불안에 떨 수밖에 없는 많은 국민들에게 안전한 피난처를 제공하였다. 여기에 개신교 특유의 (구역을 비롯한) 소집단 조직들은 고향을 떠나, 의지할 곳을 찾지 못한 도시민들에게 중요한 안식처가 되어 주었다. 이러한 성공의 대표적인 사례가 바로 여의도순복음교회라고 할 수 있다. 물론 여의도순복음교회의 부흥에는 조용기 목사 특유의 카리스마가 중요하게 작용하였다. 하지만 이러한 당시의 사회 · 경제적 상황과 맞물리지 않았다면, 그와 같은 폭발적인 성장은 기대하기 힘들었을 것이다.

하지만 1980년대 중반 이후 이러한 근대화, 산업화와 연관된 사회 변동은 어느 정도 누그러들기 시작한다. 산업사회로서의 틀은 어느 정도 갖추어졌고, 그와 함께 경제적 풍요도 조금은 누릴 수 있게 되었다. 부가적 요인이지만, 정치적 상황도 1987년 대통령 직선제 개헌 이후 점점 안정되어 갔고, 사회적 불안정의 많은 요소들이 사회복지 제도들을 통하여 흡수되어 갔다. 1982년 생활보호법이 전면 개정되면서 공적 부조가 본격적으로 시행되었고, 1989년에는 전 국민 의료보험이 이루어졌다. 국민연금법도 1986년 개정되어 1988년부터 시행되고 있다. 아직도 경제 · 사회적 불안 요소는 남아 있지만, 예전에 비해 많이 감소되었고, 국민들은 예전과는 다른 욕구체계—종교적 욕구를 포함한—에 의해 움직이는 것으로 보여진다. 개신교의 성장이 둔화된 것이 바로 이 시점이라는 것은 결코 우연이 아닐 것이다.

III. 메가시티 서울

'대한민국은 서울공화국'이라는 말이 있다. 이는 서울이 대한민국 전체에 대해 갖는 대표성과 그 차지하는 비중을 잘 보여주는 말이라고 할 수 있다. 2004년을 기준으로 할 때, 한국 전체 제조업의 48.9%(서울 13.6%), 서비스업의 50.4%(서울 28.8%)가 서울을 중심으로 한 수도권에 분포되어 있다(권용우 외, 2006: 132-137). 또한 2002년을 기준으로 할 때, 중앙 행정기관의 83.6%, 중앙 행정 소속 기관의 75.2%, 정부 투자/출자 기관의 74.0%, 외국인 투자 기업의 72.9%, 정부출연 연구기관의 75.5%, 공기업 본사의 83.2%, 100대 기업의 91.0%, 벤처기업의 77.1%가 수도권에 집중되어 있다(권용우 외, 2006: 364). 서울은 대한민국 전체의 메인 스트리트, 인큐베이터, 교차로이자(권용우 외, 2006: 76-80), 에너지를 빨아들이는 블랙홀로 기능한다고 할 수 있다(송도영, 2011: 20). 이러한 지역 집중 현상은 성장의 엔진으로 작용하는 개발도상국 메가시티의 공통적 현상이기도 하지만(Laquian, 2005: 18), 서울의 경우는 그것이 더욱 현저하다. 이는 "지나친 중심성으로 인해 한 지역의 고유한 지역성을 갖지 못한다."거나 "중심성 자체가 서울문화의 핵심"이라는 서울에 대한 기술에서도 잘 드러난다(송도영, 2011: 47). 〈표 3〉에 나타난 서울을 비롯한 수도권 지역의 인구 점유율의 변화는 이러한 서울 지역의 집중 정도를 잘 보여준다.

서울을 중심으로 한 소위 수도권은 1특별시(서울), 1광역시(인천)와 경

표 3 수도권 지역의 인구 점유율의 변화 (단위 : 천 명, %)

연도	전국	서울	경기도/인천	수도권
1949	20,189	1,466 (7.2)	2,741(13.6)	4,187(20.7)
1955	21,502	1,569 (7.3)	2,360(11.0)	3,929(18.3)
1966	29,193	3,803(13.0)	3,108(10.6)	7,011(24.0)
1975	34,709	6,889(19.8)	4,040(11.6)	10,929(31.5)
1985	40,467	9,646(23.8)	4,794(11.8)	14,440(35.7)
1995	44,609	10,231(22.9)	7,650(17.1)	20,189(45.3)
2005	47,254	9,796(20.7)	10,419(22.0)	22,742(48.1)

주 : 1) 1949년(134.41 → 268.35km^2), 1963년(→ 613.04km^2)행정구역 확대.
2) 1974년 강남개발 시작. 1983~85 목동/상계 지역 개발.
3) 1992년 수도권 5개 신도시(분당, 일산, 중동, 평촌, 산본) 개발.
4) 2012년 세종시(행정중심복합도시) 출범.
출처 : 권용우 외(2006: 73).

기도에 속한 28개 시, 3개 군으로 구성되어 있다. 핵심도시를 중심으로 일일생활이 가능하고 기능적으로 연결된 1000만 명 이상의 광역경제권을 '거대도시권'(MCR: Megacity Region)이라 칭하는데(동아일보 미래전략연구소, 2009), 수도권은 이러한 '거대도시권'에 해당한다고 할 수 있다. 서울이 수도로 정해진 것은 1394년으로, 600년 이상의 역사를 가지고 있다. 현재, 서울의 인구는 10.2만 명으로, 2004년부터 2010년까지 7년 동안 증가하는 추세를 보이다가 2011년 이후 마이너스 성장을 보이고 있다(2013년 −0.5%, http://stat.seoul.go.kr).

서울은 지라르드(Herbert Girardet)에 따르면 홍콩, 싱가포르, 타이페이, 상하이, 뭄바이 등과 함께 '2순위 글로벌 시티군'(second rank global hierarchy of cities)에 포함되며(Girardet, 2008: 94),[10] 라키안(Aprodicio A. Laquian)에 의하면 기술적으로 진보된 동아시아 도시군에 속한다

10 지라르드의 1순위 글로벌 시티군에는 도쿄, 런던, 뉴욕 등이 속한다.

(Laquian, 2005: 24). 라키안의 분류에 따르면 이에 속한 도시들은 1) 낮은 인구 증가율(서울의 경우 2000~15년 0.02% 예상), 2) 상대적으로 잘 정비된 행정 및 사법 체계, 3) 대부분이 공식적 부문에 고용된 동질적 인구 분포, 4) 기본적인 도시 서비스의 수요를 적절히 만족시킬 수 있는 정부 체계 등을 특징으로 한다.

메가시티는 일반적으로 지역적 기반에 근거한 공유된 경험(종교, 지역/민족성, 문화 등)을 상실하고, 대중매체를 중심으로 한 일종의 디아스포라적 네트워크들을 가진 가상의 커뮤니티로 변화되는 경향이 있는데(Girardet, 2008: 94; Urban Planet), 이는 어느 정도 서울에도 타당한 것으로 생각된다. 메가시티는 또한 지속적으로 변화하는 하이브리드적 사회로서, 정체성 패턴이 지속적으로 변화하며, 전통적인 계급, 성, 인종, 종교적 요구들은 도시적 맥락에서 재정의된다(Urban Planet). 이러한 메가시티의 특성은 "'서울주민'은 많지만 '서울사람'은 적다."는 서울에 대한 기술에서도 잘 드러난다(송도영, 2011: 43). 이러한 맥락에서 종교는 메가시티에서 '새로운 지지 중심'(new center that holds: Bauman, 1995)을 찾는 사람들에게 중요한 통로가 되고 있기도 하다.

IV. 서울 기독교 공동체의 도시적 형태들

지금까지 한국의 종교적/기독교적 상황의 변화와 그러한 변화의 중심에 선 한국의 수도 서울의 특징에 대하여 살펴보았다. 그렇다면 현재라는 시점에서 메가시티 서울의 기독교적 공동체는 어떠한 형태로서, 어떠한 특징을 가지고 나타날까? 이 장의 핵심이라고 할 수 있는 서울의 기독교 공동체의 도시적 형태들에 대해 고찰하는 것이 본 단락의 내용이다. 메가시티의 특성을 가장 잘 나타내는 기독교 공동체의 형태는 일반적으로 메가처치라고 볼 수 있다. 그러나 이러한 주류적 메가시티–메가처치 결합에 저항하는 형태도 등장하는데, 이러한 형태는 소집단을 지향하는 다양한 교회들에서 잘 드러난다. 이제부터 이러한 기독교 공동체의 대표적인 두 가지 도시적 형태, 메가처치와 소집단 교회를 차례로 살펴보자.

1. 메가처치

메가처치는 일반적으로 2,000명 이상의 출석 인원을 가진 교회를 일컫지만, 한국의 경우에는 통상적으로 10,000명 이상의 등록교인을 가진 경우를 메가처치의 범주에 포함시킨다. 홍영기에 의하면 한국의 메가처치는 크게 3가지 유형으로 구분할 수 있는데,[11] 첫 번째는 전통적 유형으로 영락교회, 충현교회 등이 이에 속한다. 이들 교회는 한국전쟁 이후 1950~60년대에 메가처치로 성장하였고, 한국 교회에서 아직도 가장 큰 두 교단(장로교 통합과 합동)을 상징적으로 대표한다. 두 번째 유형은 카리스마적 유형으로 여의도순복음교회, 은혜와 진리교회, 순복음인천교회, 숭의감리교회, 온누리교회, 금란교회, 주안장로교회, 명성교회 등이 이러한 유형에 포함된다. 이들은 1970년대 이후 한국의 경제발전기를 배경으로 성장한 교회가 많고, 교단적으로는 오순절 교단에 속하거나, 오순절적인 종교적 특성을 보이는 교회들이다. 마지막 세 번째 유형은 중산층 유형으로 소망교회, 광림교회, 사랑의 교회 등이 여기에 속한다. 이들 교회의 성장은 1970년대 후반 이후 본격화된 서울의 강남 지역 개발과 관련되며, 한국의 산업화가 어느 정도 완성된 이후

11 이하 한국의 메가처치의 유형별 서술은 홍영기(2001: 44-75) 참조.

등장한 중산층의 증가와도 연결하여 설명할 수 있다. 이들 교회의 성장은 주로 1980년대를 배경으로 이루어지며, 회심에 따른 성장보다는 전입에 따른 소위 수평 이동이 많은 특징을 보인다(서우석, 1994). 또한 신자들의 학력 수준이 매우 높다는 것도 중요한 특징이라 할 수 있다.[12] 이상 열거한 주요한 한국의 메가처치들의 성장시기를 정리하면 다음의 〈표 4〉와 같다.

표 4 한국 메가처치의 성장 시기

시기	교회명
1950년대	영락
1960년대	충현
1970년대[1)]	여의도순복음
1980년대 초반	광림, 금란, 숭의감리
1980년대 후반	소망, 사랑의, 주안장로, 은혜와 진리
1990년대 초반	명성, 순복음인천
1990년대 후반	온누리

주 : 1) 원문에는 1960년대로 되어 있으나 1970년대의 오기로 보임.
출처 : 홍영기(2001 : 50).

한편 버드(Warren Bird)가 운영하는 리더십 네트워크(Leadership Network)라는 인터넷 사이트에는 전 세계에 걸친 메가처치들이 소개되고 있는데(http://leadnet.org/), 한국의 메가처치들은 예배 참석 인원수를 기초로 할 때, 상위의 자리를 여럿 점하고 있다. 전 세계 메가처치 중 여의도순복음교회는 압도적으로 가장 많은 예배 참석 인원(480,000명)으로,[13] 이 사이트의 통계에서 두 번째에 위치한 나이지리아의 Deeper

12 대표적 중산층 메가처치인 소망교회의 경우 90% 이상이 대학 졸업자이다(홍영기, 2001 : 63).

13 여의도순복음교회의 내부자에 의한 비공식 보고에 의하면 현재 실 출석 인원은 이보다

Christian Life Ministry와 엘살바도르의 Mision Christiana Elim International(각각 75,000명)을 앞서고 있다. 이어서 온누리교회가 65,000명(4위), 평강제일장로교회가 60,000명(5위), 수도권에 속하는 안양의 은혜와 진리교회 50,000명(7위)[14]이 10위권 안에 자리잡고 있으며, 그 외에도 10,000명 이상 출석교회가 서울에 9개(광림 35,000명, 사랑의 교회 30,000명, 만민중앙 25,000명, 금란 25,000명, 명성 24,000명, 성락침례 23,000명, 소망 22,000명, 영락 13,000명, 충현 13,000명), 기타 수도권에 4개(수원중앙 30,000명, 숭의감리(인천) 20,000명, 주안장로(인천) 20,000명, 순복음인천 11,000명) 등 총 17개로 보고되어 있다.

트위첼(James B. Twitchell)에 의하면, 종교는 늘 하나님의 소명을 강조하지만, 실제로는 많은 경우 최종 소비자에 더욱 초점을 맞춘다. 여러 개신교 성직자들은 탐욕과 부, 무한 경쟁 등에 대하여 경고의 메시지를 보내고 있지만, 실제로는 영적인 일들이 그들의 이익을 위하여 시장 주도의 경제와 연합하는 경우가 많은데, 그 대표적인 사례가 메가처치의 경우에 드러난다고 할 수 있다. 트위첼에 의하면, 메가처치는 마케팅, 인구 이동, 소비자 욕구, 소비 공동체, 엔터테인먼트 경제, 신현현(epiphany)에 대한 오래된 열망, 그리고 그것을 생산해 내는 쏠림(bandwagon) 효과 등의 기묘한 융합이다(Twitchell, 2004: 80). 메가처치의 규모의 경제는 대량생산의 효율성을 지향하며, 대형 쇼핑몰에서 윈도우 쇼핑이나 둘러보기(shopping around)가 중요한 의미를 갖는 것처럼 메가처치의 소비 혹은 신자 정착과정에서도 이와 같은 교회 둘러보기의 과정이 필수적이다.

또한 현대 사회, 특히 메가시티에서 종교는 제공되는 상품 혹은 서비스에 있어서는 큰 차이를 보이지 않으며, 이러한 생산품에 있어서의 적

는 훨씬 적은 150,000~180,000명 선이라고 한다. 하지만 이 숫자로도 여전히 압도적인 1위의 위치는 유지된다.

14 사이트에는 남부순복음교회라는 이전의 교회 명칭으로 보고되어 있다.

은 변별력(low variation)은 시장에서의 치열한 경쟁을 야기한다. 그리고 이러한 적은 변별력과 치열한 경쟁이 교회 혹은 교단의 브랜드를 통한 차별화를 필요로 하는 이유가 되기도 한다. 즉, 소비자가 상품 자체의 가치에 의해 생산물을 구별할 수 없을 때, 그는 허구에 의존하게 되며, 브랜드 혹은 브랜드 서사(brand stories)는 이러한 허구에 근거한 주요한 대체 수단이 된다(Twitchell, 2004: 70-72). 한국의 메가처치에 있어서 이러한 브랜드 효과는 일종의 '구별짓기' 전략으로도 작용하는데, 전우택 외에 따르면, 메가시티에서 취약한 개인은 더 거대한 집단의 일원이 되는 대응전략, 즉 약한 개인이 거대한 힘을 가졌다고 보는 집단에 자신을 동일시하는 기제를 사용함으로 안전을 확보할 수 있다고 느끼며(전우택 외, 2010: 318), 이러한 대응전략은 종교의 경우 메가처치에의 소속, 그리고 교회의 브랜드를 통한 자신의 '구별짓기'에서 나타난다고 할 수 있다.

치미노(Richard Cimino)와 라틴(Don Lattin)은 메가시티에서 나타나는 메가처치 현상을 소비자주의(consumerism), 절충주의(eclecticism), 그리고 보수주의(conservatism)가 혼합된 현상으로 지적한다(Cimino and Lattin, 1998: 56). 메가처치는 시장 기반의 소비자 친화적 목회 방식을 따르며, 경영학 이론의 영향하에 종교 소비자의 욕구를 만족시키는 온갖 생활 서비스를 제공한다. 이 과정에서 제도적 교회의 필요보다는 잠재적 소비자의 욕구가 우선하며, 지역 인구를 '라이프 스타일'에 따라 분절하고, 이에 따르는 '유연성' 있는 목회를 한다. 메가처치는 지역(local) 교회라기보다는 보다 광역의 단위(regional)에서 작용하는 교회로 볼 수 있으며, 메가시티 주민들의 광범위한 지역적, 사회적 이동은 이들 교회를 근린 범위를 넘어서는 목회 활동을 하도록 이끈다. 이러한 보다 광역 단위의 목회는 도시화와 자동차의 증가, 그에 따른 이동 비용 및 시간의 감소에 의해 가능해진다. 이제 전통적 소도시 교회의 밀접한 공동체적 포용 방식은 메가처치의 보다 헐렁하고 유연한, 또한 비인격적인 구조에 자리를 내주며, 메가처치는 그 규모의 이점을 이용한 목회를 할 수 있게 된다.

한편 기네스(Os Guinness)는 현대 교회 사역의 갱신은 카리스마적 방식, 혹은 행동 과학적 도구 및 통찰의 두 가지 방식에 따라 이루어질 수 있는 것으로 보았는데(Guinness, 1993: 13), 한국의 메가처치는 이러한 두 가지 방식을 혼합시킨 것으로 이해할 수 있다. 홍영기에 의하면 한국의 메가처치는 시장 경제의 문화, 관료적 조직 체계, 멀티미디어에 의한 영성의 컨트롤 등 효율적인 현대적 제도들을 받아들이면서, 한편으로는 카리스마적 리더십에 따르는 확실성의 추구, 역동적인 종교적 경험의 강조 등 현대성에 저항하는 양가적인(ambivalent) 태도를 지닌다(Hong, 2003: 242). 하지만 이러한 양가성은 단순히 한국의 메가처치를 넘어서 현대의 근본주의 전반에 나타나는 특징이기도 하다. 미국의 경우, TV 에반젤리즘 등 미디어 매체를 가장 잘 이용한 것은 기독교의 보수적 집단이며, 알 자지라(Al Jazeera) 등 이슬람 근본주의의 중요한 전달 경로는 현대적 테크놀로지를 통해서이다.

2. 소집단 교회

메가시티의 종교적 공동체가 규모의 경제를 따라 메가시티로만 나타나는 것은 아니다. 메가시티는 사람들에게 인격적 감정을 느낄 수 있는 기회를 앗아가며, 그에 따라 종교를 통하여 이를 극복하고자 하는 소집단 지향의 욕구가 나타난다. 이러한 욕구는 특히, 보다 높은 수준의 학력과 계층 집단에서 두드러지는데(Cimino and Lattin, 1998: 79), 이러한 집단은 앞서 언급한 한국의 메가처치의 주요한 특징인 카리스마적 목회자에 대한 직접적 의존도 제거하고자 한다. 이들은 메가처치와는 구분되는 소집단 형태의 교회를 추구하는데, 이러한 교회는 사람들로 하여금 기존의 가족, 이웃, 그리고 전통적 교회가 잃어버린 자리에서 공동체를 회복시키려는 노력을 돕는다. 그들은 영성과 공동체성의 연결고리를 회복시키고, 또한 개인주의와 공동체성의 균형을 맞추기 위해 노력한다. 이러한 교회의 구성원들은 자신들이 메가처치와 같은 종교적 서비스의 소비자가 아니라고 주장하지만, 어떠한 면에서는 소비자주의와 개인주의가 공동체 및 친밀성을 추구하는 메가시티적 경향과 만나서 공존하는 형태라고도 할 수 있다.

하홍규는 조직화된 목회 방식과 멀티미디어의 테크놀로지가 결합된 맞춤형 프로그램(customized programs)이 사람들을 메가처치로 끌어들이는 요인이지만, 이러한 소비자주의적 움직임에 대한 불만을 가진 사람들도 상존하는데, 이들이 소집단 교회의 주요 세력이 된다고 얘기한다(Ha, 2013: 88). 그는 마페졸리(M. Maffesoli)의 개념을 인용하여, '힘'(pouvoir)의 제도들에 거역하는 '함께함'(the being together)의 또 다른 '힘'(puissance)을 얘기하는데, 이는 종교의 정신과 지역주의(localism)에 근거한 일종의 '부족주의'(tribialism)로 작용한다(Ha, 2013: 88). 여기서 중요한 것은 '확장'(ex-tension)이 아니라, '내적 강도'(in-tension)이다. 이들 소집단 교회는 메가시티의 세속적 장소 어디에나 위치하지만—예를 들어 카페, 레스토랑, 학교 강당, 극장, 주민 회관 등—, 대부분 자체적인 건물을 갖지 않는다는 공통점을 지닌다. 하홍규의 표현에 따르면, 이들은 도시 안에(in the city) 자신의 자리를 건축하기보다는, 그 가운데(among the city) 그들 자신을 위치시키고자 한다(Ha, 2013: 89). 이들은 급속하게 변화하는 메가시티의 문화적 환경에 창조적으로 적응하고자 노력하며, 단순한 교회가 되기보다는 종교적, 문화적 운동이 되기를 원하는데, 그런 의미에서 자신을 이 시대의 새로운 '바람'(wind)이라고 부른다(Ha, 2013: 92). 그리고 이러한 운동을 추진함에 있어서, 앞에서 언급한 바처럼, 거대 기업의 경영자(CEO)와 같은 메가처치식의 리더십 모델이 아닌 수평적 리더십을 추구한다.

이러한 메가시티에서의 소집단 교회의 형성에는 발전된 테크놀로지가 중요하게 기여한다. 이들 교회의 구성원들은 텔레커뮤니케이션의 사용을 통해 소속감을 강화한다. 메가시티의 소집단 교회는 대부분 메가처치처럼 물리적으로 근접한 지역에 위치하지 않으며, 이러한 물리적 거리의 장벽을 넘어 접촉할 기회를 제공하는 것은 바로 텔레커뮤니케이션 시스템이다. 이들은 메가시티 공간 안에 서로를 연결시키는 지속적인 네트워크를 건설한다. 페이스북(Facebook)이나, 트위터(Twitter) 등 SNS 매체를 통하여 교회의 소식이나 공지 사항을 공유하며, 때때로 카카오톡(Kakao Talk)을 통하여 실시간적인(real-time) 온라인 기도회를 갖기도 한다. 이들에 의하면 하나님의 교회는 건물 안에 제한될 수 없으며, 따라서 이들은 교회 건물을 갖지 않지만, 교회 구성원이 있는 곳은 어디든 교회가 될 수 있다고 말하며, 이를 '장벽이 없는 교회'(Church Without Walls)라고 부른다(Ha, 2013: 91).

3. 메가시티의 종교적 공동체와 지역성의 문제

앞에서 살펴본 바와 같이 한국, 특히 수도권 개신교의 성장은 산업화와 그에 따른 도시화, 그리고 이와 관련된 '내부적 이민'(internal migration)에 힘입은 바 크다. 하지만 이러한 도시적 종교성은 산업화 및 도시화의 정착, 그리고 정치적, 경제적 안정에 따라 어느 정도 변화하고 있음도 간략하게나마 기술하였다. 그렇다면 Ⅲ의 1.과 2.에서 기술된 메가시티 서울의 기독교 공동체의 주요한 형태들은 이러한 도시 변화와 아울러 어떻게 변화하였을까? 이것이 이제 이 장을 정리함에 있어 살펴보아야 할 중요한 주제이다.

앞서 지라르드의 언급을 통하여 "메가시티는 일반적으로 지역적 기반에 근거한 공유된 경험(종교, 지역/민족성, 문화 등)을 상실하고, 대중매체를 중심으로 한 일종의 디아스포라적 네트워크들을 가진 가상의 커뮤니티로 변화되는 경향이 있다."고 서술한 바 있다. 여기서는 메가처치와 소집단 교회라는 2가지 형태에 있어 지역성의 변화를 약간의 경험적 자료를 통하여 살펴보고, 이를 카스텔(M. Castells)이 제시한 현대 도시의 '흐름의 공간'(space of flows: 카스텔, 2003)[15]이라는 개념과 연결하여 생각해 보고자 한다.[16]

표 5 수도권 지역 메가처치의 신도 지역 분포 및 이동 수단 (단위 : %)

교회		A	B	C	D
교회 위치		서울 서초구	서울 마포구	서울 중구	서울 성동구
신도 거주지	동	0.2	7.3	1.2	63.0
	구	15.2	9.9	12.5	
	시	44.8	55.2	72.6	26.0
	시외	39.8	27.6	13.7	11.0
이동 수단	도보	10.0	8.0	13.4	27.0
	대중교통	57.5	65.2	45.4	10.0
	자가용	23.5	26.9	39.8	53.0
	기타	0.0	0.0	1.4	10.0

15 '흐름의 공간'과 관련하여서는 특히 카스텔(2003: 6장) 참조.

16 이 장에서 제시되는 자료는 감신대, 연세대, 서울신대 등에서 수업 시간을 통하여 조사된 것이다. 본 자료가 한국 교회에 대한 대표성을 지니지는 못하지만, 나름대로 의미 있는 통찰을 제공할 수는 있을 것으로 보인다.

표 6 수도권 지역 소집단 교회의 신도 지역 분포 및 이동 수단 (단위 : %)

교회		A	B	C	D
교회 위치		서울 강남구	서울 마포구	서울 성북구	인천 남구
신도 거주지	동	13.0	3.2	0.0	10.3
	구	21.7	3.2	13.0	23.1
	시	26.1	58.1	72.0	61.5
	시외	39.1	35.5	15.0	5.1
이동 수단	도보	7.4	6.5	9.5	11.7
	대중교통	85.2	87.1	66.6	27.3
	자가용	7.4	6.5	23.8	61.0
	기타	0.0	0.0	0.0	0.0

전통적으로 교회는 지역교회를 의미하였다. 그리고 특정 지역의 교회는 교회가 입지한 지역의 지역성을 담지하였다. 그러나 도시의 혼종성은 이러한 지역적 특성을 많은 부분 파괴하였고, 나아가 교회는 입지한 지역과 어느 정도 독립적인 성격을 지니기도 한다. 그리고 이러한 지역성의 상실, 혹은 혼종적 성격은 도시의 확대, 즉 메가시티로의 성장에 따라 더욱더 심화되는 양상을 보인다. 본 절에서는 이러한 교회 공동체의 지역성의 상실의 일면을 교회 공동체 구성원의 거주지 분포를 중심으로 살펴보고자 한다. 즉 메가시티에 있어서 교회 구성원의 거주지와 교회의 소재지는 상당 부분 일치하지 않으며, 이러한 괴리는 도시적 기독교 공동체에 있어 지역적 성격을 앗아가고 있다는 것이 논자의 입장이다.

〈표 5〉와 〈표 6〉은 각각 논자가 조사한 메가처치 및 소집단 교회의 신도 지역 분포 및 이동 수단을 정리한 것이다.[17] 신도 거주지는 교회

17 표에 있어 교회명은 교회 내부 사정을 공개하기를 원하지 않는 한국 교회의 특성상 알파벳으로 대신 표기하고, 교회를 확인할 수 있는 특성은 명시하지 않았다.

주소지를 근거로 동일 동, 구(동일 동 거주자 제외), 시(동일 구 거주자 제외), 시외로 구분하여 분포를 표시하였다.[18] 표에서 보는 바와 같이 전통적 의미에서 지역이라고 볼 수 있는 같은 동에 거주하는 성도의 비율은 0.0%에서 13.0%로 높지 않게 나타났다. 또한 지역의 범위를 구로 확장하여 분석한 경우에도 지역 성도의 범위는 메가처치 D의 경우를 제외하고는 6.4%에서 34.7%로 50%를 넘지 못하였다. 더욱이 메가처치 A나 소집단 교회 A의 경우 시외 지역의 거주자가 거의 40%에 이르러, 더 이상 메가시티의 교회 공동체에 있어 지역 요인이 중요한 변수가 되지 못함을 입증해 주고 있다. 이러한 상황은 거주지 이전이 반드시 교회 이동으로 이어지지 않고, 또 다른 한편에서는 출석할 교회에 대한 탐색이 기존의 지역 범위를 넘어서 이루어지는 현실을 드러낸다.

이러한 메가시티 교회 공동체의 지역성의 확대 혹은 변화에는 교통의 발달, 특히 지하철망의 확대와 자동차 문화의 확산이 중요한 역할을 한 것으로 보인다. 위에 조사한 메가처치들의 경우 지역형 메가처치인 D를 제외한다면, 논자의 예상보다는 자가용 이용률이 높지 않게 나타났는데, 이는 담임 목회자의 철학(메가처치 B) 혹은 교회의 교통 흐름 및 주차 상황(메가처치 A, C)이 반영된 것으로 보인다. 소집단 교회의 경우 D를 제외하고는 대중교통 이용률이 메가처치에 비해 높게 나타나는데, 이는 교회 구성원이 상대적으로 젊은 연령으로 구성되어 자가용을 이용할 만한 경제적 수준에 이르지 못한 것이 원인으로 생각된다.

앞에서 언급한 바처럼 카스텔은 현대 도시, 특히 메가시티의 공간을 '장소의 공간'에서 '흐름의 공간'으로 변화하는 것으로 규정하고 있다. 장소의 공간에서는 공간의 위치적 특성(어디에 위치하는가?)이 중요성을 띠는 데 반해, 흐름의 공간에서는 연결적 속성(어떻게 연결되어 있는가?)

18 메가처치 D의 경우, 조사 시에 동을 명확히 표시하지 않았거나, 도로명 주소를 사용하여 동의 확인이 어려움으로 인하여 동과 구를 합쳐서 표시하였다.

이 더 중요한 특성으로 나타난다. 이러한 연결은 주로 현대 도시의 발달한 교통 혹은 통신의 흐름에 의한 네트워킹을 말하며, 이에 따라 기존의 지역성은 확대되거나 상실되는 경향을 갖는다. 이러한 '흐름의 공간'으로의 변화는 카스텔이 제시한 경제, 사회, 문화의 측면만큼 강하지는 않지만, 종교 공동체에서도 어느 정도 감지되고 있음을 위의 조사 결과는 제시하고 있다. 다만, 종교 공동체에 있어서 통신에 의한 네트워킹의 중요성은 아직은 크게 두드러지지 않고 있는데, 이는 어느 정도 기존 교회의 중요한 구성원층이 정보 통신 기술의 적극적 사용자층이 아니라는 것에 기인하는 것으로 보인다. 하지만 위에서 살펴본 메가시티의 기독교 공동체의 두 가지 중요 형태 중, 상대적으로 젊은 층, 혹은 적극적인 정보 통신의 사용자층이 중심이 된 소집단 교회에서는 Ⅳ의 2에서 기술한 바처럼 정보 통신 네트워크가 구성원 사이의 공간적 간격을 어느 정도 메워 주고 있다는 사실은 미래의 메가시티 교회 공동체의 형성에 있어 정보 통신 기술에 의한 네트워킹이 보다 중요한 기능을 할 수 있음을 나타내 주는 징표라고 볼 수 있다.

V. 나가는 말

이 장은 메가시티 서울의 기독교 공동체의 도시적 형태들을 서울이라는 공간성과 1960년대 이후의 시간성이라는 교차점에서 살펴보고, 그것이 갖는 종교사회학적 의미를 살펴보았다. 1995년 이후의 한국 종교 인구의 변동, 특히 개신교의 정체와 가톨릭의 성장은 서울을 비롯한 수도권에서 두드러지는데, 이는 1960년대 이후의 한국 개신교의 성장이 산업화, 도시화, 그에 따른 사회 변동과 연결된다는 사실과 무관하지 않다. 1960년대의 사회 변동에서 미국, 혹은 개신교의 자리매김이 한국, 특히 수도권의 개신교 성장에 중요한 역할을 하였다면, 1990년대 이후 사회 안정은 이러한 개신교의 성장동력을 어느 정도 제어하는 역할을 하였다.

한국 개신교의 성장 시기, 즉 1960~90년의 한국 교회의 특징을 가장 잘 드러내는 교회적 형태는 메가처치라고 할 수 있다. 한국의 메가처치는 주요 특징, 성장 시기, 신도들의 구성 등과 관련하여 전통적 유형, 카리스마적 유형, 중산층 유형의 3가지로 나눌 수 있지만, 이러한 유형에 상관없이 메가처치는 종교와 시장 혹은 소비자 경제의 특징이 결합된 여러 가지 양상을 보인다. 한국에서 이러한 메가처치는 일종의 '구별짓기'의 도구, 거대집단에의 소속을 통한 안전 확보의 기제로도 이용되고 있는 것으로 보인다. 나아가 전통적인 카리스마적 리더십과 현대적인 행동과학적 통찰의 결합 또한 한국 메가처치의 중요한 특징으로 볼 수 있다.

한편, 이러한 메가처치의 주류적 소비양식에 저항하여 오히려 작은 교회를 추구하는 또 하나의 형태가 서울이라는 메가시티의 공간에서 적지 않게 출현하고 있다. 이들은 특히 높은 수준의 학력과 계층 집단에서 두드러지며, 기존 교회에 비해 목회자에 대한 의존도도 상당히 낮은 특징을 보인다. 이는 마페졸리가 얘기한 현대 사회의 일종의 '부족주의'에 대한 추구로도 볼 수 있다. 그러나 이러한 소집단 교회의 추구 또한 현대 소비자들의 특유한 소비를 통한 자신들의 '구별짓기' 전략의 일환으로도 볼 수 있다.

메가처치든, 소집단 교회든 그 형식에 상관없이 나타나는 메가시티 기독교 공동체의 중요한 특성은 지역성의 파괴 혹은 확장이다. 이 장에 제시된 자료에서 알 수 있듯이 교회 공동체는 더 이상 지역이라는 요인을 통해 성도들을 끌어모으고 있지는 않다. 이는 카스텔이 제시한 '흐름의 공간'이 지배하는 현대 메가시티의 특성에 어느 정도는 상응하는 것으로 볼 수 있다. 하지만 일반적 '흐름의 공간' 이 지배하는 경제 혹은 문화적 영역에 비해서는 정보 통신의 역할이 그렇게 두드러지지는 않는데, 이는 성도의 연령적 특성과도 어느 정도 관련된 것으로 보인다. 즉, 상대적으로 장·노년층의 비율이 높은 메가처치의 경우 인터넷, 스마트폰을 중심으로 한 네트워크 형성은 이들 장비 사용의 한계로 인해 그렇게 두드러지게 나타나지 않는다. 그러나 이에 반해 청·장년층 중심의 소집단 교회들은 공간의 분리를 어느 정도 통신 수단을 통하여 보완하고 있음은 본문에서 살펴본 바와 같다.

도시 공간, 특히 메가시티 공간에서 기독교 공동체들이 어떤 양상으로 발전해 나갈지 정확하게 예측할 수는 없다. 다만, 지역이라는 전통 교회의 특성이 더 이상 예전처럼 중요하게 작용하지는 않을 것으로 보인다. 물론, 현대 도시 공간에 있어서도 지역성을 매개로 의미 있는 사역을 펼치는 교회들도 있다. 이러한 교회들은 특히 '흐름의 공간'에 대한 저항적 의미 혹은 저항적 정체성을 담고 있는 경우가 많다.[19] 하지만 현대 도시 공간의 삶의 모습들이 지역보다는 여타의 요소들을 중심으로 구성되는 현실에 있어서, 틈새 시장적 양상이 아닌 주류적 흐름으로서 지역성을 매개로 한 교회 공동체의 구성이 쉽지만은 않을 것으로 보인다. 그러나 교통과 통신의 발달로 인한 지역적 공간성의 극복이 어떻게 기존 공동체를 변화시켜 나갈지는 종교사회학적, 신학적으로 지속적인 관심을 갖고 살펴보아야 할 주제일 것으로 보인다.

19 '저항적 정체성'의 근거로서의 소집단 교회는 그러한 의미에서 메가처치와는 또 다른 형태의 '구별짓기'의 모습이라고 볼 수 있다.

참고문헌

권용우 외. 2006.『수도권의 변화』. 서울: 보성각.

김성건. 2005. “한국의 보수적 개신교와 무속신앙 그리고 자본주의.”『한국사회와 개신교 : 종교사회학적 연구』. 서울: 서원대학교 출판부.

노길명. 1983. “70년대 한국 종교의 성장과 앞으로의 전망.” 한국사회학회 편『한국사회 어디로 가고 있나』. 서울: 현대사회연구소.

노치준. 1998. “한국 교회 성장정체의 실태와 원인. 역 J곡선 현상을 중심으로.”『한국 개신교사회학』. 서울: 한울 아카데미.

동아일보 미래전략연구소. 2009.『미래의 경쟁력 메가시티』. 서울: 동아일보사.

문화공보부. 1971.『종교법인 단체 일람표』.

———. 1977.『종교법인 및 단체현황』.

———. 1980.『종교단체 현황』.

서우석. 1994. “중산층 대형교회에 관한 사회학적 연구.”『한국사회학』28.

송도영. 2011.『다시, 서울문화를 이야기하다』. 서울: 서울특별시사편찬위원회.

이원규. 1997.『종교사회학의 이해』. 서울: 사회비평사.

전우택 외. 2010.『서울을 정신분석하다』. 서울: 청년의사.

최현종. 2011.『한국 종교인구변동에 관한 연구』. 부천: 서울신학대학교출판부.

카스텔, 마뉴엘. 2003.『네트워크 사회의 도래』. 김묵한 외 역. 서울: 한울 아카데미.

통계청. 2016. “2015 인구주택총조사 표본집계결과(인구, 가구, 주택 기본특성항목).”

한영제 편. 1986.『한국 기독교 성장 100년』. 서울: 기독교문사.

헌팅톤, 새뮤얼. 1997.『문명의 충돌』. 이희재 역. 서울: 김영사.

홍영기. 2001.『한국초대형교회와 카리스마 리더십』. 서울: 교회성장연구소.

Bauman, Zygmunt. 1995. “Searching for a Center that Holds.” In: Mike Featherstone, Scott Lash, and Roland Robertson(eds.). *Global Modernities*. London/New Delhi: Sage.

Bruce, Steve. 2002. *God is Dead: Secularization in the West*. Oxford: Blackwell Publishers.

Cimino, Richard and Don Lattin. 1998. *Shopping for Faith: American Religion in the New Millennium*. San Fransisco: Jossey-Bass.

Choi, Hyun-Jong. 2009. *Religiosität und moralische Verbindlichkeit in Südkorea*. Dissertation: Leipzig Univ..

Girardet, Herbert. 2008. *Cities People Planet: Urban Development and Climate Change*. New York : John Wiley & Sons.

Grayson, James H. 1985. *Early Buddhism and Christianity in Korea*. Leiden: E. J. Brill.

Guinness, Os. 1993. *Dining with the Devil: The Megachurch Movement Flirts with Modernity*. Grand Rapids: Baker Book House.

Ha, Hong-Kyu. 2013. "Small is Sacred." *Urban Aspirations of Seoul: Religion and Megacities in Comparative Studies*.

Halevy, Elie. 1971. *The Birth of Methodism in England*. Tr. & ed. by Bernard Semmel. Chicago : Univ. of Chicago Press.

Hong, Young-Gi. 2003. "Encounter with Modernity: The 'McDonaldization' and 'Charismatization' of Korean Mega-Churches." *International Review of Mission* 92.

Kern, Thomas. 2001. "Das 'andere' Wachstumswunder. Protestantische Kirchen in Südkorea." *Zeitschrift für Soziologie* 30.

Laquian, Aprodicio A. 2005. *Beyond Metropolis: The Planning and Governance of Asia's Mega-Urban Regions*. Washington, D.C. : Woodrow Wilson Center Press.

Martin, David. 1990. *Tongues of Fire: The Explosion of Protestantism in Latin America*. Oxford: Blackwell Publishers.

Twitchell, James B. 2004. *Branded Nation: The Marketing of Megachurch, College, Inc., and Museumworld*. New York : Simon & Schuster.

http://leadnet.org/ (2014.4.23. 검색)

http://stat.seoul.go.kr (2014.4.23. 검색)

Urban Planet: Collective Identities, Governance and Empowerment in Megacities (http://www.irmgard-coninx-stiftung.de/megacities.html, 2014.4.24. 검색)

3장 한국 개신교의 새신자 구성과 수평이동에 관한 연구

I. 들어가는 말

본 저자는 2011년 발표된 글에서 '한국 종교의 신자 이동'에 관한 연구 결과를 발표한 바 있다(최현종, 2011). 2011년의 연구가 종교 간, 특별히 한국의 3대 종교인 불교, 개신교, 가톨릭 간의 이동에 대한 분석이었다면, 이 글은 개신교 교회의 새신자에 초점을 두어, 새신자의 구성과 내부적 이동, 소위 신자의 '수평이동'에 관한 내용을 다루고자 한다. '수평이동'이란 흔히 새로이 교회에 등록한 신자 중에서 개종자, 즉 비종교인이나 타종교인이 개종을 통해 등록한 것이 아닌, 기존의 여타 개신교 교회 신자가 교회를 바꾸어 등록한 사례를 지칭한다. 이러한 개신교회의 수평이동은 오래전부터 지속되어 온 상황이지만, 특히 한국 사회에서 개신교회의 성장률이 둔화하기 시작한 1980년대 중반 이후 두드러진 현상으로 나타나기 시작하였다.

한국 사회, 혹은 개신교계에서 사용하는 '수평이동'에 상응하는 서구 학계의 용어는 '성도의 순환'(circulation of the saints)이라고 할 수 있다(Bibby and Brinkerhoff, 1994; Bibby, 2003). 캐나다의 종교사회학자 비비(R. W. Bibby)에 의해 도입된 이 용어는 개신교의 성장 요인, 특히 보수적 개신교단의 성장 요인에 대한 많은 후속 연구와 논쟁을 야기시킨 바 있다. 비비는 캐나다 캘거리(Calgary)의 복음주의 계열의 교회 20곳을 1966~70년, 1976~80년, 1986~90년, 1996~2000년의 4차례에 걸쳐 조사하였다. 그 결과 이들 교회의 새신자 중 70%는 다른 복음주의 교회로부터의 이동, 20%는 기존 신자의 자녀들, 나머지 10% 정도만이 순수한 새신자, 즉 개종자에 해당한다고 발표하였다.[1] 비비에 따르면 10%의

---

* 이 장은 『한국기독교신학논총』 91(2014)에 게재된 바 있음.

개종자 중에서도 전도 활동을 통한 개종은 개종자의 10~15%에 불과하며, 대개 자발적으로 나오기보다는 친구나 가족을 통해, 특히 주일학교 프로그램이 상당히 중요하게 작용하는 것으로 평가하였다. '수평이동', 비비의 용어로 한다면 '성도의 순환'에 있어 중요하게 작용하는 요인을 정확한 자료로는 제시하지 못하였지만, 3/4 가량이 '교회 쇼핑'(church shopping)[2]의 결과로 옮겨가는 것으로 파악하였으며, 그 다음이 이사에 의한 것으로 분석하였다.

하지만 이러한 비비의 연구는 많은 연구들, 특히 페린(R. W. Perrin)에 의해 주도된 일련의 연구들에 의해 반박되었다(Perrin and Mauss, 1991; Perrin, Kennedy and Miller, 1997). 페린의 연구는 1988년 남캘리포니아 3개 지역(county)과 워싱턴주 3개 지역의 14개 빈야드(Vineyard) 교회에 대한 조사 결과를 토대로 한 것으로, 1차적인 새신자의 분석 결과는 75%가 유사한 보수 교단 교회에서, 15%가 주류(mainline) 교회에서, 6%가 가톨릭 교회로부터 이동한 것으로 나타나 비비의 조사 결과와 유사한 경향을 나타내었다.[3] 하지만 페린 등은 여기에서 한발 더 나아가 현재의 교회에 나오기 직전의 종교적 상황이 아니라, 성장기의 종교적 상황을 추가로 조사, 비교하였다. 그에 따르면 이들 새신자의 성장기 종교적 환경은 보수 교단 : 주류 교단 : 가톨릭이 32 : 39 : 29로, 현재의 교회에 나오기 직전의 상황과는 매우 달랐다. 더욱이 이 중 29%는 한 달에 1번 이하로 교회를 다닌 거의 무교회적 배경에서 성장하였다. 이러

---

1 하지만 70 : 20 : 10이라는 비율은 첫 번째 기간, 즉 1966~70년의 기간에만 해당되고, 4번의 조사 기간의 정확한 평균은 69 : 14 : 17이었다(Bibby, 2003: 5).

2 소비자가 원하는 상품을 사기 위해 여러 매장을 둘러본 후에 구매를 결정하는 것처럼, 여러 교회를 가 본 후에 보다 나은 만족(한 조건)을 주는 교회에 등록하는 것을 의미한다.

3 대체로 기독교적 배경을 지닌 미국과 캐나다의 상황에서는 유사한 교단적 성격을 지닌 교회 간의 이동만을 수평이동에 해당하는 것으로 해석할 수 있다. 즉, 보수 교단, 주류 교단, 가톨릭 내에서의 이동을 수평이동, 이들 간의 이동은 개종에 해당하는 것으로 해석한다.

한 결과를 바탕으로 페린 등은 많은 이들이 현재 보수적 교단 내에서 '교회 쇼핑'을 하고 있을지언정, 다른 종교적 배경에서 건너왔다는 것은 부정할 수 없는 사실이라고 결론지었다. 또한 이들은 헌신(commitment), 훈련(discipline), 선교적 열정의 척도에서 이전 교회보다 높은 지표를 나타내었는데, 이는 보수적 교단의 구성원들에 대한 보다 엄격하고 진지한 요구가 보수적 교단의 성장의 중요한 원인이라는 켈리(D. Kelley)의 명제를 지지하는 것으로 해석하였다.[4] 결국 페린 등은 비비의 분석을 적절치 못한 비교의 결과로 간주하며, 새신자의 종교적 배경은 직전의 종교적 상황이 아닌, 성장기의 종교적 상황을 고려할 때 더욱 의미 있는 것이 될 수 있다고 주장하였다. 페린 등의 1997년도 연구는 1991년도 연구를 확장한 것으로, 1988년 조사 자료에 4개 교회(빈야드 교회 1, 갈보리 교회 1, 호프 교회 2)에 대한 1992년 조사 내용을 더하여 분석한 것이다. 여기서도 결과는 1991년도 연구와 유사하게 나타나는데, 다만 무종교인 중에 이들 교회에 등록한 사람들의 비율을 추가적으로 제시하고 있다. 이에 따르면 새신자 중 성장기의 종교적 환경으로 보면 13%, 교회 출석 이전 기준으로 보면 29%가 무종교인이었으며, 성장에 따른 이탈 후 이들 교회에 등록한 이들은 주로 가톨릭 배경을 가진 것으로 조사되었다. 즉, 페린 등의 연구는 비비와는 달리 성장기의 종교를 기준으로 한다면, 이들 교회의 새신자들은 수평이동에 해당하지 않으며, 많은 비율의 새신자들이 다른 종교적 환경, 나아가 종교를 떠났거나, 교회를 멀리하였던 이들이 페린 등이 조사한 교회들로 대변되는 보수적 교단으로 나아오는 것으로 해석하였다.

이러한 모순되는 연구 결과들을 우리는 어떻게 보아야 할까? 과연 미

4 켈리의 이와 같은 주장은 미국 사회에서의 주류 교단과 차별화된 보수 교단의 차별적 성장 요인을 언급한 것으로서, 앞서의 비비의 연구 또한 켈리의 명제에 대한 반박의 성격이 짙다. 즉, 보수적 교단의 성장은 켈리의 주장과 같이 차별화된 종교적 요인이 아닌, 단순한 성도의 순환적 요인에 의한 것이라는 것이 비비의 주요 입장이다(Kelley, 1972).

국 혹은 캐나다에 있어 주류 교회와는 달리 보수적 교회만이 성장하는 것일까? 혹은 이들 교회들이 성장하고 있다면 그 원인은 성도의 순환, 곧 수평이동에 의한 것일까? 아니면 타 교단 혹은 무종교인들이 개종한 결과일까? 스미스(T. W. Smith)는 1984~90년의 '일반 사회 조사'(General Social Survey)의 결과를 통하여 기존의 연구, 특히 보수적 교단의 성장을 지지하는 연구들을 비판한다(Smith, 1992: 305-29). 스미스가 분석한 결과에 따르면, 먼저 비근본주의 교단에서 성장한 13% 정도가 근본주의 교단으로 이동하지만, 같은 비율의 신자가 근본주의 교단에서 비근본주의 교단으로 이동하는 것으로 나타난다.[5] 즉 정당한 평가를 위해서는 유입된 신자만이 아닌 유출된 신자 또한 고려해야 하며, 이들을 함께 고려할 때, 여타 교단으로부터 근본주의 교단으로의 유입에 따른 성장이라는 논리는 근거가 미약하다고 할 수 있다. 나아가 스미스는 근본주의 계열 교단의 성장에 대한 연구들이 매우 '대표성'이 없는 적은 교회의 사례에 근거하였으며, 또한 이들 교회의 기록의 정확성에도 문제가 있는 것으로 지적한다. 이는 비비의 사례에도 해당하는 사항이지만, 특히 페린 등의 연구 결과에 대한 비판의 성격이 강하며, 더욱이 페린 등이 연구한 빈야드 교회는 보수 교단의 전반적 특성을 지닌다기보다는, 이후의 연구들에서 독립교단으로 분류되는 성격을 지니기에 더욱더 그 대표성을 의심할 수밖에 없다.[6] 페린 등도 그들이 조사한 교회 중 대형 교회의 경우에는 담임 교역자의 협조 거부로 새신자 명부 열람이 불가능했으며, 대예배 시 설문지를 배포할 수 없어서, 이를 대신하여 소집단 모임에서 실시하였음을 고백한 바 있다(Perrin and Mauss,

5 스미스는 주류 교단과 보수 교단이라는 용어 대신 근본주의와 비근본주의의 범주를 사용한다. 연구자들이 사용한 용어를 통해서도 이들의 학문적, 종교적 성향을 어느 정도 감지할 수 있다.

6 독립교단의 교회들은 성장기 종교 상황을 비교의 기준으로 삼을 때, 가장 많이 성장한 교회들이다. 이에 대하여는 이후의 논의 참조.

1991: 101). 최종적으로 스미스는 1964~90년 사이의 신도 비율에 있어서 근본주의-비근본주의 사이에 특별한 차이는 없다고 결론짓는다. 세대(cohort)별 비교에 있어, 1960년대 이후 출생 세대에서 자유주의 교단에 약간의 감소가 나타나지만, 이는 주로 중도의 가톨릭에 의해 흡수된 것으로 해석한다. 스미스는 근본주의의 성장은 실제적인 성장이라기보다는 이에 대한 대중 매체의 주목의 산물이라고 주장한다.

2008년의 '미국 종교 지형 조사'(*U.S. Religious Landscape Survey*)는 앞에서 언급된 보수 교단의 성장 vs. 성도의 순환 가설에 대한 논쟁을 정리하는 데 매우 중요한 자료이다(Pew Forum, 2008). 이 조사에 따르면 미국의 종교 인구는 개신교 51.3%, 가톨릭 23.9%, 기타 기독교(정교회, 몰몬 등) 3.2%, 기타 종교 4.7%, 무종교 16.1%로 추정되었다. 개신교는 가까스로 절반을 넘어섰지만, 18~29세의 젊은 연령층에서는 43%에 불과한 것으로 조사되었다. 개신교인 중에서 가장 많은 비율을 차지하는 것은 침례교로 개신교 전체의 33.5%에 달했다. 본 연구의 주요 관심사인 종교 이동과 관련해서는 미국 성인의 28% 정도가 성장기의 종교를 떠나는 것으로 나타났다. 이는 개신교 내의 이동을 포함하면 약 44%로 늘어난다. 성장기 대비 가장 많이 증가한 것은 비종교인으로 그 비율이 7.3%에서 16.1%로 늘어났으며, 특히 18~29세의 연령대의 25% 가량이 비종교인으로 조사되었다.[7] 가장 많이 감소한 것은 가톨릭으로 31.4%에서 23.9%로 줄어들었으나, 그 감소한 부분을 이민자들이 보충하고 있어, 실제 종교인 비율은 과거와 별다른 차이를 보이지 않는다. 18~29세의 경우는 라틴계 신자가 전체의 45%를 차지하고 있으며, 가톨릭 전체의 비율(23.9%)은 복음주의 계열 개신교(26.3%)와 비슷하다. 비종교인을 제외하면 가장 많이 증가한 것은 개신교 독립교단(1.5% → 4.5%)으로, 이는 페린 등의 연구에서 부분적으로 반영된 것으로 보인

7 조사 결과는 이들을 다시 무신론/불가지론자(4.0%), 세속적 경향의 비종교인(6.3%)과 종교적 경향의 비종교인(5.8%)으로 세분하고 있다(Pew Forum, 2008: 20).

다. 개신교 전체로 보면, 현재의 개신교인의 16%가 다른 종교적 환경에서 성장 후 이동하였으며, 이는 복음주의 교단(18%)과 주류 교단(16%) 사이에 큰 차이를 보이지 않는다. 이러한 결과는 또한 실제의 신도 비율에 있어서 근본주의–비근본주의 사이에 특별한 차이는 없다는 스미스의 주장을 뒷받침해 준다. 개신교로 이동한 인구에 있어서는 그 구성(가톨릭, 무종교, 기타 종교 출신 비율)도 보수 교단과 주류 교단 사이에 큰 차이를 보이지 않는다. 타 종교, 혹은 타 교단으로부터의 이동뿐 아니라 이들 상호 간의 이동, 즉 개신교 보수 교단에서 주류 교단으로, 혹은 주류 교단에서 보수 교단으로의 이동 비율에도 거의 차이가 나타나지 않는다. 성장기 신자의 유지와 관련해서는 침례교(60%), 루터교(59%)가 높은 편이었고, 홀리네스(Holiness) 교단(32%), 회중교회(37%)가 낮게 나타났다. 이동에 따른 증가가 가장 높았던 독립교단도 신자 유지 비율은 44%밖에 되지 않았다. 이들 종교, 혹은 교단을 변경한 신자들의 성, 연령, 교육 수준에 따른 차이는 크게 나타나지 않았다.

종교 및 교단 이동자의 특성 및 작용 요인에 대하여는 이미 호지(D. R. Hoge) 등이 1990년대에 행한 연구 결과가 있다(Hoge, Johnson and Luidens, 1995: 253-58). 이들은 1990년에 23개 장로교회의 과거 1960년대 견진자 명단에 의거하여 조사 당시 33~42세의 연령대에 해당하는 사람들을 조사하였다. 그 결과 응답자의 32%가 교단을 변경하였고, 이 중 9%는 2회 이상 변경하였으며, 75%가 교회 이탈 경험을 지니고 있었다(49%는 이후 종교 회복). 이들은 앞서의 연구들과는 달리 종교 이동의 이유 또한 조사하였는데, 결혼이 31%로 이동의 가장 중요한 이유가 되었고, 그 외에 이사(17%), 기존 종교(교단)에 대한 불만(27%), 개인적 유대 및 영향(18%, 목회자와의 관계 포함) 등이 종교(교단) 이동의 이유로 나타났다. 이동의 이유와 형태의 연관에 있어서는, 결혼과 이사로 인해서는 유사한 종교/교단으로의 이동이 많고, 기존 종교(교단)에 대한 불만의 경우는 주로 종교(교단)를 바꾸는 결과로 나타났다. 2회 이상의 이동의 경우에는 1차 변경 시와는 달리 결혼의 요인은 거의 작용하지 않았다. 종교의 헌신도와 관련해서는 종교를 바꾼 이후 더욱 헌신적인 신자가 되는 경우가 많았으며, 이는 특히 기존 종교(교단)에 대한 불만으로 이동한 신자에게서 두드러지게 나타났다. 쉐이틀(C. P. Scheitle) 등의 연구도 호지 등의 연구 결과를 부분적으로 확인해 주고 있는데, 이에 따르면 종교 관련 이동은 대개 결혼, 이사 등 사회적 자본의 변화와 관련된다(Scheitle, Kane and van Hook, 2011: 470-82). 이는 결국 이동의 연령대에도 영향을 미치는데, 종교 관련 이동은 미국의 경우 주로 16~45세에서 발생하며, 첫 변동의 평균 연령은 22~25세, 두 번째 변동은 31~32세로 나타난다. 이는 뒤에 언급할 한국의 상황과는 약간의 차이를 보이고 있다.

한국의 경우 수평이동에 관한 중요한 조사는 한국갤럽의 4차례에 걸친 "한국인의 종교와 종교 의식" 조사(1984, 1989, 1997, 2004년)와 이를 개신교의 관점에서 보다 확장한 두 차례(1999, 2004년)에 걸친 한미준과 한국갤럽의 공동 보고서,[8] 2004년 교회성장연구소에서 실시한 "한국교회 교인 수평이동에 대한 연구", 그리고 2012년 한국기독교목회자협의회(한목협)가 중심이 되어 실시한 조사 결과 등이 있다. 본 연구는 저자가 실시한 조사 내용을 토대로, 위에 언급한 한국 개신교회의 수평이동에 관한 선행 연구들의 자료를 비교 · 분석하여, 한국 개신교회에서의 새신자 구성과 수평이동의 개요를 확인하는 것을 목적으로 한다.

8 1999년에는 『한국 개신교인의 교회활동과 신앙의식』, 2004년에는 『한국교회 미래 리포트』라는 이름으로 출판되었다.

II. 연구방법

본 연구의 분석을 위한 주요 데이터는 저자의 강의 수강자를 통해 수집된 333개 교회의 보고서를 통해 얻어졌다. 선행 연구들과는 달리 개인이 아닌 교회를 대상으로 조사를 실시하였다는 것이 본 연구의 특색이라 할 수 있다. 조사는 2011년 1학기에서 2012년 2학기까지 4학기에 걸쳐 이루어졌으며, 조사 대상 교회의 개요는 〈표 1〉과 같다.

표 1 조사 교회 교단별/ 지역별/ 규모별 개요

교단	빈도	퍼센트	지역	빈도	퍼센트	규모	빈도	퍼센트
장로교	82	24.6	서울	102	30.6	소형 (100명 이하)	127	40.2
감리교	200	60.1	경기/ 인천	152	45.6	중소형 (101~300명)	75	23.7
성결교	33	9.9	충청	42	12.6	중대형 (301~999명)	66	20.9
기타	18	5.4	기타	37	11.1	대형 (1000명 이상)	48	15.2
계	333	100.0	계	333	100.0	계	316	100.0

조사 교회는 교단별로는 감리교, 지역별로는 서울을 비롯한 수도권, 규모면에서는 소형 교회가 많은 비중을 차지하였다. 이는 저자의 강의 수강생의 성격과 무관하지 않으며, 조사 대상이 한국 교회 전체를 대표하는 대표성을 지니기에는 미흡한 부분을 드러낸다. 다만, 교회의 규모와 관련해서는 한국 교회 전체의 규모별 비율을 확인할 수 없기에, 어느 정도 모집단과 차이를 갖는지 확인할 수 없었다(표에 나타난 교회의 규모는 교회 자체에서 평균 출석 인원을 근거로 하였다). 또한 조사 결과가 교

회 자체의 보고이기에, 조사 결과의 신뢰도와 타당도도 어느 정도 문제가 제기될 수 있을 것으로 보인다. 더욱이 새신자의 성향에 대한 정확한 자료조차 가지고 있지 못한 교회도 많이 있었고, 있다 하더라도 그 자료를 공개하기를 거부하는 교회도 많았다. 따라서 조사에 포함된 교회일지라도 해당 항목의 자료가 없는 경우에는 분석에서 제외되었으며, 이 역시 분석 결과의 타당도에 중요한 영향을 미쳤을 것으로 여겨진다. 하지만 이러한 조사의 문제점에도 불구하고, 기존 조사와의 비교, 혹은 여러 가지 이론적, 실제적 고려를 통하여 현재의 한국 개신교회의 수평이동에 관한 개요를 드러내는 데에는 미흡하나마 기여를 할 수 있을 것으로 보인다. 특히, 교단 및 지역별 편중과 관련해서는—이후의 서술에서 언급될 것이지만— 수평이동의 특성이 크게 차이를 보이지는 않기에 전체의 개요를 드러내는 데에는 부족함이 없을 것으로 생각된다.

본 조사는 주로 수평이동 인구의 비율과 그 정착 여부에 관심하였기에, 개인적 성향과 교회 변경 이유 등에 대하여는 확인할 수 없었다. 이와 관련하여서는 기존에 행해진 조사 결과들을 비교, 분석하여 보완하고자 한다. 본 연구에서 주로 참고할 선행 연구들의 조사 개요는 〈표 2〉와 같다.

표 2 수평이동에 관한 선행 연구 조사 개요

조사 주체	한국갤럽/한미준	교회성장연구소	한목협
조사 시점	2004년 1월 ('97 자료도 참고)	2003년 7~10월	2012년 10~11월
표본수	1,500명	1,088명	1,000명
조사 지역	전국	7대 광역시+ 경기/강원	7대 광역시

III. 결과 분석

본 연구는 앞서 언급한 바처럼 저자가 실시한 조사 내용을 토대로 위에 언급한 한국 개신교회의 수평이동에 관한 선행 연구들의 자료를 비교 · 분석하여, 한국 개신교회에서의 새신자 구성과 수평이동의 개요를 확인하는 것을 목적으로 한다. 이를 위해 먼저 1) 교단별, 지역별, 교회 규모별로 평균 출석 인원과 연평균 새신자 인원, 그리고 이 둘 사이의 관계를 분석하고, 2) 새신자 중 수평이동 및 개종자가 차지하는 비율은 얼마나 되고, 새신자의 이전 종교 구성은 어떠한지 등을 확인한다. 그리고 마지막으로, 3) 정착률 및 개종자/수평이동자 비율의 간접적 지표로서 새신자 대비 세례자 비율을 조사할 것이다.

1. 출석 및 새신자 비교

본격적인 새신자 구성 및 수평이동의 분석에 앞서 조사된 교회의 교단별, 지역별, 교회 규모별 평균 출석 인원과 연평균 새신자 인원, 그리고 이 둘 사이의 관계를 제시하면 〈표 3〉, 〈표 4〉, 〈표 5〉와 같다. 다음의 표들에서 1개 교회의 출석 및 새신자 인원이 지나치게 커서 전체 통곗값을 왜곡할 우려가 있어, 인원 통계의 경우는 그 교회의 값을 제거하였고, 비율의 경우에만 포함시켰다.

표 3 교단별 출석/ 새신자 인원 비교 (단위 : 명, %)

교단	평균 출석	연평균 새신자	연평균 새신자/출석[9]
장로교	552	69	18.8
감리교	571	94	14.1
성결교	427	84	18.8
기타	338	93	19.8
계	542	87	16.0
표본수	315	332	316
유의미도	.887	.910	.135

표 4 지역별 출석/ 새신자 인원 비교 (단위 : 명, %)

지역	평균 출석	연평균 새신자	연평균 새신자/출석
서울	819	125	15.3
경기/인천	497	85	15.8
충청	409	57	12.8
기타	134	24	22.1
계	542	87	16.0
표본수	315	332	316
유의미도	.051	.181	.130

표 5 교회 규모별 출석/ 새신자 인원 비교 (단위 : 명, %)

규모	평균 출석	연평균 새신자	연평균 새신자/출석
소형(100명 이하)	48	7	17.2
중소형(101~300명)	201	32	16.2
중대형(301~999명)	565	86	14.9
대형(1000명 이상)	2386	356	14.2
계	542	82	16.0
표본수	315	315	316
유의미도	.000	.000	.733

9 연평균 새신자/출석 비율은 평균 새신자/평균 출석이 아닌, 개교회의 새신자/출석 비율을 교단별로 평균한 값이다. 위의 〈표 4〉와 〈표 5〉의 지역과 교회 규모에 따른 값도 동일한 방식으로 계산하였다.

조사된 교회들에 한해서는 교단별로 평균 출석 인원과 연평균 새신자 인원의 유의미한 차이는 나타나지 않았다. 새신자/출석 비율의 경우는 약간의 평균 차이는 보였지만, 이 값 역시 유의미하지는 않았다. 결론적으로, 교회 출석과 새신자 유입에 있어 교단적 차이는 나타나지 않는다고 결론지을 수 있다.

두 번째, 지역별로는 교회 출석에 통계적으로 거의 유의미한 차이가 나타났다(p=.51). 완전히 유의미한 값에 이르지 못한 것은 지역 내에서도 교회 간의 차이가 많기 때문으로 보인다. 평균값을 기준으로 본다면 역시 서울 지역 교회의 출석 인원이 가장 많았으며(평균 819명), 기타에 포함된 지역이 가장 적었다(평균 134명). 새신자 수의 경우도 교단보다는 많은 차이를 보였지만, 역시 통계적으로 유의미한 값에 이르지는 못하였다. 평균 새신자 인원으로만 본다면 역시 서울이 가장 많고, 기타 지역이 가장 적었으나, 이를 평균 출석 인원으로 나누었을 경우에는 오히려 기타 지역이 가장 높게 나타났고, 서울은 평균보다도 약간 낮게 나타났다.

교회 규모별 비교에 있어서는 출석 인원이나, 새신자 인원에 있어 유의미한 차이가 나타났으나, 이는 당연한 결과로 보인다. 반면에 새신자 인원과 출석 인원 사이의 비율에 있어 유의미한 차이가 나타나지 않았다. 오히려 평균적으로는 소형 교회와 중소형 교회가 더 높은 새신자 비율을 나타내지만, 그 차이가 크지 않아 결과를 일반화하기는 힘들다.

위의 결과들을 종합해 보면, 조사된 교회의 경우에는 출석 인원과 새신자의 비율 사이에 교단별, 지역별, 교회 규모별 차이가 존재한다고 말할 수 없는 것으로 보인다. 물론 서울 지역의 교회가 지방에 비해 출석 인원이 많고, 그 결과 새신자도 많이 유입되지만, 출석 인원 1인당 비율로 본다면 이 결과는 부분적으로 역전되며, 1000명 이상 출석하는 대형교회의 경우에도 이는 동일하다고 말할 수 있다. 오히려 순평균으로만 볼 때는 출석 교인 1인당 새신자 비율에서는 대형교회와 소형교회가 역전되는 현상도 나타난다. 한국 교회 평균적으로는 출석교인 6.25명당 1명꼴로 연간 새신자가 유입되었다.

2. 새신자의 구성 : 수평이동과 개종

그렇다면 새신자 중 수평이동 및 개종자가 차지하는 비율은 얼마나 될까? 또한 새신자의 이전 종교는 어떻게 다르게 나타날까? 이에 대한 자료는 조사 대상 333개 교회 중 254개 교회에서만 제시하였다(응답률 76.0%, 교회 규모별 비교에서는 242개 교회). 교단별, 지역별, 교회 규모별로 새신자의 이전 종교 및 수평이동 비율은 〈표 6〉, 〈표 7〉, 〈표 8〉과 같다.

표 6 교단별 새신자 구성 비율 (단위 : %)

교단	수평이동	불교	가톨릭	무종교
장로교	44.4	13.8	4.9	35.4
감리교	43.7	9.7	3.8	42.8
성결교	42.6	10.1	5.2	42.1
기타	38.6	9.9	7.0	44.5
계	43.5	10.6	4.4	41.2
표본수	253	253	253	253
유의미도	.935	.398	.189	.388

표 7 지역별 새신자 구성 비율 (단위 : %)

지역	수평이동	불교	가톨릭	무종교
서울	39.8	8.0	4.9	47.1
경기/인천	48.3	10.4	3.4	37.5
충청	44.9	11.4	4.5	39.1
기타	33.0	17.3	6.6	43.2
계	43.5	10.6	4.4	41.2
표본수	253	253	253	253
유의미도	.075	.051	.075	.135

표 8 교회 규모별 새신자 구성 비율 (단위 : %)

규모	수평이동	불교	가톨릭	무종교
소형(100명 이하)	42.7	11.6	4.3	41.0
중소형(101~300명)	40.3	11.8	4.3	42.7
중대형(301~999명)	45.8	7.5	5.2	41.5
대형(1000명 이상)	48.4	10.2	3.7	38.6
계	43.3	10.8	4.4	41.3
표본수	242	242	242	242
유의미도	.683	.488	.799	.940

새신자의 이전 종교 및 수평이동 비율은 교단별, 지역별, 교회 규모별로 유의미하게 나타나지 않았다. 전체적으로 수평이동 : 불교 : 가톨릭 : 무종교의 비율은 43 : 11 : 4: 41(%) 정도로 나타났다. 즉, 새신자 10명이 오면 그중 4명은 수평이동, 4명은 무종교인, 2명은 다른 종교인의 비율을 지닌 것으로 보인다. 다만, 여기서 어느 정도 수평이동의 비율은 과소, 무종교의 경우는 과대평가되었을 가능성이 있다. 즉, 현 교회에 나오기 이전에 잠시 교회 출석을 중단했을 경우, 이는 수평이동이 아닌 무종교에 포함되었을 수 있으며, 이러한 결과가 수평이동의 과소

평가, 무종교비율의 과대평가로 나타날 수 있다.

통계적으로 유의미한 값에 가장 근접한 것은 지역별 비교로 특히 이전 종교가 불교인 경우는 평균값에 많은 차이를 보인다. 기타 지역에 있어 불교 신자가 새신자의 17.3%를 차지하는 반면에, 서울 지역은 8.0%에 불과하다. 이는 특별히 지방 교회들이 불교인들을 전도하기 위해서 노력했다기보다는 종교 인구 구성상의 차이로 보인다. 즉, 2015년 인구 센서스에 의하면 서울의 불교 인구는 10.8%로 전국 평균(15.5%)에 비해 매우 낮으며, 기타 지역에 포함된 경상남도의 29.4%와 비교하면 절반에도 못 미치는 수치이다. 유의미한 차이는 아니지만, 경기/인천 지역의 수평이동 비율이 서울보다 높게 나타난 것은 매우 흥미로운데, 이는 서울보다 잦은 이사와 교통 편의성의 차이에 기인한 것으로 보여진다. 역시 유의미한 값은 아니지만, 대형교회의 수평이동 비율이 가장 높게 나타난 것은 예상된 결과로 볼 수 있다. 대형교회의 수평이동 비율은 48.4%로, 가장 낮은 중소형 교회에 비하면 8.1% 가량 높게 나타난다.

본 조사의 결과를 선행 조사들과 비교해 본다면 한목협의 2012년 조사의 수평이동 비율은 45.5%로(한목협, 2013: 72), 본 조사의 43.5%와 큰 차이를 보이지 않는다. 반면 교회성장연구소의 2004년 조사는 76.5%로 다른 두 조사와는 큰 차이를 나타낸다(교회성장연구소, 2004: 35). 비록 조사 시점이 다르기는 하지만, 이 두 시기 사이에 조사 결과에 큰 차이를 야기할 만한 요인이 존재하지는 않기에, 이는 조사 방식의 차이에 기인한 것으로 보여진다. 새신자 가운데 다른 종교에서 개종한 인원의 비율과 관련해서는 한국갤럽의 2004년 조사에서는 14.5%, 4차 조사 평균으로는 14.4%의 개신교 신자가 과거에 다른 종교를 믿었던 것으로 답했던바(한국갤럽, 2004: 58-59), 이는 본 조사에 있어 새신자 중 불교와 가톨릭을 합친 15.0%의 비율과 유사하다. 한목협 조사에서는 이 비율이 13.5%로 이 역시 큰 차이를 보이지는 않으며, 이 중 불교 : 가톨릭의 비율은 약 7 : 3으로(한목협, 2013: 31-32), 본 조사의 결과(10.6 : 4.4 = 7.1 : 2.9)와 거의 유사하였다.

본 조사에서 다루지 못한 수평이동 시 교회 이탈 이유와 관련해서는, 한목협 조사는 이사 및 결혼이 가장 높았으며(복수 응답에서 84.8%), 목회자 문제가 6.3%, 기타 교회 문제가 12.1% 등으로 나타났다(한목협, 2013: 74-75). 이사 및 결혼이 가장 높은 비중을 차지한 점은 호지 등의 연구와 유사하나, 교회에 대한 불만이나 대인 관계의 문제(목회자 포함)는 호지 등의 연구에 비해 적은 비중을 차지했다(Hoge, Johnson and Luidens, 1995: 255-256). 반면, 교회성장연구소의 조사에서는 교회 이탈 이유 중 목회자 문제가 22.8%로 상당히 중요한 비중을 차지하였으며, 기타 교회 문제(봉사, 대인 갈등, 예배 등)들도 30.5%로 매우 높게 나타났다(교회성장연구소, 2004: 44). 이는—수평이동을 다룬 것은 아니지만—저자의 선행 연구에 나타난 개신교인의 타종교로의 이동 이유에서 '믿던 종교에의 불신'과 개신교에 '맞지 않는 부분이 있어서'가 상대적으로 높은 비중을 차지했던 것과도 어느 정도 일치한다(최현종, 2011: 49-52). 이러한 연구들을 종합해 보면 한국 개신교회의 수평이동의 중요한 이유는 결혼이나 이사와 같은 인구학적 요인과, 목회자 및 교회와의 갈등이라는 종교적 이유의 두 가지로 정리될 수 있는 것으로 보인다.

역시 본 조사에서 다루지 못한 수평이동의 인구학적 구성과 관련해서는, 한목협과 교회성장연구소의 조사 모두 여성이 더 많은 수평이동을 하는 것으로 제시한다(한목협, 2013: 73; 교회성장연구소, 2004: 105-106). 다만 이러한 평균값의 차이에 대한 통계적 검증 절차가 제시되지 않아, 이것이 얼마나 의미 있는 차이인지 알 수 없다는 점이 아쉬움으로 남는다. 미국 종교지형 조사의 경우, 남성이 3% 정도 많이 종교를 바꾼 것으로 나타나지만, 이 차이는 통계적으로 유의미하지 못했다(Pew

Forum, 2008: 32-33).[10] 연령적 요인과 관련해서는 미국의 경우 종교의 이동은 주로 16~45세에서 발생하며, 첫 번째 변동의 평균 연령은 22~25세, 두 번째 변동은 31~32세로 조사된 데 반하여(Scheitle, Kane and van Hook, 2011: 471), 한국의 경우는 교회성장연구소에서는 40대가 가장 높게(86.1%) 나타난 반면(교회성장연구소, 2004: 105-106), 한목협 조사에서는 30대(50.5%)와 50대(51.4%)가 상대적으로 더 많이 이동하는 것으로 나타났다(한목협, 2013: 73). 그러나 이 또한 통계적으로 유의미한 차이로 보이지는 않는다. 인구학적 요인 외에 수평이동 신자의 교회적 특성과 관련하여 매우 흥미로운 사실은, 이동이 평신도보다는 교회 내의 소위 직분자들에게서 많이 일어나고 있다는 점이다. 교회성장연구소의 조사는 교회 직분별로 전체의 이동 비율을 제시하고 있지는 않지만, 권사(93.5%)와 안수집사(86.4%)가 가장 높은 수평이동 비율을 보이는 것으로 제시하고 있으며(교회성장연구소, 2004: 105-106), 한목협 조사 또한 장로/권사/안수집사 집단이 61.9%로, 일반 평신도(36.0%)에 비해 훨씬 높은 수평이동 경험을 가진 것으로 나타났다(한목협, 2013: 73). 이러한 직분자의 수평이동은 앞서 언급한 이동 이유 중 교회 혹은 목회자에 대한 불만과 관련 있는 것으로 볼 수 있다.

3. 새신자 대비 세례자 비율

새신자 대비 세례자 비율의 지표를 제시하는 것은 두 가지 의미를 지닌 것으로 생각해 볼 수 있다. 첫 번째로, 새신자가 세례를 받는다는 것은 그 교회에 어느 정도 정착을 하였다는 것을 의미한다. 따라서 새신자 대비 세례자 비율은 정착률을 나타내는 지표로 생각할 수 있다. 하

10 한국의 경우에도 회심 성도는 남성이 더 많은 것으로 나타난다(교회성장연구소, 2004: 106).

지만 이 경우에 이미 세례를 받고 오는 기존 신자들이 새신자에 포함되어 있으므로, 보다 정확하게 말한다면 이는 개종자의 정착률에 대한 지표에 한정된다. 이러한 개종자의 정착 지표로서의 의미는 새신자 대비 세례자 비율이 갖는 두 번째 의미, 즉 수평이동 신자 비율에 대한 간접 지표적 의미와 연결된다. 즉 이 지표가 직접적으로 수평이동 신자와 개종자의 비율을 알려 주는 것은 아니지만, 어느 정도 새신자 내의 개종자 비율이 반영되어 있다. 세례 받지 않은 수평이동 신자도 준개종자로 해석하다면, 이러한 의미는 더욱 확대될 수 있다. 물론, 세례자에는 개종자뿐 아니라, 현재의 교회에서 성장한 세례자도 포함된다. 하지만 이러한 경우 대부분은 청소년기에 세례를 받는 경우가 많기에, 본 조사에서는 성인 세례자의 인원에서는 어느 정도 제외될 수 있다. 물론 그럼에도 불구하고, 새신자 대비 세례자 비율을 수평이동/개종자 비율의 지표로서 제시하는 데에는 많은 문제가 있다. 하지만 앞서 언급한 바처럼 새신자의 성향에 대한 정확한 자료조차 가지고 있지 못한 교회가 많고, 또 있다 하더라도 그 자료를 공개하기를 거부하는 교회가 많다. 또한 수평이동의 비율은 과소평가되고, 무종교의 경우는 과대평가되었을 가능성이 존재하는 상황에서, 새신자 대비 세례자 비율은 정확한 지표는 아니더라도, 한국 개신교회의 수평이동/개종자 비율에 대한 참고 지표, 혹은 보충 지표로서는 일정한 역할을 할 수 있을 것으로 생각한다. 이 경우, 대체로 새신자 대비 높은 세례자 비율은 개종자의 비율이 높은 것으로, 낮은 세례자 비율은 수평이동 신자의 비율이 높은 것으로 해석할 수 있다. 교단별, 지역별, 교회 규모별 새신자 대비 세례자 비율은 〈표 9〉, 〈표 10〉, 〈표 11〉과 같다.

표 9 교단별 새신자 대비 개종자 및 세례자 비율 (단위 : %)

교단	개종자/새신자 (1)	세례자/새신자 (2)	(1) – (2)
장로교	55.6(55.1)	53.7(49.8)	1.9(5.3)
감리교	56.3(55.1)	37.5(39.1)	18.8(16.0)
성결교	57.4(55.3)	32.6(36.6)	24.8(18.7)
기타	61.4(59.3)	36.7(38.4)	24.7(20.9)
계	56.5(55.4)	40.7(41.1)	15.8(14.3)
표본수	254(233)	293(233)	–(233)
유의미도	.935(.975)	.254(.776)	–(.783)

표 10 지역별 새신자 대비 개종자 및 세례자 비율 (단위 : %)

지역	개종자/새신자 (1)	세례자/새신자 (2)	(1) – (2)
서울	60.2(57.8)	30.9(33.0)	29.3(24.8)
경기/인천	51.7(51.2)	45.4(42.1)	6.3(9.1)
충청	55.1(52.7)	30.5(34.3)	24.6(18.4)
기타	67.0(67.0)	62.0(63.0)	5.0(4.0)
계	56.5(55.4)	40.7(41.1)	15.8(14.3)
표본수	254(233)	293(233)	–(233)
유의미도	.075(.099)	.038(.180)	–(.413)

표 11 교회 규모별 새신자 대비 개종자 및 세례자 비율 (단위 : %)

크기	개종자/새신자 (1)	세례자/새신자 (2)	(1) – (2)
소형(100명 이하)	57.3(56.6)	48.7(45.4)	8.6(11.2)
중소형(101~300명)	59.7(57.6)	41.7(44.4)	18.0(13.2)
중대형(301~999명)	54.2(55.2)	35.2(38.8)	19.0(16.4)
대형(1000명 이상)	51.6(46.7)	30.3(25.2)	21.3(21.5)
계	56.7(55.6)	40.7(42.0)	16.0(13.6)
표본수	243(223)	277(223)	–(223)
유의미도	.683(.578)	.329(.600)	–(.929)

주 : ( ) 안의 숫자는 개종자 비율과 세례자 비율이 모두 확인된 교회만 대상으로 한 수치.

교단별로는 장로교가 새신자에 있어 개종자가 차지하는 비율과 세례자가 차지하는 비율이 가장 근접해 있다. 나머지 교단은 18.8%에서 24.8%까지 차이를 보이고 있다. 교회에 따라 개종자와 세례자 중 어느 한쪽만을 보고한 교회들이 있어, 양자를 모두 보고한 교회들만을 비교 대상으로 하였을 때에는(괄호 안의 수치 참조), 그 격차가 조금 줄어들지만 여전히 꽤 많은 차이가 유지된다(하지만 여전히 유의미한 차이에는 미치지 못한다). 지역별로는 서울 지역의 교회들이 가장 큰 개종자와 세례자 비율의 차이를 보이며, 충청 지역도 유사한 양상을 보인다. 반면, 기타 지역은 개종자 비율뿐 아니라, 세례자 비율에서도 가장 높은 수치를 보여, (개신교 입장에서는)상당히 바람직한 성장 형태를 보인다. 경기/인천 지역의 교회도 기타 지역만큼은 아니지만, 개종자와 세례자의 차이가 서울이나 충청 지역만큼 크지 않다. 지역별 새신자 대비 세례자 비율은 통계적으로도 유의미한 차이를 보인다(p=.038). 교회 규모별로는 규모가 커질수록 세례자 비율이 줄어들고, 그에 따라 개종자와 세례자 비율의 차이도 증가한다. 그러나 이 역시 통계적으로 유의미한 차이에 이르지는 못한다. 대체적으로 어느 정도 평균적 차이가 존재함에도 불구하고, 통계적으로 유의미한 차이에 이르지 못하는 것은 표준편차가 크기 때문으로 보인다.

이러한 개종자 비율과 세례자 비율의 차이는 어떻게 해석될 수 있을까? 세례자 비율은 앞서 언급한 바처럼 두 가지로 해석이 가능하고, 여러 가지 요인이 혼입되어 분명한 해석을 어렵게 만든다. 먼저 교단별 차이에 있어서는 개종자의 비율이 50%로 교단별로 일정함에도 불구하고, 세례자 비율에서만 차이가 나기 때문에, 이는 개종자 비율의 축소 혹은 확대보다는 정착률의 차이에 기인한 것으로 생각된다. 즉, 본 조사의 결과에만 근거한다면 통계적으로 유의미한 차이는 아니지만, 평균적으로는 장로교단이 가장 준수한 정착률을 보인다고 말할 수 있다.

지역별 차이는 가장 해석하기 어렵다. 서울 지역의 많은 차이는 개종자의 확대 보고, 낮은 정착률 모두로 해석할 수 있지만, 일반적으로 서울 지역 교회와 보다 유사한 양상을 보일 것으로 예상되는 경기/인천 지역의 교회보다 충청 지역 교회들이 개종자 비율과 세례자 비율의 보다 큰 차이를 보인다는 점은 해석이 쉽지 않다. 특히, 세례자 비율의 지역적 차이는 통계적으로도 유의미한 값을 보인다는 점에서 이러한 해석의 작업은 더욱 요청된다 할 수 있다. 하지만 현재까지의 연구 결과들로는 이러한 자료를 해석할 적절한 틀을 찾기 힘들다. 이에 대하여는 후속 연구를 통한 보완이 필요할 것으로 보인다.

마지막으로 교회 규모별 차이는 통계적으로 유의미한 차이는 아니지만, 일정한 패턴을 보인다는 점에서 일단 해석의 가닥을 잡는 것이 용이하다. 이는 어느 정도 정착률과 개종자의 확대 보고 양자를 모두 반영한 것으로 생각된다. 즉, 대형교회일수록 그 규모 때문에 양적으로는 많은 신자들이 방문하지만, 개종자의 비율도 낮고, 정착률도 실제로는 떨어진다고 여겨진다. 이에 대하여는 통계적으로 유의미한 차이가 아닌 만큼, 후속 연구를 통한 확인이 필요할 것으로 보인다.

IV. 나가는 말

이 글은 개신교 교회의 새신자의 구성과 내부적 이동, 즉 소위 '수평이동'에 관한 내용을 분석하여, 필자의 이전 연구와 더불어 한국 사회의 '종교와 사회 진보'라는 보다 포괄적인 주제연구의 기초 자료를 제공하고자 하였다. '수평이동'이란 흔히 새로이 교회에 등록한 신자 중에서 개종자, 즉 비종교인이나 타종교인이 개종을 통해 등록한 것이 아닌,

기존의 여타 개신교 교회 신자가 교회를 바꾸어 등록한 사례를 지칭하며, 이러한 개신교회의 수평이동은 오래전부터 지속되어 온 상황이지만, 특히 한국 사회에서 개신교회의 성장률이 둔화하기 시작한 1980년대 중반 이후 두드러진 현상으로 나타나기 시작하였다.

서구의 경우, 이러한 '수평이동'의 현상은 '성도의 순환'(circulation of the saints) 이론을 제기한 캐나다의 종교사회학자 비비(R. W. Bibby, 1978)에 의해 촉발되었으며, 이후 페린(R. D. Perrin, 1991; 1997), 스미스(T. W. Smith, 1992), '미국 종교 지형 조사'(*U.S. Religious Landscape Survey*, 2008), 호지(D. R. Hoge, 1995) 등과 쉐이틀(C. P. Scheitle, 2011) 등의 연구로 이어지고 있다. 또한 한국의 경우에도 한국갤럽의 4차례에 걸친 "한국인의 종교와 종교의식" 조사(1984, 1989, 1997, 2004)와 이를 개신교의 관점에서 보다 확장한 두 차례(1999, 2004)에 걸친 한미준과 한국갤럽의 공동 보고서, 2004년 교회성장연구소에서 실시한 "한국교회 교인 수평이동에 대한 연구", 그리고 2012년 한국기독교목회자협의회(한목협)가 중심이 되어 실시한 조사 결과 등에서도 다루어진 바 있다. 본 연구는 필자가 실시한 조사 내용을 토대로, 위에 언급한 한국 개신교회의 수평이동에 관한 선행 연구들의 자료를 비교 · 분석하여, 한국 개신교회에서의 새신자 구성과 수평이동의 개요를 확인하고자 하였다.

본 연구에서 언급된 주요 사항을 요약하면 첫째, 출석 교인 1인당 새신자 비율은 예상과는 달리 대형교회가 우위를 보이지 않았다. 오히려 평균적으로는 소형교회와 중소형교회가 더 높은 새신자 비율을 나타냈지만, 그 차이가 크지 않아 결과를 일반화하기는 힘들었다. 한국교회 평균적으로는 출석교인 6.25명당 1명꼴로 연간 새신자가 유입되었다.

둘째로, 새신자 구성은 수평이동 : 타종교 : 무종교가 약 4:2:4로 나타나며, 타종교의 경우 불교 : 천주교가 7:3 정도의 비율을 보였다.

이는 선행 조사들의 결과들과도(특히, 한목협의 2012년 조사와) 상당 부분 일치한다. 다만, 여기서 수평이동의 비율은 어느 정도 과소, 무종교의 경우는 과대평가되었을 가능성은 존재한다. 즉, 현 교회에 나오기 이전에 잠시 교회 출석을 중단했을 경우, 이는 수평이동이 아닌 무종교에 포함되었을 수 있으며, 이러한 결과가 수평이동의 과소평가, 무종교비율의 과대평가로 나타날 수 있을 것으로 보인다. 또한 본 연구에서 직접적으로 다루지는 않았지만, 한국 개신교회의 수평이동의 중요한 이유는 결혼이나 이사와 같은 인구학적 요인과, 목회자 및 교회와의 갈등이라는 종교적 이유의 두 가지로 정리될 수 있었다.

셋째로, 통계적으로 유의미한 값은 아니지만, 수평이동 비율은 경기/인천 지역에서 가장 높게 나타나며, 이는 잦은 이사와(서울과 비교할 때) 교통 편의성의 차이에 기인한 것으로 보인다. 역시 유의미한 값은 아니지만, 대형교회의 수평이동 비율이 가장 높게 나타난 것은 예상된 결과로 볼 수 있다. 대형교회의 수평이동 비율은 48.4%로, 가장 낮은 중소형교회에 비하면 8.1% 가량 높게 나타난다. 본 조사에서 직접적으로 다루지는 못했지만, 수평이동이 교회 내의 소위 직분자들에게서 많이 일어나고 있다는 점도 흥미롭게 여겨진다. 이러한 직분자의 수평이동은 앞서 언급한 이동 이유 중 교회 혹은 목회자에 대한 불만과 관련 있는 것으로 분석된다.

넷째로, 대형교회일수록 그 규모 때문에 양적으로는 많은 신자들이 방문하지만, 개종자의 비율도 낮고, 정착률도 실제로는 떨어진다고 보인다. 이는 본 연구에서 언급된 수치상의 차이뿐 아니라, 해석 과정에서 추측된 개종자의 확대 보고에서도 드러난다. 하지만 교회 규모별 수평이동과 정착률의 차이에 대하여는 통계적으로 유의미한 차이가 아닌 만큼, 후속 연구를 통한 확인이 필요할 것으로 보인다.

1960~70년대 급격한 사회변동의 시기를 통하여 한국 사회의 주도적

종교로 성장하였던 개신교는 1990년대 이후 한국 사회의 상대적 안정 및 탈물질주의 가치관의 전개에 따라 새로운 국면을 맞이하고 있는 것으로 보인다.[11] 이는 부분적으로 개신교의 정체 또는 감소로 나타나고 있으며, 이에 따라 개신교로 유입되는 새신자 가운데도 소위 '수평이동' 신자가 증가하고 있다. 본 연구는 이러한 새신자의 분석을 통하여 한국 사회의 개신교의 현황을 간접적으로 살펴보고자 하였다. 이러한 한국 개신교의 상황, 또한 필자의 이전 연구에서 나타난 한국의 종교 인구 변동 상황은 앞으로의 한국 사회의 전개에 있어 어떻게 작용할까? 이는 보다 장기적이고 심층적인 분석을 필요로 하지만, 이러한 후속 연구들을 통하여 '종교와 사회 진보'라는 보다 포괄적인 문제에 대한 정리 및 한국 사회에의 적용이 이루어질 수 있을 것으로 보인다.

11 개신교와 탈물질주의 가치관의 관계에 대하여는 최현종(2011), 3장 참조.

참고문헌

교회성장연구소. 2004.『한국교회 교인들이 말하는 교회 선택의 조건』. 서울: 교회성장연구소.

최현종. 2011.『한국 종교인구 변동에 관한 연구』. 부천: 서울신학대학교출판부.

한국갤럽. 2004.『한국인의 종교와 종교의식 제4차 비교조사』. 서울: 한국갤럽.

한목협. 2013.『한국기독교 분석 리포트』. 서울: 도서출판 URD.

한미준 · 한국갤럽. 1999.『한국 개신교인의 교회활동과 신앙의식』. 서울: 도서출판 두란노.

————————. 2004.『한국교회 미래 리포트』. 서울: 두란노서원.

Bibby, Reginald W. 1978. "Why Conservative Churches Really Are Growing : Kelly Revisited." *Journal for the Scientific Study of Religion* 19.

————————. 2003. "The Circulations of the Saints: One Final Look at How Conservative Churches Grow." presented at the Annual Meeting of the Pacific Sociological Association.

Bibby, Reginald W. and Merlin B. Brinkerhoff. 1994. "Circulations of the Saints 1966~1990: New Data, New Reflections." *Journal for the Scientific Study of Religion* 33.

Hoge, Dean R., Benton Johnson and Donald A. Luidens. 1995. "Types of Denominational Switching Among Protestant Young Adults." *Journal for the Scientific Study of Religion* 34.

Kelley, Dean M. 1972. *Why Conservative Churches Are Growing*. New York: Harper and Row.

Perrin, Robin D. and Armand L. Mauss. 1991. "Saints and Seekers: Sources of Recruitment to the Vineyard Christian Fellowship." *Review of Religious Research* 33-2.

Perrin, Robin D., Paul Kennedy and Donald E. Miller. 1997. "Examining the Sources of Conservative Church Growth: Where Are the New

Evangelical Movements Getting their Numbers?" *Journal for the Scientific Study of Religion* 36.

Pew Forum on Religion and Public Life. 2008. *U.S. Religious Landscape Survey*. Washington: Pew Forum Web Publishing and Communications.

Scheitle, Christopher P., Jennifer B. Kane and Jennifer van Hook. 2011. "Demographic Imperatives and Religious Markets: Considering the Individual and Interactive Roles of Fertility and Switching in Group Growth." *Journal for the Scientific Study of Religion* 50.

Smith, Tom W. 1992. "Are Conservative Churches Growing?" *Review of Religious Research* 33-4.

4장

생활세계의 식민화와 종교 시장 체계

Ⅰ. 들어가는 말

Ⅱ. 생활세계의 식민화

Ⅲ. 사례를 중심으로 시장 경제의 관점에서 바라본 현재의 개신교 상황

Ⅳ. 대안적 모색

I. 들어가는 말

개신교에 관한 담론의 많은 부분은 당위론적 원칙에 의해 판단된다. 그리고 그러한 맥락에서 현재의 개신교는 많은 경우 부정적으로 판단되어 왔다. 물론 이러한 담론이 개신교가 지향해야 할 모습에 대해 많은 것을 던져 준다고 할 수 있다. 하지만 이러한 많은 담론에도 불구하고, 기독교의 모습이 개선되지 못하는 이유는 무엇일까? 물론 이 장의 내용이 개신교의 실재적 모습을 개선할 수 있다고 감히 얘기하지 않는다.[1] 다만, 단순한 원칙론의 반복보다는 그 배경의 구조적, 현실적 문제를 살펴보는 것이 현재의 기독교의 부정적인 모습을 개선하는 데 어느 정도 도움을 줄 수 있지 않을까 생각한다. 그러한 입장에서 이 장은 개신교가 처한 시장 경제적 상황을 하버마스의 '생활세계의 식민화'라는 표현을 빌려서 생각해 보고자 한다.

필자는 최근에 쓴 "제도화된 영성과 한국 종교 지형의 변화: 가톨릭과 개신교를 중심으로"라는 논문의 결론 부분을 다음과 같이 서술했다: "하버마스의 표현을 빌리면 '체계에 의한 식민화'가 이루어진, 그리하여 종교가 시장 경제 시스템의 지배를 받는 현대 사회의 상황에서는 어쩔 수 없는 현실인지도 모르겠다"(최현종, 2012: 151). 많은 이들이 '종교'라는 초월적, 영적인 문제와 관련된 현상을 '시장'이라는 세속적 용어와 연결시키는 것에 대하여 거부감을 갖는다. 물론 필자도 이와 같은 상황에 대하여 별로 긍정적으로 느끼지는 않는다. 하지만 개인적 감정과 실재의 (객관적) 상황은 또 다른 문제이다. '종교'는 한편으로는 '초월적' 문

* 이 장은 『한국기독교신학논총』 85(2013)에 게재된 바 있음.

1 '개선'이라는 용어가 당위론적 판단을 전제하기에 적합한 용어가 아닐 수도 있다.

제를 다루지만, 현실 속에 존재하기에 사회 변화에 혹은 경제적 용어로 '소비자의 욕구' 변화에 민감하고, 그에 따라 '종교 시장'도 변동할 수 있다. 과연 하버마스의 표현대로 생활세계에 해당하는 '종교'를 체계(system)에 해당하는 '시장'으로 표현할 수 있을까? 또한 이것이 어쩔 수 없는 현대의 상황이라면 종교가 모색해야 하는 길은 어떤 것일까? '탈식민화'일까? 혹은 주어진 시장 체계 내에서 자신의 위치를 적절하게 자리매김하는 것일까? 이 짧은 글에서 그에 대해 함께 생각해 보고자 한다.

짧은 글이지만, 본 논문은 크게 두 부분으로 나누어질 수 있다. 글의 전반부는 논의의 출발점이 되는 하버마스의 개념들에 대해 설명하는 부분으로, '생활세계', '체계', 그리고 '식민화'라는 개념을 하버마스의 주저인 『의사소통행위이론』을 중심으로 설명할 것이다. 후반부에서는 이러한 하버마스의 개념을 현재 한국의 종교, 특히 개신교의 상황에 적용하여 설명하고, 부족하나마 그 해결방안을 생각해 보고자 한다.

II. 생활세계의 식민화

실제적 분석에 앞서 논의의 출발이 되는 하버마스의 용어들을 좀 더 정확하게 정리할 필요가 있다. 여기서 중요한 용어는 '생활세계(Lebenswelt)', '체계(System)', '식민화(Kolonialisierung)' 등의 표현이다.

'생활세계'는 훗설(E. Husserl)과 슛츠(A. Schutz)의 현상학적 전통에서 상호 주관적으로 사전 구조화되어 삶의 연관관계들의 체계를 지시해 주는 일종의 '토대', 자명한 것, 일반적으로 알려진 것, 항상 거기에 있는 것을 의미한다(김종길, 1996: 31). 하버마스에 의하면 이는 "문화적으로 전승되고 언어적으로 조직된 해석 유형들의 비축분"으로, "의사소통 참여자들이 협동적 해석 과정을 위하여 사용하는 자명한 사실들 혹은 흔들리지 않는 신념들의 저장고"이며, "구성원들에게 문제성이 없으며 공통으로 보증된 것으로 상정되는 배후 확신"을 공급한다(하버마스, 2006b: 204ff.). 생활세계의 내용은 별도의 합의를 필요로 하지 않으며, 합의가 필요한 상황들은 이미 해석된 이와 같은 생활세계 속에 배치된다. 즉, 현재의 발언이 유의미하기 위해서, 타당하거나 혹은 타당하지 않기 위해서 충족되어야 하는 전제들이 바로 생활세계를 구성한다(하버마스, 2006b: 214).

또한 이러한 생활세계의 중요한 특징 중 하나는, 그 생활세계 내의 사람들이 이러한 생활세계의 내용을 '의문 없이' 받아들인다는 것이다. 이러한 생활세계는 정상적 성인의 건전한 상식의 태도에서 "그저 주어진" 것으로 발견된다. 생활세계는 논쟁의 대상이 되기보다는, 그저 '붕괴'될 수 있을 따름이다(하버마스, 2006b: 213f.). 이러한 상황에서는 타당한 것으로 받아들여졌던 해석의 도식이 말을 듣지 않으며, 그에 따라 사회의 '의미' 자원이 부족해지는 상황이 발생한다.

하지만 모든 사람이 똑같은 생활세계에 살아가는 것은 아니다. 다른 사회에 살아가는 사람들은 서로 다른 생활세계의 내용을 가질 수 있다. 즉, 특정 사회의 구성원들이 구성하는 생활세계는 그 사회와 외연이 같다고 말할 수 있다(하버마스, 2006b: 239). 하나의 사회 혹은 공동체는 세계를 본질적으로 일정한 것으로, 즉 다른 사람들과 공통으로 알고 있고 알 수 있는 것으로 여김으로써 무리 없이 어떤 특정한 종류의 물음을 제기할 충분한 이유를 갖는다(Pollner, 1974: 40). 또한 사회가 발전함에 따라, 그 사회의 생활세계의 내용도 바뀔 수 있다. 특히, 합리성 · 이해지향성이 증가하고, 삶의 영역이 점점 세분화되는 현대 사회에 있어서는 일상의 실천을 떠받치는 생활세계적 결정이 이미 정해진 규범적 동의에 소급되는 것이 아니라, 참여자 자신들의 협동적 해석 과정으로부터 생성되는 정도만큼만 관철되는 경향이 있고, 점점 더 개인들의 비판 자세와 혁신 능력에 의존하게 된다. 또한 전통적인 생활세계의 세계상들로부터 제도체계가 점점 더 분리해 나가고, 이에 따라 사회에 있어 재생산 과정은 보다 기능적인 특수화의 영향권 아래에 있게 된다(하버마스, 2006b: 234ff.).[2]

이러한 '생활세계'의 개념은 슛츠의 전통을 잇는 버거(P. Berger)에게 있어서는 "실재적인 세계로서 계속 존속하기 위해서 요청되는 '사회적 토대'"로서의 '설득력 구조' (plausibility structure)라는 개념으로 나타나기도 한다(버거, 1981: 57).[3] 그리고 이러한 설득력 구조의 가장 중요한 바탕이 되는 것이 바로 종교라고 할 수 있다. 버거에 의하면 종교는 생활세계를 건설하는 인간의 기획에 있어서 전략적인 역할을 수행해 왔고, 인간의 질서가 '존재 전체'에 투사되도록 역할을 해 왔다(버거, 1981: 37). 종교는 전통적으로 가정과 함께 생활세계와 관련된 문화적 유형을 유지하는 기능을 담당해 왔으며, 세계상 전반, 특히 도덕에 대한 의무감을 부여하는 역할을 담당하였다.[4]

반면, 하버마스가 이러한 생활세계에 대비되는 개념으로서 얘기하는 '체계'는, 기술적 통제의 규칙들로 '목적합리성(Zweckrationalität)'에 기초한다. 목적합리성은 막스 베버에서 유래된 용어로 "외부 세계의 대상과 다른 인간의 행동에 대한 기대를 통해서, 그리고 이러한 기대를 합리적

---

2 하지만 하버마스의 '생활세계'에 대한 설명은 책 전체에 있어서는 약간 일관되지 못한 경향을 보인다. 다만 전체적으로는 ① '언어'를 주요한 매개체로, ② '의사소통 과정'에 의해 형성되며, ③ '도구적 이성'에 반하는 공통적 특성을 지니는 것으로 나타난다.

3 'plausibility structure'의 본래 의미는 '가능성 구조'라고 번역하는 것이 더 적절하나, 여기서는 역서의 용어를 따라, '설득력 구조'라고 표기하였다.

4 종교의 도덕적 의무감의 부여와 관련해서는 Choi(2009) 참조. 하버마스 자신은 종교가 '생활세계'의 영역에 속한다고 분명하게 언급하지는 않는다. 하지만 그의 문화에 대한 언급이나, 기타 생활세계의 주요 속성에 대한 언급에 비추어 그러한 관계성을 유추할 수 있다.

으로 추구되고 고려된 성공적 결과로서 자신의 목적에 대한 '조건'이나 '수단'으로 이용"하는 성격을 지닌다. 베버에 의하면 이러한 목적합리성은 일정한 행동의 "무조건적인 고유 가치 그 자체에 대한 의식적인 믿음을 통해서 그리고 성공적인 결과와는 상관없이" 행동하는 '가치합리성(Werterationalität)'의 개념과 대조된다(베버, 1997: 146ff.). 보다 단순화하여 말하자면, '목적합리성'은 결과에 중점을 두는 데 반하여, '가치합리성'은 가치 혹은 동기에 보다 중점을 두는 행동의 성격을 지닌다고 할 수 있다. 하버마스에 의하면 이러한 '목적합리성'에 기초한 체계는 형식적으로 조직되고, 교환 과정 및 권력 행사를 통해 구성원들의 행위체계를 (도덕적-실천적 토대를 넘어) 자립화한 목적합리적 경제행위와 행정행위라는 하부체계로서 조절한다(하버마스, 2006b: 246). 그리고 이러한 상황은 생활세계의 합리화에 따른 언어적 상호 이해 메커니즘의 과부하, 즉 생활세계가 자연발생적 맥락을 상실함에 따라 나타나는 상호 이해의 필요, 해석의 비용, 의견 불일치의 위험 등을 '화폐'나 '권력' 같은 탈언어화된 의사소통 매체들을 통하여 대체함으로 이루어진다(하버마스, 2006b: 409-413).[5] 이러한 체계의 작용방식은 비규범적이며, 앞서 얘기한 것처럼 주로 효율성의 기제를 통해 조절되는데, 그 대표적인 사례가 바로 시장 혹은 화폐 경제와 관료행정이다. 그리고 이러한 상황에서 화폐나 권력은 언어적 합의형성 과정을 회피한 채, 계산 가능한 가치의 크기에 따라 목적합리적으로 처신하도록 행위를 코드화한다.[6]

---

5 실제로 하버마스에 언급되는 '체계'는 '화폐'와 '권력'에 의해 매개되는 시장 경제와 관료행정 이외에는 없다. ① 이 둘을 여러 가지 차이에도 하나의 범주로 묶을 수 있을지, ② 단지 2개의 사례를 위해 '체계'라는 거창한 범주가 필요한지는 의문이다.

6 그리고 이와 같은 매체에 의해 조절되는 상호작용은 행위자에게 더 이상 책임 능력을 요구하지 않는다. 또한 개인적 행위 성향이나, 문화적 규범 요소 등은 체계의 효율에 기여하는 한에서만 흡수되고, 그렇지 않은 부분은 체계와는 분리되어 체계 바깥에 '환경'으로서 존재하게 된다(하버마스, 2006b: 412, 478-81 등). 체계와 환경의 관계에 대하여는 Luhmann(1988) 참조.

그런데 현대의 중요한 변화 중 하나는 이러한 생활세계의 중요한 바탕이 되는 종교, 전통 등이 그 정당화 능력을 상실하고, 그 자리를 체계의 규칙들이 차지하게 된다는 것이 하버마스의 설명이다. 체계는 점차 그 기초를 이루었던 생활세계로부터 분리되며, 생활세계는 점점 더 여러 하부체계들 중의 하나로 강등되는 식으로, 특히 사회체계 전체의 존립을 정의하는 구조유형의 유지(pattern-maintenance)[7]에 전문화된 하부체계로 남게 된다. 생활세계는 체계의 압박, 특히 물질적 재생산에 종속되며, 체계에 적합한 전형적 방식으로 미리 결정되며, 그러한 모습으로 의사소통 행위의 형식적 조건 속에 자리를 잡는다. 즉, 생활세계의 상징적 구조들은 화폐와 권력이라는 매체들을 통해 분화되고 자립화된 하부체계들의 명령을 통해 왜곡된다(하버마스, 2006b: 290, 440). 하버마스는 이러한 과정을 베버를 인용하여, 가치합리적 기초를 갖던 목적합리성이 윤리적 뿌리를 잃은 목적합리성으로 전환한 것으로, 종교적-형이상학적 원리들이 의미설정의 힘을 전개할 수 있는 인지적 조건들이 파괴된 것으로 설명하기도 한다(하버마스, 2006b: 506).[8]

하버마스는 나아가 이 과정을 '식민화'라는 표현을 사용하여 기술한다(하버마스, 2006b: 307, 493ff.).[9] 행위자들의 방향을 이끌어 온 상호 이해 및 합의로 대변되는 생활세계적 기제들이 점점 더 명시적이고 기능적인 지식으로 변화되고, 생활세계의 합리화에 따른 체계복잡성의 과도한 증가는 생활세계를 도구화하고, 생활세계의 수용 능력을 폭파하

7 미국의 사회학자 파슨스(Talcott Parsons)에 의해 도입된 개념으로, 사회체계가 자신의 가치와 문화를 보존하여 새로운 세대에 전수하는 기능을 가리킨다. 이에 대하여는 Parsons(1951) 참조.

8 베버의 입장에 대하여는 베버(1975: 168f.) 참조.

9 이러한 체계에 의한 생활세계의 식민화는 더 이상 사회의 기반 구조를 직관적으로 접근할 수 없고, 개관이 불가능해진 상황과도 연결된 것으로 볼 수 있다. 하버마스는 이러한 상황을 이전의 '허위' 의식의 자리에 '파편화'된 의식이 들어서서 계몽을 방해하기 때문이라고 설명하며, 이러한 (문화적) 빈곤화와 파편화가 의사소통을 통해 극복되어야 한다고 주장한다. 이에 대하여는 같은 책 p.546f. 참조.

는 수준에까지 이르게 된다. 그리고 그 과정에서 '화폐'나 '권력'과 같은 체계조절적 매체들이 생활세계 영역을 침범하여, 생활세계는 이러한 매체들에 의해 조종된 사회관계의 영역으로 작용하게 된다는 것이다. 하버마스는 여가, 문화, 요양, 여행 등이 점점 더 상품경제의 법칙에 의해 지배되고 대중소비의 일부로 정의되는 변화, 또한 가족구조가 점점 더 고용체계의 명령에 복종하는 현실, 그리고 학교가 점점 더 직업 및 삶의 기회를 할당하는 기능에 한정되는 상황 등을 이러한 체계에 의한 생활세계의 식민화의 예로 들고 있다(하버마스, 2006b: 564). 이러한 변화의 모습은 '가족'이나 '학교'와 같은 중요한 생활세계적 환경들이 '가족법', '학교법'의 형식적으로 구성된 사회관계로 전환되는 것에서도 드러나며, 이상적으로 생각하는 '좋은 학교', '좋은 가족', 좋은 사회' 혹은 '좋은 종교'의 모습도 현실적으로는 체계의 매체적 기준에 따라 판단되어진다. 즉, '화폐' 혹은 '권력'이 생활세계, 나아가 종교의 판단기준이 되어 버리는 것이다.[10]

이러한 현대적 상황에서 종교, 특히 한국의 종교적 상황은 어떠한가? 이 글에서는 앞에서 언급한 바처럼 종교의 상황을 특히 시장 체계와 연결지어 생각해 보려 한다. 종교적 문제를 시장 체계와 연관지어 생각해 보고자 하는 이유는 분명하다. 즉, 우리가 생각하는 종교적 문제, 특히 개신교의 문제는 이러한 시장체계의 문제이며, 따라서 체계의 문제를 해명하지 않고서는 개신교적 문제의 해결 또한 불가능하다는 것이다.

---

10 이는 파슨스의 매체이론을 발전시킨 바움(R. C. Baum)의 견해에 가깝다. 바움에 대한 하버마스의 입장에 대하여는 하버마스(2006: 455-57) 참조. 본문에서도 약간 언급되었지만, 이러한 생활세계의 식민화를 아주 쉽게 표현하면 '돈'이라는 조절 매체 때문에 '가정'이라는 생활세계적 환경이 파괴되거나, 본 논문의 주요 주제인 '종교'라는 생활세계의 기반 요소가 체계의 특징인 '조직' 논리에 의해 '경영'되고, '돈'이 종교기관의 중요한 평가 요소가 되는 현상 등을 들 수 있다. 하버마스가 직접 언급한 생활세계의 식민지화의 예는 본문에서 언급한 것처럼 '가족'이나 '학교' 등의 중요한 생활세계적 환경들이 '가족법', '학교법'의 형식적으로 구성된 사회관계로 전환되는 것이다. 이에 대하여는 하버마스(2006b: 547ff.) 참조. 종교에 관하여는 이후의 장에서 좀 더 상세히 논의할 것이다.

우선 시장 체계의 지배를 받는 것처럼 보이는 몇 가지 구체적 상황 제시를 통해 현재의 개신교와 시장 체계의 상관성에 대해 해명하고, 이어서 이러한 상황에 대한 해결책을 극복(탈식민화)과 적응이라는 두 가지 관점에서 제시해 보고자 한다.

III. 사례를 중심으로 시장 경제의 관점에서 바라본 현재의 개신교 상황

개신교의 문제는 개신교 자체의 문제일 수도 있지만, 그보다 개신교가 처한 시장 상황의 문제일 수 있다. 이것이 앞서 얘기한 이 글의 출발점이었다. 여기서는 이러한 시장 상황 속의 개신교의 모습을 개신교의 시장 경쟁 구조, 종교 시장에서의 광고 및 이미지의 중요성, 대기업-대형교회 구조 비교의 3가지 면에서 살펴보고자 한다. 이러한 비교가 현재 개신교의 시장체계에의 식민화를 구조적으로 설명하는 것은 아니지만, 그 특징적인 면을 잘 보여준다고 생각하여 선택해 보았다.

1. 개신교의 시장 경쟁 구조

2015년 센서스 결과 개신교의 종교 시장 내에서의 점유율은 18.3%에서 19.7%로 1.4% 늘었다(cf. 최현종, 2011: 1장). 시장 점유율이라는 말을 종교에 적용한다는 것이 낯설 수도 있지만, 종교와 시장 체계라는 현재의 맥락과 관련하여 의도적으로 사용해 보았다. 그러나 이러한 종교에 대한 시장적 분석이 이전에 없었던 것은 아니다. 이미 버거(P. Berger)는 1960년대에 그의 책『종교와 사회』(*Sacred Canopy*)에서 현대의 종교가 처한 상황을 시장 상황으로 기술하였으며(버거, 1981),[11] 유럽의 세속화 이론에 맞서 미국 종교의 생명력(vitality)을 설명하고자 시도한 로드니 스타크(Rodney Stark)는 그의 이론 자체를 '시장 이론'(market theory)이라고 명명하기도 하였다(cf. Stark and Iannaccone, 1994; Warner, 1993).

2000년대 들어 개신교의 정체 혹은 감소를 보고하는 자료들이 등장하고 있지만, 개신교 지도자들은 정말로 이러한 자료들을 심각하게 받아들일까? 필자가 판단하기로는 어느 정도 우려는 하지만, 그 우려가 아주 심각하지는 않은 것 같다. 왜냐하면 그것은 개신교라는 시장 전체가 잠식되고 있고 그것이 장래의 자신의 교회에 영향을 미칠 것이기는 하지만, 당장에 자신의 교회의 소비자(신도) 감소 및 매출(헌금) 감소로 이어지고 있지는 않기 때문이다. 즉, 장래 시장에 대한 우려는 되지만, 아직 그것이 실제적 감소로 이어지는 것은 소수의 교회 혹은 특정 교회에 불과하기 때문이다. 그리고 이러한 상황은 대개의 개신교 지도자들이 어느 정도 그러한 시장 감소에서 벗어나 있는 대형교회의 목사들이기 때문에 나타나기도 한다. 오히려 이러한 감소를 직접 경험하는 것은 소형교회, 특히 개척교회의 목사들이다. 즉, 개신교의 시장 상황에 있어서도 대형교회와 소형교회는 다른 상황에 처해 있는 것이다.

소형교회, 특히 개척교회의 시장에서 주요한 경쟁자, 혹은 시장 잠식자는 누구일까? 물론 가톨릭의 성당이나 불교의 사찰도 경쟁자가 될 수 있다. 하지만 성당이나 절이 부근에 들어선다고 해서 긴장하는 목회자는 별로 많지 않다. 소형교회 목회자를 긴장케 하는 것은 다른 교회가 들어서는 것이고, 특히 자신의 교회보다 더 큰 교회, 그래서 양질의 종교적 서비스를 제공하는 교회가 들어서는 것이다. 이것은 중형교회 이상의 경우에도 마찬가지다. 자신과 비슷한 규모의 교회, 혹은 그 이상

11 버거에 의하면 종교의 다원화는 필연적으로 이러한 시장 상황을 초래한다.

의 크기를 가진 교회가 들어설 때, 해당 교회의 목회자는 긴장하게 된다. 개신교의 경쟁자는 다른 종교가 아니라 동일한 혹은 유사한 상품을 가진, 그래서 동일한 소비자층을 지닌 다른 교회이다. 교회의 경쟁자가 교회인, 그래서 그들과 맞서 싸워 이겨야 하는 현재의 시장 상황에서 공존 혹은 유토피아적 개혁을 외치는 것은 쉽지 않다. 먼저 시장에서 살아남아야 하기 때문이다. 물론 특별한 경우에는 시장을 의식하지 않은 이상주의자가 오히려 시장을 지배할 수 있지만, 그것은 흔한 경우는 아니다. 또한 개신교 바깥에서 나타나는 개신교의 위협 세력에 대해 공동의 움직임을 취하는 것도 쉽지 않다. 개신교 내부의 교회들조차도 규모에 따라, 혹은 교단에 따라 서로 다른 시장적 요구를 지니며, 이는 종교 시장에서 경쟁적 관계로 나타날 수 있기 때문이다.[12]

최근의 종교로 인한 사회 갈등, 특히 개신교와 불교계의 갈등 또한 이러한 시장 경쟁의 측면에서 바라볼 수 있다. 단, 개신교와 달리 다른 종교—불교나 가톨릭—의 경우, 종교 내의 경쟁 요소가 약한 반면, 개신교는 교단 간, 혹은 같은 교단 내에서도 교회 간 경쟁 구조가 치열하다는 것은 위에서 지적한 사실이다. 스칸디나비아의 기독교에서 볼 수 있고, 스타크가 유럽의 종교 시장에 대하여 지적한 바처럼(Stark and Iannaccone, 1994), 지나친 독점 구조는 종교가 환경에 적응하는 힘을 약화시키므로 적정 수준의 경쟁 구조는 필요하다. 그러나 지나치게 내부 경쟁에서 힘을 빼면 외부와 경쟁할 여력이 없어진다. 치열한 경쟁 구조는 시장에서 살아남는 힘을 부여하기도 하지만, 지나친 경쟁은 외부와의 경쟁에서 경쟁력 약화를 가져올 수 있는 것이다.[13]

---

12 한국의 현재적 상황에서 교단은 그 실재적 의미를 많이 상실하고 있다는 것이 필자의 생각이다. 즉, 한국의 개신교 시장에서 교회들은 교단보다는 그 규모에 따라 공통의 요구를 지니며, 그리고 이에 상응하여 서로 협력 혹은 경쟁하는 관계를 형성하는 것으로 보인다. 대안적 모색은 교단의 역할과 관련된 부분 참조.

13 한편 종교로 인한 사회 갈등과 관련하여서도 당위적 선언보다는 자유롭지만 공정하고 갈등을 약화시킬 수 있는 (종교) 시장 정책이 필요하다고 생각한다. 다종교사회에서의

2. 소비자의 우위 : 광고 및 이미지의 중요성

현대 상품 시장에서 독과점 상황이 아닌 한, 우위에 서는 것은 소비자이다. 소비자의 선택이, 상품을 판매하거나 서비스를 제공하는 이의 시장에서의 생존을 좌우한다. 그리고 현대에 있어 이러한 소비자의 선택에 중요한 영향을 미치는 것이 바로 광고이다.

종교에 있어 광고는 직접적인 상업적 광고의 형태를 띠지는 않는다. 종교는 일반 소비 상품과는 차별화되기에 이러한 직접적 광고는 아직까지는 큰 의미를 지니지 않는다. 그렇기 때문에 많이 이용되는 것이 보도 기사를 통한 간접 광고, 특히 주요 성직자를 통한 종교의 이미지 형성이다. 최근에 많은 사회적 문제를 야기했던 불교계는 부정적 이미지를 해소하기 위하여 특별히 2012년 석가탄신일 방송 내용에 신경을 많이 썼다고 한다. 또한 필자가 지나다니는 서대문 지역의 한 성당의 광고 모델(?)은 아직도 김수환 추기경이다. 일반 상품 광고와는 다르지만, 유사하게 광고 모델이 상품의 소비에 영향을 미치는 증거이며, 김수환 추기경이 아직도 이와 같은 영향력을 지니고 있다는 증거이기도 하다.

이러한 종교의 광고 효과가 보다 상업적인 형태에 접근한 예가 소위 '교회 오빠', '성당 누나'의 경우이다.[14] 상업적으로 성공한 아이돌 가수의 꽤 많은 경우가 교회에 다니고 있으며, 이 때문에 교회에 오는 10대 청소년들이(특히 남성 아이돌 가수를 따르는 여학생 팬들이) 꽤 많았는데, 이에 대해 가톨릭 측에서 김연아, 김태희 등의 가톨릭 여성 유명인사를 내세우는 '성당 누나' 마케팅을 하고 있는 것이다. 물론 이러한 사례들

정부의 역할은 바로 거기, 즉 일종의 '공정한 시장 조절자'로서의 역할에 있는 것으로 보인다.

14 http://star.mk.co.kr/new/view.php?mc=ST&no=263532&year=2012(2012.7.30. 접속).

은 교회 혹은 성당 측에서 직접적으로 광고를 하는 것은 아닐 수 있다. 하지만 이와 같은 상황에 내재된 메커니즘은 일반 상품 광고와 별다른 차이를 보이지 않는다.

이러한 의미에서 개신교가 뒤처지고 있는 것은 개교회 차원의 광고가 아닌, 개신교 전체의 통합 이미지 광고이다. 현대에 있어서는 일반 상품의 광고에 있어서도, 개별 상품 광고에 앞서 회사 이미지 광고가 늘어나고 있는 실정이다. 즉, 개별 상품을 광고하지 않더라도 회사의 이미지가 올라가면, 그에 따라 그 회사에서 생산하는 모든 상품의 매출이 증가할 수 있다는 것이다. 종교적 시장에 있어서도 개교회나 성당, 사찰이 아닌 종교 전체의 이미지 향상이 개별 종교 기관의 소비자(신도) 증대로 이어질 수 있다. 하지만 이러한 전체적 이미지 광고에 있어 개신교가 뒤처진 것은, 앞서 얘기한 것처럼 중요한 경쟁 상대가 타종교가 아닌 타교회라는 시장 상황에 많은 부분 기인한다. 또한 통합 이미지 광고가 자체(개교회) 매출의 신장으로 바로 돌아오지 못하는 구조이기 때문에, 이에 대한 관심이 여타 종교에 비해 적은 것도 그 중요한 원인으로 생각된다. 하지만 장기적으로 개신교 전체의 시장 확대를 위해서는 개교회 차원의 시장 확대 노력을 넘어, 개신교 전체의 통합적 이미지 제고를 위한 노력이 요청되는 시점이라고 할 수 있다.

3. 대기업-대형교회 유사성 : 브랜드화, 프랜차이즈화

최근 동네 상권과 관련 대형마트의 휴일 영업을 제한하는 법령이 실시되고 있다. 그 효과에 대하여는 의문의 여지가 있지만, 어쨌든 법적 보호 장치가 없이는 중소상인들의 설 자리가 없어지는 현실의 반영이라 할 수 있을 것이다. 동네 상권의 대형마트에 의한 잠식과 유사한 예가 대형교회의 이름을 가진 프랜차이즈 교회에 의한 지역교회 영역의 잠식이다. 그리고 이러한 현실과 관련하여서는 최소한의 보호 장치도 되어 있지 않다. 필자가 소속된 교회가 있는 일산에만 해도 대형교회의 분점(?)들이 여럿 자리잡고 있으며, 이들은 대형교회의 이름에 지역 이름을 덧붙여 일종의 프랜차이즈화한 교회들로서 자신의 영역을 넓혀가고 있다. 여기서 사용된 대형교회의 이름은 마치 '삼성', '현대'와 같이 상품의 신뢰성을 보장해 주는 브랜드로서 사용된다.

방금 언급한 바처럼 어느 정도 신뢰성을 보장해 준다는 것은 이러한 프랜차이즈 교회의 중요한 강점이다. 개신교의 약점 중 하나는 교회별로, 목회자별로 그 수준이 천차만별이라는 점이다. 이러한 상황에서 대형교회의 프랜차이즈 교회는 일정 수준의 목회자의 질과, 또한 목회적 서비스를 제공해 준다. 그와 함께 어느 정도 표준화된 교회의 서비스 형태는 신도들로 하여금 교회에서 자신이 투자해야 하는 시간, 재정적 부담과 그것을 통해 자신이 거둘 수 있는 이익에 대하여 어느 정도 예측을 가능케 해 준다. 현대와 같이 복잡한 사회 속에서 예상치 못한 상황의 발생은 개개인에게 상당한 스트레스 상황으로 다가온다. 이러한 측면에서도 어느 정도 표준화된 교회의 서비스는 소비자들의 욕구에 상응하는 것으로 보여진다.

꼭 이런 교회에만 해당되는 것은 아니지만, 중형교회 이상의 교회의 교구 조직은 영업 지역을 권역별로 나누어서 관리하는 일반 상품의 판매 조직과 유사하다. 이러한 상황은 규모가 커짐에 따른 일종의 조직합리화로 볼 수 있지만, 이에 따라 본래의 종교적 조직의 비공식성은 사라지고 체계의 중요한 특징인 '목적합리성'이 중요한 덕목으로 자리 잡는다. 필자가 방문한 대형교회의 사무실은 마치 일반 회사의 영업부를 연상케 했으며, 파티션이 처진 각자의 영역에서 교구를 관리하는 교구 목사들은 각 권역을 담당하는 영업 사원들과 유사하였다. 그리고 이들은 영업 사원과 똑같이 각자가 맡은 교구에서의 영업 실적(?)에 의해 평가를 받게 된다. '목적합리성'이라는 용어는 본래의 독일어적 의미에서는 '추구하는 목적을 이루는 데 얼마나 합리적인가'하는 의미를 갖는다. 이 용어는 결과에 대한 책임이라는 긍정적 의미를 담고 있지만, 현대의 상황에서는 오히려 결과가 모든 것을 합리화해 주는 부정적 의미도 함께 포함하고 있다.

전반부에 인용한 책에서 하버마스는 이러한 목적합리성을 자신이 속한 프랑크푸르트 학파의 전통에서, 특히 전기 프랑크푸르트 학파의 주도적 학자였던 호르크하이머의 입장을 인용하여 비판하고 있다(cf. 하버마스, 2006a: 4장). 호르크하이머는 이성은 본래 목적을 이해하는 수단으로 목적을 규정하는 수단이었는데, 현대에 있어서는 목적에 대한 정당한 평가 없이 주어진 목적을 추구하는 효율성만을 판단하는 '도구적 이성'과 동일시되고 있다고 비판하고 있다. 즉 본래 이성에 대한 이론에서 초점이 되었던 것은 '최고선의 이념'과 '인간의 본령의 문제', 그리고 '최고의 목표'들이 실현될 수 있는 방식에 관계하는 개념들이었는데, 이제는 단순한 '행동과 목표의 배치'가 주요한 이성의 기능이 되었다는 것이다(하버마스, 2006b: 502f.).

이와 관련하여 위의 사례들에서 공통적으로 살펴볼 수 있는 것은 '영혼구원'이나 '해탈의 추구'라는 본래적 가치의 추구보다는, 체계 유지적 관점, 즉 종교 조직 자체의 유지 · 발전이 현실적으로 중요하게 작용한다는 것이다. 이를 위해서 현대 사회의 종교는 특히 시장에서의 '승리'를 요구하는데, 이는 막스 베버가 선구적으로 언급한 조직의 '목적전치' 현상에 상응한다고 볼 수 있다.[15] 목적전치란 조직이 업무의 효율적 달

15 조직의 목적전치 현상에 대하여는 기든스(2011: 666) 참조. '목적전치'(goal displacement)라는 개념을 정립시킨 것은 미국의 사회학자 머튼(R. Merton)이지만, 베버는 이미 그의 관료제에 대한 언급 속에서 이와 같은 현상을 기술한 바 있다.

성을 위하여 업무의 절차와 규칙을 정해 놓았는데, 나중에는 그 절차의 준수에 얽매여 본래의 목표를 소홀히 하는, 수단적 가치와 궁극적 가치가 바뀌는 현상을 말한다. 교회의 목적은 본래 영혼구원이며, 이를 위해 조직이 존재하는 것인데, 이제 교회는 교회 자체의 유지를 위해 기능하는 것으로 보인다.

물론 지금까지 얘기한 현대 교회의 특징들을 꼭 부정적으로만 볼 것은 아니다. 그럼에도 불구하고 이러한 사례들은 종교계, 특히 한국 교회에 침투한 시장체계의 상황을 잘 드러내고 있다. 이것을 단순히 상업화라고 치부할 수 없는 것은, 이것이 보다 깊은 사회 전체의 현상과 맞물려 있고, 따라서 단순히 당위적 명령에 의해 해결되기 어렵기 때문이다.

IV. 대안적 모색

위에 언급한 사례들은 체계적으로 종교의 체계에 의한 식민화의 성격을 보여주기보다는, 그 중요한 사례로서 시장 체계가 얼마나 종교라는 생활세계를 잠식하고 있는지를 보여주는 예라고 할 수 있다. 이제 우리에게 필요한 것은 이러한 상황을 어떻게 극복해 나갈까 하는 점이다. 먼저 제기할 수 있는 방법은 이와 같은 '시장체계에 의한 종교의 식민화'로부터 벗어나는 것, 즉 '탈식민화의 길'이다. 이러한 문제의식은 '탈식민화는 가능한가?'라는 질문으로 요약할 수 있다.

위의 질문이 '탈식민화는 바람직한가?', 혹은 '옳은 것인가?'라는 식으로 묻지 않았다는 점이 중요하다. 대부분의 사람들이—물론 다른 의견을 가진 사람들도 없지는 않겠지만— 위에서 언급한 '종교의 (체계에 의한) 식민화' 상황에 대하여 우려를 표시한다. 그러나 우리가 현실적 상황을 고려할 때, 늘 물어야 하는 질문은 '그것이 바람직한가?'의 문제와 함께 '무엇이 가능한가?'하는 질문이다. 즉 윤리학적으로 '존재'(sein)와 '당위'(sollen)의 영역이 중요할 뿐 아니라, '가능성'(können)이라는 또 다른 영역에서의 질문이 필요하다는 것이다. 현실적으로는 '불가능한 최선책'보다는 '가능한 차선책'이 훨씬 더 중요하다.

그렇다면 다시 앞의 질문으로 돌아가자. 종교의 '탈식민화는 가능한가?'라는 질문은 현재의 시장 체계 자체에 대한 질문으로 확대될 수 있다. 우리는 신자유주의의 문제와 그로 인한 부작용에 대해 많이 언급하지만, 실제적으로 시장 체계 자체를 벗어나기는 쉽지 않다(필자의 의견으로는 거의 불가능하다). 현실의 유용한 대안은 소비에트적 혁명이 아니라, 스칸디나비아적인 개혁일 수밖에 없다.

그렇다면 '탈식민화' 대신 무엇이 필요한가? 시장 자체를 부인할 수는 없다. 하지만 시장 자체를 보다 합리적으로 만들고, 부정적 요소를 제거하는 것은 가능하다. 그와 함께 개신교가 갖고 있는 시장 내의 불합리한 요소들을 확인하고, 개혁해 나가는 작업이 필요하다. 개신교의 시장 내에서의 중요한 특징 중 하나는 개교회주의라고 생각한다. 이러한 개교회주의는 과거의 시장 속에서는 그 특유의 유연성과 활동성을 가지고 적극적으로 자신의 영역을 개척해 나갔다. 하지만 시장의 환경이 변하고 있다. 즉, 과거의 변동성보다는 어느 정도의 안정성을 지닌 것이 현재의 사회 변화와 관련된 종교 시장의 특성이라고 할 수 있다. 이러한 상황에서 개교회주의는 많은 부분 과거의 장점을 상실하는 것처럼 보인다. 신뢰성의 문제, 생존을 위한 시장 체계에의 지나친 적응 문제(이는 교회의 세속화와 관련된다), 교회 간의 경쟁으로 개신교 전체가 시장에서의 위치가 약화되는 문제, 그리고 시장의 질서 확립을 위한 어느 정도의 규제가 불가능하다는 점 등은 현재의 개교회주의가 갖는 약점으로 지적될 수 있다.

그렇다면 이러한 개교회주의를 극복할 수 있는 대안은 무엇인가? 또한 개교회주의가 아직도 지니고 있는 강점—유연성, 적극성—은 과연 버려도 되는 것인가? 이러한 문제에 대하여는 좀 더 심도 깊은 논의가 필요할 것으로 보인다. 어쩌면 교단이라는 조직이 이러한 개교회주의의 폐해를 규제할 수 있는 장치일 수 있지만, 그럼에도 불구하고 현재의 교단 조직은 시장에의 민감성을 상실하고, 자체의 논리에 의해 운영되고 있기에, 시장 상황에서 효율적인 제어 장치는 되고 있지 못한 것 같다. 또한 위에 언급한 대형교회의 브랜드를 사용하며, 프랜차이즈 형태를 띠는 교회도 이러한 개교회주의의 약점을 상쇄하고자 하는 노력으로 볼 수 있으나, 아래로부터의 연합이라기보다는 위로부터 조직된 형태를 취하여서, 대형교회의 약점들을 그대로 유지하는 문제를 지니는 것으로 보인다. 따라서 이러한 상황에 대한 대안을 찾는 것은 그리 쉽지 않은 것으로 보인다. 다만 한 가지 언급한다면, 교단이나 특정 교회 주도가 아닌 일종의 조합 운동—풀뿌리 운동의 성격을 지닌 아래로부터의, 혹은 순수한 필요에 의한 연합의 성격을 지닌—이 필요할 것으로 보인다.

앞서 언급한 개신교의 시장 체계에 있어서 또 하나 개신교의 시장 질서를 무너뜨리는 중요한 요소 중의 하나가 신학대학의 난립에 따른 목회자의 양산이다. 직접적으로 통계를 제시할 수는 없지만, 신학교의 목회자 배출이 현재의 시장 수요를 넘어서고 있는 것은 대부분의 개신교 관계자들이 인정하고 있는 현실이다. 과거 시장의 수요가 있을 때 배출된 목회자들은 어느 정도 자기의 시장을 개척해 나갈 수 있었다. 하지만 시장이 어느 정도 안정화되고, 포화 상태에 이른 현재의 시점에서 목회자의 양산은 좋은 상품과 나쁜 상품을 구분할 수 없게 만들고, 오히려 '악화가 양화를 구축하는' 상황으로 이끌 수 있다. 최근의 통계에 의하면 한 해 대한민국에서 배출하는 박사의 인원이 1만 명을 넘어섰다고 한다(「하이브레인넷」 397호). 그리고 이와 같은 박사의 양산에 가장 큰 기여를 하는 이들이 바로 한국의 신학대학들이라고 생각한다. 이러한 상황에 대한 자체 정화가 없이는—물론 자체 정화를 한다는 것이 개교회주의에 근거한 개신교의 입장에서 쉽지 않은 상황이지만— 개신교의 대한민국 종교 시장에서의 역할은 어두울 수밖에 없다.

신학대학 교육과 관련하여 한 가지 더 꼭 지적하고 싶은 점은 '시장에의 민감성' 부분이다. 개신교 교회 자체는 시장에 노출되어 있지만, 신학 교육은 교단 체제와 연결, 어느 정도 독과점의 형태를 띠고 있다. 그러다 보니 대한민국의 대학이 어느 정도 모두 그렇기는 하지만, 시장 혹은 현실의 필요와 대학의 교육이 일치하지 않는 상황을 빚어내고 있다. 신학대학에서 배운 것이 현실에서 쓸모가 없다는 것은 어제 오늘의 소리는 아니다. 하지만 이러한 시장 상황을 외면한—여기에는 관료화한 교단 조직과 독과점 형태의 대학 교육이 어느 정도 함께 기여한다고 생각하는데— 신학 교육은 종교 시장에서 개신교가 역할하는 데 중요한 제한이 될 수 있다. 이는 단순히 실천신학의 영역을 확대하는 커리큘럼의 변화만으로 대처할 수 없는 문제이다. 현실의 문제는 실천신학의 커리큘럼 속에서 가르치는 내용들이 현실 상황에서 더 쓸모없는 현실이다. 커리큘럼의 과목이 아니라 학습 내용 자체가 바뀌어야 하고, 그에 대한 엄격한 평가가 이루어져야 한다. 대구의 ○ 전문대학은 회사에서 요구하는 내용으로 구체적인 커리큘럼을 만들고, 담당 교수가 직접 그 요구 사항을 청취하고, 그것을 반영하는 학습 내용을 만든다고 한다(조선일보, 2012.2.20.). 현장의 필요, 시장의 요구가 모두 선은 아니겠지만, 이를 외면만 하는 것도 어쩔 수 없는 현재의 시장 상황에서 필요한 것은 아닐 듯하다.

보통 우리는 시장 상황이 종교를 세속화시킬 것이라고 생각한다. 하지만 현재의 두드러진 종교적 시장 욕구 중의 하나는 '거룩함의 추구', '성스러움의 경험'이다. 역으로 이러한 시장의 요구가 종교를 보다 종교적으로 만들 수도 있지 않을까? 우리가 나아갈 길은 어디일까? 모든 일을 주관하시는 이는 하나님이시지만, 그 길을 찾는 노력은 우리에게 요구된다.

참고문헌

기든스, 앤서니. 2011.『현대사회학』6판. 김미숙 외 역. 서울: 을유문화사.

김종길. 1996. "위르겐 하버마스: 의사소통사회." 박길성 외.『현대사회의 구조와 변동』. 서울: 나남출판.

버거, 피터. 1981.『종교와 사회』. 이양구 역. 서울: 종로서적.

베버, 막스. 1975.『프로테스탄티즘의 윤리와 자본주의 정신』. 김봉호 역. 서울: 대양서적.

————. 1997.『경제와 사회』1. 박성환 역. 서울: 문학과 지성사.

최현종. 2011.『한국 종교인구변동에 관한 연구』. 부천: 서울신학대학교출판부.

———. 2012. "제도화된 영성과 한국 종교 지형의 변화: 가톨릭과 개신교를 중심으로."『종교와 문화』22.

하버마스, 위르겐. 2006a.『의사소통행위이론 1: 행위합리성과 사회합리화』. 장춘익 역. 파주: 나남출판.

————————. 2006b.『의사소통행위이론 2: 기능주의적 이성 비판을 위하여』. 장춘익 역. 파주: 나남출판.

Choi, Hyun-Jong. 2009. *Religiosität und moralische Verbindlichkeit in Südkorea*. Leipzig Univ. Dissertation.

Luhmann, Niklas. 1988. "Neuere Entwicklungen in der Systemtheorie." *Merkur* 42.

Parsons, Talcott. 1951. *The Social System*. New York/London: Routledge.

Pollner, Melvin. 1974. "Mundane Reasoning." *Philosophy of Social Sciences* 4.

Stark, Rodney and Iannaccone, Laurence R. 1994. "A Supply Side Reinterpretation of the Secularization of Europe." *Journal for the Scientific Study of Religion* 33.

Warner, Stefan. 1993. "Work in Progress toward a New Paradigm for the Sociological Study of Religion in the United States." *American Journal of Sociology* 98.

「조선일보」. "[최보식이 만난 사람] '국가고객만족지수 1위'… 영진전문대의 신화(神話)같은 설립자 최달곤." 2012.2.20.
「하이브레인넷」 397호. "박사 홍수 1만여 명, 일자리 가뭄 앞에선 목탄다." http://star.mk.co.kr/new/view.php?mc=ST&no=263532&year=2012.

2부

공적 영역에서의 종교 : 다종교사회, 정치, 통일

5장 다종교 사회의 긴장과 공존 : 공적 영역에서의 종교

Ⅰ. 들어가는 말

Ⅱ. 공적 영역에서의 종교에 대한 아우디와 월터슈토프의 논쟁

Ⅲ. 다종교 사회 갈등에 대한 국가적 관점에서의 접근 : 볼랍-자르와 부르하르트의 국가별 유형 모델을 중심으로

Ⅳ. 나가는 말

I. 들어가는 말

한국 사회는 다종교 사회라는 말이 가장 잘 어울리는 사회 가운데 하나이다. 2015년 센서스 결과에 의하면 종교를 가진 사람이 43.9%, 갖지 않은 사람이 56.1%로 비슷한 분포를 보이고 있으며, 종교를 가진 사람들 중에서도 불교를 비롯한 전통 종교의 비율이 16.3%, 기독교가 개신교와 가톨릭을 합쳐서 27.6%의 비율로 큰 차이를 보이지 않는다. 또한 국장과 같은 국가 의식의 종교 의례에는 불교 승려, 가톨릭 신부, 개신교 목사가 함께 참여하며, 군의 군종 장교도 다양한 종교적 분포를 보이고 있다. 이러한 다종교 사회의 상황은 긍정적으로 작용할 경우 문화에 다양성을 제공하여, 새로운 창조적 문화를 만들어 낼 수 있지만, 부정적으로 작용할 경우 사회통합에 현저한 장해 요인으로서 작용할 수 있다. 이러한 부정적 사례는 최근 '공직자 종교 차별'에 관한 일련의 법규 및 제도화 과정에서 불거진 바 있으며, 특히 이를 둘러싸고 벌어졌던 불교와 보수적 개신교의 대립은 현재 '종교평화법'과 소위 '종자연' 사태로 이어져 왔다.[1]

종교의 사회적 역할은 사회적 변화와 함께 달라진다. 보우마(G. D. Bouma)와 링(R. Ling)은 산업 사회와 소비 사회를 구분하면서, 이에 따른 종교의 역할 혹은 종교의 다양성의 영향을 분석한다. 이에 의하면, 산업 사회에서 종교는 전통적으로 사회적 질서를 유지하고, 사회화의 동기를 제공해 왔다(Bouma and Ling, 2009: 512). 일찍이 뒤르껭(E. Durkheim)은 산업 사회에서 종교적 다양성은 사회적 응집력을 손상시키

---

* 이 장은 『종교와 문화』 26(2014)에 게재된 글을 수정, 보완한 것임.

1 '종교평화법' 및 '종자연' 사태에 대하여는 본서의 6장 Ⅲ 참조.

고, 사회적으로 통합적인 의미를 제공하는 종교의 능력을 감소시키는 결과를 낳을 수 있다고 지적한 바 있다. 즉, 산업 사회에서 종교적 다양성은 신앙과 사회적 유대감에 부정적 영향을 낳을 수 있고, 다양한 종교의 궁극적 가치에 대한 경쟁과 논쟁은 삶을 지배하고 사회적 유대를 제공하는 종교의 능력을 감소시킬 수 있다(뒤르켐, 1982). 하지만 소비 사회에서의 종교는 사사화(privatzation)되면서 산업 사회와는 다르게 작용한다. 보우마와 링에 의하면 사회적 제도들이 종교적 다양성에 의해 영향 받는 정도는 1) 제도가 세속화된 정도, 2) 종교의 강제/의무성의 문제, 3) 사회적 기대 및 인정된 가치와의 충돌 등에 의존하며, 경우에 따라서는 종교적 다양성이 긍정적 측면에서 오히려 다양한 문화를 통합하고, 다양한 세계를 경험하는 통로가 될 수도 있다(Bouma and Ling, 2009: 516). 즉, 산업 사회와 달리 소비 사회에서는 종교적 다양성이 반드시 부정적으로 작용하지는 않는다고 할 수 있다.

보우마와 링은 종교적 다양성에 대한 사회의 대처 형태를 1) 억압, 2) 제한(특히, 시민의 복지를 위협하는 경우), 3) 공적 영역에서의 종교의 배제(laissez-faire, 프랑스의 경우가 대표적) 등 3가지 형태로 구분하면서, 역사적으로 서구 사회에서 (종교적) 다양성에 대한 대처는 '다름'에 대한 두려움 → '다름'의 관용 → '다름'의 긍정적 효과의 인식의 형태로 변화해 왔다고 지적한다. 이러한 변화의 과정 속에서, 산업 사회의 종교적 다양성은 대체로 지배적 가치를 인정하는 '교단'(denomination)의 형태로 제한되었다면, 소비 사회에서 종교는 정체성을 표현하는 중요한 수단으로서 더 이상 교단적 범위에 제한되지 않고, 소위 종교의 '공적 영역으로의 귀환'과 연결되어 많은 시사점을 제시하고 있다고 주장한다(Bouma and Ling, 2009: 517).

본 연구는 다종교 상황이 빚어낼 수 있는 부정적 영향을 최소화하고, 보우마와 링이 제시한 바와 같은 긍정적 측면의 결과를 얻기 위해 우리

사회에 필요한 것이 무엇인지 생각해 보고자 한다. 그리고 나아가 다종교의 현실적 긴장 상황을 우리 문화의 정황에 맞게 처리하는 한국형 모델을 준비하여 종교와 사회 진보에 대한 논의의 토대가 되고자 한다. 이를 위하여 먼저 필자는 다문화 사회의 종교 간 갈등 문제의 이론적 바탕이 된다고 할 수 있는 '정교분리'의 문제를 아우디(R. Audi)와 월터슈토프(N. Wolterstorff)의 논쟁을 중심으로 살펴볼 것이다. 그리고 세계 여러 나라의 종교-국가의 관계를 유형별로 살펴보고, 이를 통하여 현대 사회에서의 종교의 역할과 국가와 종교 간의 관계에 대한 나름대로의 결론을 도출하고, 우리나라의 경우와의 비교를 통하여 부분적인 시사점을 제시하고자 한다.

II. 공적 영역에서의 종교에 대한 아우디와 월터슈토프의 논쟁

시민 사회는 서로 다른 이해관계를 가진 사회 구성원들이 자신의 개별적이고 특수한 이해관계를 표출하고 실현하는 공간임과 동시에 공공성과 보편성의 원리에 의해서 조직되고 규제되어야 하는 공간이다. 시민 사회 안에서 다양한 종교집단들의 존재는 사회적 합의를 위한 문화적 가치 기반을 제공할 수도 있으나, 각기 다른 종교집단들이 각자의 종교적 이해관계를 위해 경쟁하고 갈등하는 장(場)이 될 수도 있다.

아우디(R. Audi)와 월터슈토프(N. Wolterstorff)는 이러한 시민 사회의 영역에서 종교가 어떻게 자리매김할 수 있는지에 대하여, 특히 정치적 이슈를 중심으로 중요한 논쟁을 벌였다. 물론 이들의 논쟁은 서구, 특히 미국의 사회 문화적 맥락에서 이해할 수 있는 것이지만, 기본적으로 그들의 논쟁은 이론적, 철학적 기초에 대한 것이기에 한국의 맥락에서도 적용할 수 있는 것으로 보인다. 이들의 논쟁은『공적 영역에서의 종교』(*Religion in the Public Square*)라는 책을 통하여 소개되었는데, 이 책은 그 성격에 걸맞게 '정치적 논쟁에 있어서의 종교적 신념의 자리'(The Place of Religious Convictions in Political Debate)라는 부제를 달고 있다.

먼저 아우디의 입장은 "자유 민주주의와 정치에 있어서의 종교의 자리"(Liberal Democracy and the Place of Religion in Politics)라는 제목으로 소개되어 있는데, 그의 입장은 공적 영역에서 종교가 작용하기 위해서는 종교적 근원 이외에 세속적 근원을 독립적으로 제시할 필요가 있고, 이 또한 가능한 회피되어야 한다는 것이다. 아우디는 자유 민주주의의 원리를 1) 자유의지, 2) 평등주의, 3) 중립성의 세 가지로 요약하면서, 이를 각각 관용, 불편부당성(impartiality), 종교와 비종교 사이의 중립과 연결시킨다. 아우디에 의하면 기본적으로 종교적 근거만으로는 강제의 충분한 근거가 될 수 없다(Audi and Wolterstorff, 1997: 16). 그는 '세속적 근거'의 원칙(예를 들어, 공립학교에서의 기도의 의무는 교육학적 · 심리학적으로 국가의 젊은이들에게 필요하다는 충분한 세속적 이유를 지녀야 한다.)과 '세속적 동기 부여'의 원칙을 구분하면서, 정당화 원리로서 세속적 근거는 필요조건이며, 이와 함께 덕목의 원리로서 세속적 동기 부여도 필요하다고 주장한다. 나아가서 그는 내적 vs. 외적 정치적 활동과 공식적 vs. 비공식적 정치적 언명은 구분되어야 하며, 중립성의 원칙은 이에 따라 다르게 적용될 수는 있지만(Audi and Wolterstorff, 1997: 41), 도덕적 문제, 특히 공적인 정치적 이슈에 종교적 이유를 가져오는 것은 논의를 양극화할 수 있으므로, 전반적으로 회피되어야 한다고 주장한다(Audi and Wolterstorff, 1997: 50).

이와 같은 아우디의 입장을 국가와 종교의 분리를 추구하는 '자유주의적' 입장이라고 한다면, 월터슈토프는 보다 종교 표현의 자유를 옹호하는 '종교적 지향성'을 지닌 입장에서 자신의 주장을 펼쳐 나간다.[2] 보통 자유 민주주의의 훌륭한 시민은 특정한 정치적 이슈를 결정 혹은 논의하는 데 있어 (아우디의 주장과 같이) 종교적 이유가 결정적이 되는 것을 삼가야 하는 것으로 얘기되지만, 월터슈토프는 이러한 견해에 대해 부분적으로 반대한다. 그에 따르면 주장의 설득력은 특정 사회, 그 사회의 특정 역사적 단계에 의존하는 것으로, 세속적 근거에서도 (예를 들어 홀로코스트와 같은) 많은 학살과 잔인한 행위들이 행하여진 반면에, 자유 민주주의 사회로 이끈 근대 사회의 많은 사회적 운동들은 그들의 지향성에 있어 깊이, 그리고 명시적으로 종교적인 근거를 가진 것이었다 (Audi and Wolterstorff, 1997: 80). 심지어 자유 민주주의의 근간인 자유와 평등 원칙도 17세기 개신교 분파에 그 종교적 뿌리를 갖고 있는 것으로 볼 수 있는데, 많은 학자들은 이러한 종교와의 관련성을 침묵 혹은 부인하면서 논의를 전개한다는 것이다. 월터슈토프에 의하면, 자유 민주주의는 사실 17세기 영국사회를 황폐케 한 종교적 갈등에 대한 해결에서 유래한 것으로 평등한 보호, 평등한 자유, 중립성이 그 핵심 사상이다.

보통 시민사회의 정치와 종교의 관계에 대한 논의에서 중요한 쟁점이 되는 것이 '독립적 근원'(independent source)에 대한 논의이다. 이 원칙에 의하면 정치적 결정은 어느 특정한, 그리고 모든 종교적 입장으로부터 독립적인 근원에 의해 이루어져야 한다는 것이다. 하지만 여기에는 많은 해석의 차이가 존재한다. 먼저 이 원칙이 적용되는 1) 제약의 범위가 '모든 이슈에 해당하는가? 혹은 헌법상의/기본적 정의의 문제에만 적용되는가?'의 문제가 있다. 또한 2) 충분한 비종교적 이유가 있다면 행위의 동기로서 '종교적 이유도 가능한가? 혹은 모든 종교적 이유

2 월터슈토프의 논문 제목은 "정치적 이슈의 결정과 토론에 있어서의 종교"(The Role of Religion in Decision and Discussion of Political Issues)이다.

는 제기될 수 없는가?'의 문제, 3) '종교적 이유를 어떻게 확인할 수 있는가?'와 '특정 이슈에 대한 종교적 이유가 다른 이슈에 대해서는 비종교적일 수 있는가?'의 문제 등도 제기될 수 있다. 독립적인 근원의 해석에 있어 핵심적인 사항을 월터슈토프는 '불편부당성'(impartiality)으로 보는 입장과 '분리주의'(separation)적 해석의 입장으로 나누어 설명하는데, 월터슈토프는 자신의 입장을 종교 간, 혹은 종교-비종교인 간에 대한 공정성을 조건으로 하는 불편부당성의 해석에 가까운 것으로 제시하며, 국가-종교의 분리를 적극적으로 주장하는 분리주의적 입장을 띠는 아우디나, 수정헌법을 분리주의 입장으로 해석하는 미국 대법원의 판결 방향에 대해 이의를 제기한다(Audi and Wolterstorff, 1997: 76).

나아가 월터슈토프는 실제로 많은 정치적 이슈들이 '독립적인 근원'의 범위 밖에 존재하며, 자유주의의 원리나 가정보다 실제 그 가정에 의해 다루어지지 않는 사례들을 다루는 것이 중요하다고 주장한다. 그는 자유 민주주의의 원리로서 주장되는 평등한 목소리의 개념은 공정한 투표 절차를 거쳐 다양한 의견들을 다루는 것이며, 그 절차 내에서 모두의 의견에 똑같은 비중을 주는 것으로서, 독립적인 근원만을 요구하는 것은 공평하지 않고, 개인의 종교의 자유를 침해하는 것이라고 주장한다(Audi and Wolterstorff, 1997: 105, 108). 개인은 타인과의 (자유롭고 평등한) '유사성'에서 뿐 아니라, 특별한 '차이', '다름'에서도 존중되어야 하며, 이러한 사회적 풍부함은 다양한 입장을 침묵케 한다면 일어날 수 없다고 말한다. 월터슈토프는 자유 민주주의에 있어서의 정치와 종교의 관계는 '독립적인 근원'의 원칙이 아니라 세 종류의 제약, 즉 1) 공손함, 경청의 매너, 2) 법에 의해 제시된 규칙의 준수, 3) 이익 달성이 아닌 정치적 정의의 추구라는 조건에 합치한다면 종교적 의사 또한 공적 영역에서 자유롭게 표명될 수 있다고 주장한다(Audi and Wolterstorff, 1997: 112f.).

이러한 월터슈토프의 입장에 대하여 아우디는 자신의 입장을 로크(J. Locke)와 롤즈(J. Rawls)의 자유주의적 입장과 연결하여 다시 한번 반박을 시도한다. 그는 정치–종교의 관계에 대한 입장을 "종교적 이유는 (정책적 결정에 대한) 하나의 결정적 요인이 되어서도 안 된다."는 종교적 이유에 대한 강력한 입장(strong view)과 "유일한 결정요인이 되어서는 안 된다."는 약한 입장(weak view)으로 구분하며, 종교적 이유도 동기로서는 충분할 수 있지만, "성실한 시민은 적어도 하나의 세속적 이유를 제시할 의무를 가진다."는 약한 입장을 정치–종교 관계의 적절한 원칙으로 제시한다(Audi and Wolterstorff, 1997: 123). 그에 의하면 종교 혹은 종교적인 것을 부추기는 것은 비종교적인 것을 선택한 개인에 대한 중립성의 부족이며, 중립성은 종교 간의(among) 중립성뿐 아니라, 종교를 향한(toward) 중립성도 포함하는 것이라고 얘기한다. 그는 종교적 이유에 의한 강제는 법질서나 공적 건강의 유지를 위한 강제와는 다르게 받아들여지는 현실을 지적하며, 제약은 "종교적 이유를 가져서는 안 된다."는 배제적(exclusive)인 것이기보다는 "적어도 하나의 세속적 이유를 지녀야 한다."는 포괄적(inclusive)인 것이라고 설명한다(Audi and Wolterstorff, 1997: 138).

아우디의 이러한 입장에 대하여, 월터슈토프는 다시 한번 자유 민주주의란 개인이 제시하는 이유를 (공손하게 제시한다면) 제약해서는 안 되며, 아우디가 제안한 제약은 시민의 행위를 제한/강제하는 경우에만 해당한다고 반박한다. 그에 따르면 현재의 사회는 모든 시민이 참여하는 형태가 아닌 의회 중심의 기형적 민주주의로서, 모든 시민이 합리적이고 충분한 정보가 제공된다는 것은 잘못된 가정일 뿐이며, 자유 민주주의에서 목소리를 낼 수 있는 개인의 권리는 그가 충분히 합리적인 방식으로 그 입장에 도달하였는지에 의해 조건 지워지지 않는다. 정당한 강요가 시민적 질서를 유지하는 데 필요하다는 아우디의 주장은 그를 도덕주의자로 만들 뿐 아니라, 나아가 실제적인 소수자의 배려 문제를 해결하는 데 장애가 될 수 있다는 것이 월터슈토프의 입장이며, 다른 종교 혹은 비종교인을 설득하기 위한 세속적 이유는 전략의 문제이지 진리의 문제는 아니며, 또한 그 이유가 세속적인지를 결정하기 위해서 그 이유를 분리해서 볼 수는 없다는 것이 월터슈토프의 기본적 입장이다(Audi and Wolterstorff, 1997: 164).

그렇다면 이와 같이 아우디와 월터슈토프의 논쟁에서 나타난 공적 영역에서 종교의 위치는 구체적으로 국가별로 어떻게 다르게 나타날까? 또한 이 문제를 각국의 법과 제도는 어떻게 다루고 있을까? 다음 장에서는 이에 대하여 살펴보고자 한다. 그리고 이를 토대로 결론 부분에서는 국가별 유형을 아우디-월터슈토프의 입장과 연결해 보고, 나아가 앞서 보우마와 링이 언급한 산업 사회에서 소비 사회로의 변화에 따른 공적 영역에서의 종교의 위치에 대한 바람직한 입장의 도출을 시도할 것이다.

III. 다종교 사회 갈등에 대한 국가적 관점에서의 접근 : 볼랍-자르와 부르하르트의 국가별 유형 모델을 중심으로

일반적으로 국가와 종교의 관계는 미국과 프랑스와 같이 국가와 교회/종교를 엄격히 분리하는 엄격분리형(미국, 프랑스), 국교는 인정하지 않지만 특정 교회에 공법인이 될 지위를 인정하여 정교조약을 체결하는 정교동격형(독일), 공식적인 국교를 인정하는 국교승인형(영국) 등으로 나눌 수 있다(한국법제연구원, 2008: 103f.). 이러한 구분은 마틴(D.

Martin)에 있어서는 약간 다르게 나타나는데, 그는 정치와 종교가 밀접히 관련되어 있는 가톨릭/라틴 모델과 양자가 어느 정도 분리된 형태를 띤 개신교 모델로 구분하며, 후자의 형태에 있어서도 어느 정도 정치와 종교가 관련성을 갖고 있는 북유럽 모델(개신교 모형 A)이나 영국 모델(개신교 모형 B1)을 정치와 종교가 더욱 분명하게 분리된 미국 모델(개신교 모형 B2)과 구분한다(Martin, 1990: 9-26). 이원규는 국가의 종교 정책 유형을 그 국가 내에서 특정 종교가 차지하는 비중에 따라 단일 종교 국가(대부분의 이슬람 국가들), 다종교 국가(대부분의 국가가 여기에 속함), 우세 종교 국가(필리핀, 인도네시아 등), 사회주의 국가(베트남, 쿠바 등) 등으로 나누어 제시하기도 한다(문화관광부 한국문화정책개발원, 1999: 313-381).

이 장에서는 최근에 제시된 볼랍-자르(M. Wohlrab-Sahr)와 부르하르트(M. Burchardt)의 국가별 유형 모델을 중심으로 국가와 종교 간의 관계 유형을 개괄하고, 이러한 각 유형의 대표적 국가의 특징들을 좀 더 구체적으로 살펴보고자 한다(Wohlrab-Sahr and Burchardt, 2012: 875-909). 특히, 볼랍-자르와 부르하르트가 제시한 유형 중 '관용형'으로 제시된 네덜란드의 경우는 그 사회적 상황이 현재의 한국의 종교 상황과 가장 유사하다고 생각되어 조금 더 자세하게 살펴볼 것이다. 그리고 부가적으로 최근 불교계에서 제시되었던 종교평화법과 관련, 유사한 사례가 있는 인도네시아와 싱가포르의 경우를 보충하여 살펴볼 것이다.[3]

3 볼랍-자르와 부르하르트가 제시한 유형 중 마지막에 해당하는 '자율형'은 상대적으로 국가적 프로그램에 덜 관심을 지니고, 전체 사회의 주도적 형태보다는 보조적인 것으로 나타나는 경우가 많기에 본 장의 세부 분석에서는 제외하였다.

1. 볼랍-자르와 부르하르트의 국가별 유형 모델 개요

볼랍-자르와 부르하르트는 세계 여러 나라의 종교와 국가의 관계를 1) 개인의 자유를 중요시하는가? 혹은 지배적 사회 단위(국가) 체제를 중요시하는가? 2) 종교적 다양성과 이로 인한 갈등(의 잠재력)을 어떻게 생각하는가? 3) 사회적 통합을 중요시하는가? 발전을 중요시하는가? 4) 각 제도적 영역의 독립된 발전을 얼마나 중요하게 생각하는가?의 4가지 기준에 따라서 이념형적으로 구분하였다. 이들은 나아가 '세속성'(secularity)의 발전과 이로 인한 국가-종교 간의 문제 발생이 모든 사회에 보편적인 것은 아님을 밝히며 이러한 경우들을 1) 그러한 상황의 기준에 못 미쳐서 드러나지 않는 이슬람 세계의 경우, 2) 국가 구성 시기의 일시적 공존 형태, 3) 엘리트의 이데올로기로는 존재하나, 일반 국민의 인식과는 괴리를 지닌 경우, 4) 잠재적 형태로 배후에 존재하는 사회 등의 4가지 형태로 구분하고 있다. 또한 실제 국가와 종교 관계 설정에 있어, 그 형태가 1) 중심화되었는가? 탈중심화된 형태인가? 2) 이러한 분리 문제가 생활세계의 영역까지 나타나는가? 제도적인 것에만 그치는가?도 중요한데, 이들은 이러한 기준에 근거하여, 국가-종교 간의 갈등을 처리하는 4가지 기본 유형을 이념형적으로 제시하고 있다. 이들이 제시하는 첫 번째 유형은 개인적 자유형으로 이의 대표적인 국가는 미국이다. 미국의 경우 중심된 공유 가치는 세속성이라기보다는 자유의 원칙으로, 사회가 서로 다름을 실행하는 자유를 통하여 사회적 유대를 달성하리라는 믿음이 사회의 기본 바탕을 이루고 있다. 볼랍-자르와 부르하르트는 유럽에서 문제가 되고 있는 공적 자리에서의 종교적 의복의 착용이 개인의 자유를 중시하는 미국에서는 큰 문제가 되지 않고 있는 점을 그 예로서 제시한다. 두 번째 유형은 관용형인데 그 대표적인 나라로는 네덜란드와 인도를 들고 있다. 이들 사회는 개인의 자유

보다는 오히려 (종교적) 공동체의 자유를 존중하는 것으로 볼 수 있는데, 각 종교집단에 대해 똑같은 거리를 두고 한편으로는 소수 종교를 존중하는 형태를 띠고 있다. 이러한 대처는 가톨릭-개신교-무종교(네덜란드), 혹은 힌두교-이슬람교(인도)가 팽팽하게 맞서고 있는 상황에서 사회 통합을 이루기 위한 적절한 대처라고 볼 수 있으며, 불교-개신교-가톨릭-무종교가 일정한 세력을 지니고 있는 우리나라의 경우에도 적용될 수 있는 부분이라고 생각된다. 세 번째 유형은 프랑스와 터키 등으로 대표되는 통합/계몽형으로 공화적 계약하에 종교는 사적인 문제로 다루어지며, 가능한 공적 영역에서는 종교와 관련된 사항을 제한하는 형태이다. 다만, 대중들 사이에서도 이러한 종교적 제한에 대해 폭넓은 동의를 확보한 프랑스와는 달리, 터키는 엘리트의 세속성이 대중과 괴리를 보이며, 이러한 괴리는 사회통합의 장애 요소로서 작용할 수 있다. 과거 소련을 비롯한 동구권의 공산주의 정권들도 이 유형에 해당하는 것으로 볼 수 있으며, 이는 정권 붕괴 후에도 어느 정도 지속적인 효과를 남기고 있는 것으로 보여진다. 마지막 유형은 합리성/효율성/자율성 등을 중시하는 유형인데, 이러한 유형의 세속성은 상대적으로 국가적 프로그램에 덜 관심을 지니며, 주로 전문가 집단이나 과학/예술의 영역에서 많이 추진된다. 따라서 기능적 영역의 독립적 발전을 위한 이러한 형태는 전체 사회의 주도적 형태보다는 보조적인 것으로 나타나는 경우가 많다.

2. 자유형 : 미국[4]

볼랍-자르와 부르하르트의 유형 중 자유형의 대표적인 국가는 미국

4 미국과 프랑스에 관한 부분은 최현종(2012)에 기초하여 수정, 보완하였다.

이다. 이러한 미국의 종교와 정치와의 관계는 수정헌법 제1조에 근거한다. 1791년의 수정헌법 제1조는 "연방의회는 국교를 수립하거나 종교의 자유로운 행사를 금지"(Congress shall make no law respecting an establishment of religion or prohibiting the free exercise thereof)할 수 없다고 규정하고 있다. 보통 이 조항의 첫 부분을 '국교금지 조항'(Establishment clause), 후반부를 '종교의 자유행사 조항'(free exercise clause)이라고 부르며, 미국의 종교 정책의 근간을 이루고 있다. 특히 '국교금지 조항'은 단순히 특정 종교의 국교화만 금지하는 것이 아니라, 현대에 있어서는 광범위하게 정부의 종교 차별 행위를 금지하는 것으로 해석된다(문화체육관광부, 2008: 66). 하지만 실제로 어디까지가 '종교의 자유행사'이고, 어디부터가 '국교금지 조항'의 위반인지를 해석하는 데는 상당한 어려움이 있다. 국가의 종교적 관행, 공립학교에서의 종교 교육, 종교단체에 대한 지원, 정부재산상의 종교적 장식 등의 문제가 관련된 소송들을 통해 이에 대한 판례들을 만들어 냈으며, 특히 공교육 분야에서의 교회와 정부의 분리 문제는 우리나라와 마찬가지로 미국에서도 가장 주된 이슈로 나타났다.[5]

미국의 국교금지 조항은 보통 3가지로 다르게 해석되어 왔다. 그 첫 번째는 '엄격 분리 이론'(Strict Separation Theory)으로, 정부는 가능한 세속적이고, 종교는 사적인 영역에 머물러야 한다는 것이 그 주요 논점이다. 이 입장에 따르면 '국교금지 조항'은 종교를 지원하는 모든 공적인 원조나 옹호를 포괄적으로 금지한다. 그러나 이러한 입장은 오히려 종

5 다음 페이지의 Lemon v. Kurtzman 사건과 함께 주목할 만한 판례는 1947년의 Everson v. Board of Education 사건이다. 이 사건은 지역 종교(가톨릭)학교에 다니는 학생들의 통학비용에 대해서도 상환금을 지불해 주는 New Jersey주의 정책에 대한 문제제기에서 비롯되었다. Black 대법관이 집필한 다수의견(5:4)은 종교학교를 포함한 자녀의 지역학교 통학에 사용된 교통비를 보정해 줄 것을 규정한 주법은 수정헌법 제1조에 위배되는 것은 아니라고 해석하였다. 이에 대하여는 Feldman(2005: 172ff.) 참조. 교육제도의 세속화가 미국 사회 전체의 세속화에 미친 영향에 대하여는 Smith(2003) 참조.

교의 자유를 침해할 위험성이 높아 1980년 이후에는 거의 원용되지 않고 있는 실정이다(문화체육관광부, 2008: 69). 국교금지 조항에 대한 두 번째 해석은 '중립 이론'(Neutral Theory)으로, 정부가 세속적인 것에 비해 종교를, 그리고 여러 종교 가운데 특정 종교를 우대할 수 없다는 입장이다. 중립 이론은 엄격 분리 이론에 비해, 정치와 종교의 완벽한 분리가 불가능하다는 것을 현실적으로 인정하는 것이라고 볼 수 있다. 중립 이론에 입각한 기준을 '상징적 승인'(symbolic endorsement)이라고 부르는데, 이는 '합리적 관찰자'에게 특정 종교의 승인 여부를 판단토록 하여 그것이 인정된다면 이는 위헌이라는 견해이다. 하지만 이러한 판단은 판단하는 사람의 입장에 따라 달라질 수 있기에 판단 기준 자체가 불확실하다는 문제가 있다. 세 번째 입장은 사회에서의 종교의 중요성을 인정하고, 이러한 입장에서 정부도 종교를 배려해 줄 것을 주장하는 '배려 이론'(Accommodation Theory)이다. 이 입장에 따르면 정부가 직접 국교를 설립하거나, 종교적 행사에 참여할 것을 강요하는 경우에만 '국교금지 조항'에 위배된다고 해석한다. 하지만 어느 정도가 '강요'인지에 대한 해석을 둘러싸고도 논란이 일어날 소지는 남아 있다.[6]

이러한 '국교금지 조항'에 대한 이론적, 해석적 문제에 대해 절대적 심사기준은 없다고 할 수 있다. 다만 가장 많이 인용되고, 중요한 기준으로 언급되는 것이 '레몬 대 쿠르츠만(Lemon v. Kurtzman) 사건'에서 비롯된 소위 '레몬(Lemon) 심사 기준'이다. 이 기준에 따르면 1) '세속적 입법목적'(secular legislative purpose)을 가지고 있는가? 2) 법률의 '주요한 효과'(primary effect)가 특정 종교를 '발전'(advance) 혹은 '제한'(inhibit)하

6 R. Audi에 의하면 정교분리에 대한 자유주의(liberalism)의 입장은 관용(tolerance)의 자유론적 원리, 차별금지(impartiality)의 평등론적 원리, 그리고 중립성의 원리의 3가지 기본 원칙에 근거한다. 또한 이는 평등한 보호, 평등한 자유와 중립성을 그 핵심 요소로 한다. 실제 차별금지와 분리는 서로 다른 것이지만, 미국 사법부는 차별금지를 분리의 입장의 확인으로 해석해 왔다.

는가? 3) '과도한 정부와 종교 간의 연관'(excessive entanglement between the government and religion)은 없는가?의 여부가 중요한 요인이 된다. 예를 들어, 학교에서 종교적인 교육을 하고자 한다면, 이에 대한 교육적이거나 심리학적인 효과와 같은 세속적 목적이 제시되어야 하며, 이 세속적 목적은 그 자체로 동기로서 충분한 의미를 지녀야 한다(한국법제연구원, 2008: 25, 75, 113).[7] 이는 앞서 언급한 아우디의 '독립적 근원' 이론에 상응한다고 할 수 있다. 하지만 이러한 정책 혹은 규정들이 국가로부터 교회를 분리시켰지만, 공적 생활로부터 종교를 분리시킨 것으로 볼 수는 없다.

기본적으로 미국의 정교분리 이념은 우리나라와 유사하며, 실제로 국가와 종교의 관계에 대한 제도 및 정책에 많은 영향을 미친 것으로 보인다. 다만 미국의 경우는 여러 종교가 다양하게 존재하지만, 기독교 우위의 전통이 최근까지 존재하였다는 점, 그리고 정책의 우선 순위가 개인의 자유에 대한 그들의 사회적 전통에 근거한다는 점에서 우리와는 약간 다른 양상을 보인다고 할 수 있다. 이러한 면에서 (세속주의를 포함하여) 보다 다양한 종교적 전통이 동등하게 존재하며, 이를 어느 정도 국가적으로 조절하는 관용형 모델이 우리나라와 보다 유사하고, 적용점이 많은 것으로 생각된다.

3. 관용형 : 네덜란드[8]

관용형 모델의 대표적인 국가는 네덜란드이다. 2012년 국제 종교 자

7 그러나 신앙교육이 아닌 종교에 대한 교육은 가능하며, 사립학교에서는 신앙교육도 가능하다(문화관광부 한국문화정책개발원, 1999: 96-97).

8 관용형의 대표적 국가는 앞서 언급한 대로 네덜란드와 인도인데, 여기서는 네덜란드의 경우만 살펴볼 것이다. 인도의 경우는 이후 다른 연구에서 다룰 예정이다.

유 보고서(The Netherlands 2012 International Religious Freedom Report)에 따르면, 네덜란드의 종교는 로만 가톨릭 29%, 개신교 19%, 이슬람 5.7%, 기타 종교 2.3%, 그리고 무종교 42%로 해당하는 종교는 다르지만 분포도면에서는 우리나라와 상당히 유사한 분포를 보이고 있다.[9] 네덜란드의 국가와 종교 간의 관계는 앞서 살펴본 미국이나, 뒤에 살펴볼 프랑스에 비해 엄격한 분리 모델에 해당하지 않는다. 네덜란드에는 미국의 '분리의 장벽'(wall of separation) 원칙이나, 프랑스의 헌법상에 기술된 정치 체제의 '세속적 성격'(Laïcité) 같은 것은 없으며, 공적 영역에서 종교에 근거한 기관들에게 보다 친화적(positive) 태도를 유지한다(de Blois, 2010: 96-97). 물론 네덜란드에서의 국가와 종교 간의 관계는 사회의 변화와 함께 역사적으로 많은 변화를 거쳤다. 모센(Marcel Maussen)은 네덜란드에서의 국가와 종교 간의 관계의 변화를 7단계로 구분하여 기술하고 있는데, 이를 기초로 네덜란드의 국가와 종교의 관계 변화 과정을 살펴보고자 한다.[10]

모센이 기술한 7단계의 시기 중 그 첫 번째는 '관용의 시대'라고 부를 수 있는데, 유트레히트(Utrecht) 조약(1579)에 기초한 네덜란드 공화국(1588~1795)의 시기와 프랑스 점령기(1785~1814)가 여기에 해당한다. 네덜란드 공화국은 개혁교회만을 국교회로 인정하였고, 공화국이 무너진 후에도 이러한 국교회 체제는 지속되었다. 유트레히트 조약의 종교의 자유 조항은 신앙의 내적 영역에서는 인정되었지만, 공적 예배는 자유 조항에 의해 보호받지 못하였고, 개혁교회만이 종교의 공공 행사가 허용되었다. 하지만 개신교의 다른 종파나 가톨릭, 유대교에 대하여도 관용적인 태도가 유지되었고, 개혁교회의 지도적 위치는 도전받지 않

---

9 우리나라의 경우 2005 인구 센서스에 의하면 불교 22.9%, 개신교 18.3%, 가톨릭 11.0%, 기타 1.0%, 무종교 46.7% 이다. 자세한 내용에 대하여는 최현종(2011) 참조.

10 아래의 네덜란드에서의 국가와 종교 간 관계의 전개에 대하여는 Maussen(2013)과 van Bijsterveld(1995, 2005, 2010) 참조.

은 채, 종교집단 간의 논쟁 혹은 상호 비판은 거의 없었다.

두 번째 시기는 교회와 국가의 '분리' 시기라고 할 수 있는데, 1814년에 개정된 네덜란드 헌법은 국교회 체계를 버리고, 종교에 관한 장을 포함시켰다. 이는 1848년, 1972년에 다시 개정되었지만, 1983년까지 기본적인 골격은 유지되었다. 교회와 국가의 분리라고는 하지만 네덜란드식 '분리'는 반종교적 성격이 두드러지지 않았고, '분리'의 개념도 프랑스에 비해 강하게 나타나지 않았으며, 이에 따라 종교는 공적 영역, 정부 기관으로부터 완전히 배제되지 않았다. 아브라함 카이퍼(Abraham Kuyper, 1837~1920)와 같은 신칼빈주의자는 '분리'는 정부의 영향으로부터 자유교회(free church)를 보호하는 방법이라고 주장하기까지 하였다. 이러한 네덜란드식 분리는 1848년 헌법이 개정되면서 세 번째 단계인 '평등'의 시기로 발전한다. 1848년의 헌법은 각 종교에 정부로부터 확실히 독립하여 자신의 단체를 조직할 기회를 제공하였다. 그러나 당시의 헌법은 네덜란드 사회 자체보다 더 자유주의적(liberal)이고 근대적이어서, 실제 종교에 대한 좀 더 평등한 인식은 사회적 투쟁과 해방의 결과로 나타나게 된다. 이는 네 번째 단계인 '다원성/중립성'의 시기로 나아가는 원동력이 되었는데, 이 시기에는 앞서 언급한 카이퍼의 영향력이 매우 커졌고, 사회는 상호 상대적 자율성을 지니고 작동하는 다른 영역들로 구성되어진다는 그의 '영역 주권'(sphere sovereignty)의 원칙은 이 시기의 중요한 사회 원리로 작용하였다. 영역주권론은 종교적 공동체가 자신의 종교적 원리에 따라 각 영역에서 내부적 관계, 필요한 단체를 조직할 자유를 허용하였다(de Blois, 2010: 106).

20세기 초반부터 1960년대까지는 네덜란드에 특유한 '지주화'(pillarization)의 시기로 이를 다섯 번째 단계로 말할 수 있다. 주요한 정치적 갈등은 1917년의 '대타협'을 통해 진정되었고, 이는 '지주화'된 사회의 출현에 기여하였다. 이 시기에 각 종교, 가톨릭이나 개신교 혹은 무종교층 모두 다수의 위치를 점하지 못하고, 각각의 분리된 사회적 영역에서 사회/정치적 조직의 기반을 형성하였고, 각각의 지주는 하위문화의 구성원들에 대하여 거의 독점적 지위를 유지하였다. 하지만 이러한 지주화된 시기는 1960년대 말~70년대에 이르러 개인화와 맞물려 해체되기 시작한다. 복지국가의 확대 또한 신앙에 근거한 시민 사회의 서비스 영역들을 약화시키는 역할을 하였다. 전통적으로 종교가 적극적인 역할을 감당했던 사회적/문화적 영역, 예를 들면 학교, 청년단체, 건강 보호 기관, 사회 복지, 대중 매체의 영역들이 국가의 확대와 함께 국가와 연결된 영역으로 변화하였고, 종교적으로 중립적인 국가 시설들이 많이 등장하게 되었다. 이 시기는 '탈지주화', '세속화', '복지국가와 시민 사회'의 시기로 일컬어지며, 이러한 탈지주화는 1983년의 헌법 개정으로 어느 정도 완성된다고 할 수 있다. 하지만 이와 같은 헌법 수정은 이미 일어나고 있던 사회적 변화에 대한 반응으로 볼 수 있다. 이 헌법 수정에서 '종교'에 관한 장은 종교 및 비종교적 신앙의 자유를 동등하게 보장하는 조항에 의해 대체된다. 예를 들면, 국영방송에서의 종교별 방송 시간은 성도수에 따라 할당되는데, 종교뿐 아니라 사회주의, 자유주의, 중립주의 등의 조직도 동등하게 방송 시간을 할당받는다(van Bijsterveld, 1995: 574-75).

그러나 1980년대 이후, 고전적 복지국가는 심각한 변화를 겪게 되고 네덜란드 사회는 '주관화', '자유주의화'의 시기로 새로운 국면을 맞게 된다. 이슬람 이민의 도래와 함께 종교적 이슈는 다시 사회적으로 중요한 이슈로 등장하며, 새로운 형태의 민족적, 종교적 다양성과 함께 가치다원주의는 이전보다 분명하고 보다 근본적인 문제로서 나타난다. 특히 이슬람의 강력한 대두는 부정할 수 없는 사실이 되어, 사회통합 문제에 있어 중요한 이슈로 나타난다. 이와 함께 기존의 종교 정책에 있어서의 '두고 보자'(wait-and-see)의 기조는 대화 채널을 적극적으로 모색하고 대화에 적극적인 방향으로 선회하게 된다. 현재 네덜란드에서 종교에 대한 정부 조사는 더 이상 행해지지 않고 있지만, 사적 영역을 넘어선 종교 문제의 중요성 때문에 정부는 최근 다시 종교 문제에 보다 큰 관심을 표명하고 있다. 교회와 국가의 분리를 해석하는 문제와 관련하여서는 교회의 국가로부터의 자율성(제도적 자유)을 옹호하는 입장과 공적 의사결정 영역에서의 종교의 공식적 역할의 퇴출을 주장하는 2개의 입장이 존재하는데, 전자가 전통적인 네덜란드 방식을 따라서 동등한 지위에서의 종교의 표현을 주장한다면, 후자는 중립성을 공적 영역에서의 종교의 공백을 의미하는 프랑스 식의 라이시테에 가깝다고 할 수 있다.

이와 같은 국가와 종교 간의 관계의 단계적인 변화는 최근까지는 앞서 언급한 일련의 헌법 개정(1814, 1848, 1972년)을 통하여 점진적으로 국가와 종교의 분리와 종교 간의 동등한 처리 쪽으로 전개되었다고 할 수 있다. 특히, 1983년의 헌법 개정은 종교단체에 대한 직접적 재정 지원의 남아 있는 형태들(종교 시설의 유지 혹은 건설 비용, 종교 관계자의 급여 및 연금에 대한 국가 보조)을 모두 폐지하였고, '종교'에 관한 장도 없앴으며, '무엇이 종교이고, 종교적 행위인지'에 대하여도 보다 개방적 · 주관적으로 정의하면서, '비종교적 신념(belief)' 또한 동등하게 보호하는 쪽으로 변화하였다. 현재 네덜란드의 법체계상 국가와 종교의 분리는 헌법 혹은 다른 법조항에 명시적으로 언급되어 있지는 않다. 그럼에도 헌법 6조(종교 혹은 신념의 자유), 1조(종교에 따른 차별 금지) 등은 종교와 관련된 중요한 헌법 조항으로 언급할 수 있다. 또한 네덜란드 법체계에 영향을 미치는 국제 조약상의 관련 조항으로는, '인간의 권리 및 기본적 자유에 대한 유럽 협정'(ECHR: European Convention on Human Rights and Fundamental Freedom) 9조, '시민적, 정치적 권리 협약'(CCPR: Covenant on Civil and Political Rights) 18조 등이 중요하게 작용하고 있으며, 기타

'종교 및 신앙에 근거한 차별 및 불관용의 철폐에 관한 UN 선언'(UN Declaration on the Elimiation of All Forms of Intolerance and of Discrimination Based on Religion or Belief) 6조도 의미 있는 영향을 미치고 있다. 종교적 신념에 따른 차별을 막기 위한 기관으로는 기회균등위원회(Equal Opportunities Committee)와 반차별위원회(antidiscrimination boards) 등이 정기적으로 정부 기관에 종교적 차별에 대해 조언하고 있으며, 정부의 지원을 받는 독립기관으로 인터넷 차별 신고 센터(MDI: Registration Center for Discrimination on the Internet)도 운영되고 있다.

하지만 네덜란드 모델은 앞서 반복해서 언급한 대로 '덜 엄격한 분리'로 특징지어지는데, 이러한 예는 공공 기관 혹은 공공 영역에서 종교적 상징의 부착이나 종교적 표현을 허용하는 것에서도 알 수 있다. 예를 들면, 시청과 같은 기관에서 십자가와 같은 종교적 상징물을 발견할 수 있으며, 또한 강제성이 없는 한 시의회 모임에 앞서 기도도 가능하다(van Bijsterveld, 2010: 536). 또한 1988년의 '공공표현법'(Public Manifestations Act)은 교회의 타종권과 이와 동등한 종교기관의 표현 방식을 보호하는 조항도 포함하고 있다. 네덜란드의 법은 종교적 이유로 일요일에 일하는 것을 거부하는 것도 허용하는데, 그러나 일의 성격에 따라(ex. 건강 관련 직종) 이러한 거부가 허용되지 않는 경우도 있다. 종교기관은 종교적 이유로 정부 지원 대상에서 제외될 수 없다(헌법 1조 해당). 종교보다 포괄적인 의미에서의 양심의 자유 문제는 병역 거부와 같은 특정 영역에서 인정되고 있는 상황이다.

종교에 기초한 기관들을 다루는 네덜란드 방식의 좋은 본보기는 네덜란드의 교육 시스템이다. 네덜란드에서 공립학교와 사립 및 종립 학교는 '법률상 평등'한 지위를 부여받고, 이에 따라 동일하고 동등한 기준에 따라 지원을 받는다.[11] 학교는 '지도 방향의 자유'를 지니며, 이에

11 네덜란드의 초/중등 학교의 2/3 가량은 종교를 기반으로 세워졌다(van Bijsterveld,

근거해 교직원 및 학생 선발, 특정 주제의 교육 방식, 행동 및 복장 규정 등에 있어 학교의 기본 지향성, 지도 철학을 표현할 자유를 갖는다. 따라서 종립학교는 진화론이나 성적 지향성에 대한 규범을 어떻게 가르칠지 선택할 수 있다. 또한 일반 평등 처우법(General Equal Treatment Act)의 범위 안에서 종교에 따라 교직원 혹은 학생을 선발하는 것이 가능하며(즉, 종교적 이유로 특정인의 선발을 거부하는 것이 가능하다),[12] 학부모는 종립학교에서 종교적 교육을 거부할 권한을 갖지 못한다(van Bijsterveld, 1995: 572). 종교에 관한 평등한 처우 또한 교회 및 종교 기관에서는 적용되지 않는다. 그러나 종교와 관련한 동등한 처우와 기본적 종교의 자유권의 관계는 지속적인 논쟁점이 되고 있는 형편이다. 이 문제와 관련, 해석의 지침이 되는 것은 '단일 근거 구성'의 원칙인데, 이에 의하면 성, 성적 지향성, 시민적 지위의 단일 근거에 의한 차별은 불법이다. 하지만 종교기관이나 종립학교가 특정 개인의 생활양식이 학교의 정체성에 부적절하다고 판단할 '부가적 이유들'이 있을 때는 고용을 거부할 수 있다. 네덜란드에서의 노동 행위의 차별 금지에 관한 법률은 '종교적 단체의 목적에 부합하는 지위에 필요한 종교적 원칙에 근거한 요구사항의 부과'를 금지하지 않는데, 이러한 차별의 판단을 위해서는 3가지 근거가 요구된다. 즉, 1) 직무 요건은 기관의 정체성의 견지에서 객관적으로 기술되어 있는가? 2) 이 요건은 지속적으로 적용되고 있는가? 3) 차별금지법에 기술된 요건들의 '단일 근거'에서 거부하고 있지는 않은가? 등으로, 이러한 기준들이 임의적이 아닌 일반적 · 지속적으로 부과될 경우 종교적 (차별적) 요구는 가능하다(van Bijsterveld, 2005: 963). 하지만 일반적으로는 점차 많은 사람들에게 자유주의적인 비차별이 기본적 가치로서 인정받고 있으며, 최근에는 많은 부모들이 학교의

2010: 535).

12 공립학교는 이러한 거부가 허용되지 않는다(van Bijsterveld, 2005: 963).

종교적 정체성에 더 이상 관심을 갖지 않는 실정이다.

네덜란드의 종교적 자유에 관한 일반적 태도는 다음의 구체적 사례들을 통하여도 확인할 수 있다(van Bijsterveld, 2005 : 963-985).

1) 공중보건에 위험을 주지 않는다면 예배 시에 금지된 약물의 사용이 허용된다(미국의 경우에도 아메리카 인디언의 경우에는 종교적 의식에 있어서의 약물(peyote) 사용을 인정하고 있으며, 이는 2006년 뉴 멕시코(New Mexico)에서 브라질 계통 종파가 종교적 의식을 위해 환각작용을 일으키는 차를 수입하고, 사용하는 것을 승인하는 대법원의 결정으로 이어진 바 있다(Richardson, 2009 : 422)).

2) 교도소에서 종교적 이유로 머리를 깎지 않거나 터번을 쓰고 종교적 식이요법에 맞는 음식을 제공받을 권리가 인정된다. 그러나 종교적 의식을 위한 나이프의 요청은 안전상의 이유로 거부되었다.

3) 무슬림 학생 혹은 교사의 베일 착용이 허용된다. 여러 차례 앞에서 얘기한 바처럼 네덜란드의 종교적 자유는 프랑스와 달리 적극적인 권리로서, 종교적 중립성의 조항이 공공장소에서의 종교의 배제를 의미하지 않는다. 다만 수업 중에 표정을 볼 수 없게 완전히 얼굴을 가리는 복장의 착용은 종교적 이유가 아닌, 교육상의 이유로 문제가 될 수 있다.

4) (종교적 이유이든, 비종교적 이유이든) 개인에게 해롭다 하더라도 의료적 처치를 거부할 권리가 인정된다. 다만, 아동의 경우에는 신앙에 따라 자녀를 양육할 권리가 부모에게 인정되지만, 아동의 신체적, 심리적 안녕과 관련된 문제일 경우에는 이에 대한 제한이 있을 수 있다. 따라서 아동의 경우 치명적인 손상을 가져올 수 있는 의료적 처치의 (종교적 이유로의) 거부는 인정되지 않는다.

4. 통합/계몽형 : 프랑스와 터키

프랑스의 정교분리의 원칙은 공화국의 원리와 같은 수준에서 규정될 정도로 매우 강한 지위를 갖고 있다. 특히 1905년 제정된 '정치와 종교의 분리를 위한 법'은 엄격한 의미에서의 국가와 종교의 분리를 이룩하는 배경이 되었다. 이러한 배경에는 계몽주의와 프랑스 혁명 시기까지 거슬러 올라갈 수 있는 뿌리 깊은 반교권주의가 바탕이 되고 있다. 법 제정 당시에도 급진 민주주의자들은 가톨릭 교회를 공화국의 적으로 보았고, 부르주아적인 자유주의자들은 가톨릭의 반근대적인 태도를 비판하였다. 당시 프랑스는 공화국 정부와 가톨릭 교회 '2개의 프랑스'가 있다고 할 정도로 격렬한 투쟁 가운데 있었으며, 이러한 극한 갈등이 '분리법'에 나타난 강력한 '반교권주의'의 바탕이 되었다(문화체육관광부, 2008 : 140). 이 법의 제정 이후 국가는 종교단체에 대한 일체의 재정 지원을 하지 않게 되었고, 또한 국립학교에서는 어떠한 종교 수업도 이루어지지 않게 되었다. 그리하여 1905년 한 해에만 약 2,500개의 가톨릭계 학교가 문을 닫았고, 수도단체의 구성원들은 교사로서 활동할 수 없게 되었으며, 모든 종교적 상징물들은 학교와 법원 등 모든 공적인 건물에서 추방되었다. 종교에 대한 국가의 일반적인 금지에서 제외가 되는 것은 군대의 사제직이 유일하였다.[13]

프랑스의 정교분리 원칙을 일반적으로 '라이시테(Laïcité)'라 부르는데,[14] 이에 따르면 정부는 종교의 자유만을 인정하고, 종교에 대한 어떠한 특별 협조도 할 수 없다. 법에 의하면 프랑스 정부는 종교 자체를 인

---

13 프랑스의 군종 장교는 전통적으로 가톨릭, 개신교, 유대교로 구성되었으며, 2005년부터 이슬람이 추가되었다(문화체육관광부, 2008 : 142).

14 프랑스의 헌법 제1조는 앞서 말한 바처럼, "프랑스는 공화국이며, 비종교적인 국가(La France est une République, une, indivisible, laïque et sociale)"라고 규정하여, 공화국의 원칙과 라이시테의 원칙을 동등한 수준에서 취급하고 있다.

정할 수 없고 단지 종교단체만을 인정할 수 있는데, 종교단체는 1) 목적은 오로지 종교를 주관하는 것이며, 2) 사회적 흐름을 방해하지 말아야 한다는 조건을 충족해야만 한다.[15] 이는 '공적 영역'과 '사적 영역'을 엄격히 나누고, 종교를 '사적 영역'에 제한하는 것으로도 볼 수 있다.

1960년대 이후 엄격한 정교분리법은 일부 개정되거나 삭제되어 보다 온건한 정교분리로 전환되는 흐름을 보이는데, 이와 함께 종교에 있어 문화적인 부분은 전통 문화 혹은 문화재로 인정받게 되었다. 하지만 1980년대 이후 이슬람의 증가는 또 다른 정교분리의 문제를 프랑스 사회에 대두시켰다. 그 대표적인 예가 2004년의 공립학교에서의 종교적 상징, 혹은 복장의 착용을 규제하는 법률의 제정이다. 이 법은 의회에서 압도적 다수의 찬성으로 제정되었지만, 인권단체나 학자들로부터는 많은 비판을 받았다. 이들은 공립학교에서 실질적으로 이슬람교도에 대한 차별이 이루어지고 있고, 위의 법이 신앙의 외적 표현을 포함한 종교적 자유를 실질적으로 침해하고 있기에 위헌이라고 비판하고 있다.

터키는 중동의 이슬람 지역에서는 유일하게 세속주의를 법으로 채택하고 있는 세속국가이다. 터키의 세속주의 강령은 모든 공공 정책 분야에서 종교를 제외할 것을 지시하고 있으며, 종교는 철저하게 개인의 도덕, 행동, 신앙의 문제로만 국한된다. 과거 이러한 제한이 강할 때에는 종교단체의 해산, 공개적인 종교집회의 금지, 종교교육의 금지, 모스크의 신축 불허, 기존 모스크의 세속적 용도로의 변환 등의 정책도 시행된 바 있다. 하지만 1982년 이후부터 초 · 중 · 고 과정에서 종교가 다시 필수 과목으로 지정되었고, 공식적으로는 세속화되었지만 종교는 대중적 차원(특히 지방 보수 세력의 경우)에서는 여전히 강한 영향력을 행사하

---

15 http://ko.wikipedia.org/wiki/(2014.4.10. 검색)

고 있다. 누르주(Nurju) 그룹,[16] 낙쉬반디(Naqshbandi) 종단[17] 등 친이슬람 성향 집단의 성장과 더불어 최근에는 이슬람 기반의 정당이 정권을 잡는 경우가 많지만, 완전한 이슬람국가로의 회귀는 군부 세력에 의해 어느 정도 제한을 받고 있는 실정이다.

5. 포교행위의 제한 : 인도네시아와 싱가포르

인도네시아는 세계 최대의 이슬람 국가이지만, 헌법상 국교는 정해져 있지 않으며, 종교의 자유에 관한 규정을 헌법에 포함하고 있다. 인도네시아의 특수성은 1945년 제정된 헌법 전문에 규정된 '빤짜실라'(pancasila)의 조항에 잘 나타나 있다. 빤짜실라는 '다섯'(panca)과 '원칙'(sila)의 합성어로, 유일신에 대한 믿음, 국가적 통합, 지도된 민주주의, 사회 정의, 인도주의의 5가지 원칙을 말한다(Hammond and Machacek, 2009: 396). 이는 인도네시아 독립준비위원회에서 수까르노(Sukarno)가 행했던 연설에서 처음 제기되었으며, 이후 지속적으로 인도네시아 통치의 기본적 원리로서 작용하고 있다. 이러한 원칙하에 인도네시아 헌법은 특정한 종교에 우월한 지위를 부여함 없이 모든 종교를 동일하게 취급하고, 국민은 자유롭게 신을 경배하며, 동시에 다른 종교의 추종자를 존중해야 한다고 규정하고 있다. 또한 모든 종교는 원칙적으로 동일하며, 그 차이는 단지 표상의 차이일 뿐이라고 해석한다. 그러나 각각

16 터키 최대의 이슬람 원리주의 세력. 낙쉬반디 종단에 속했던 Said Nursi(1877~1960)를 추종하는 사람들이 모여 만든 그룹이기에, 엄격한 의미에서는 낙쉬반디 종단의 한 지파라고도 볼 수 있다. 정치에 직접 개입하기보다는 언론 및 출판, 교육기관의 설립을 통해 자신들의 뜻을 관철시키고자 노력해 왔다.

17 대표적인 신비주의(Sufi) 종단으로 14세기 중앙아시아 지역에서 출발한 것으로 알려져 있다. 누르주 그룹과는 달리 정치에 적극적으로 참여하며, 한때(1983~98년) 집권정당이 되기도 했다.

의 종교는 자신들의 이익에 부합하는 방향으로 빤짜실라를 정의하려고 노력해 왔고, 각 집단 간의 타협과 갈등도 지속되어 왔다.

인도네시아의 종교적 분포는 이슬람교가 87.2%로 가장 많은 비율을 차지하며, 기독교가 개신교와 가톨릭을 포함하여 9% 정도의 비율을 보이고 있다.[18] 위의 두 종교 외에 불교, 힌두교, 유교만이 공식적인 종교로서 인정되며, 이를 신분증에 기재하도록 요청하고 있다. 실제적으로 인도네시아 헌법에 규정된 종교의 자유는 이들 공인종교에만 한정되는 것으로 해석할 수 있다. 토착 종교의 신은 암묵적으로 인정되어 오다가, 1965년 쿠데타 이후 공적 차원에서 유일신으로의 지위를 박탈당하였다. 또한 명시적인 법률상의 종교 차별 조항은 없으나, 실제로는 이슬람 이외의 종교에 대해 어느 정도 차별이 존재한다고 말할 수 있다. 헌법 29조 1항은 "인도네시아는 하나이자 유일한 신에 대한 신앙에 기초를 둔다."고 말하면서, 우회적으로 이슬람교를 암시하고 있으며, 각급 학교(타종교에 의해 운영되는 학교 포함)에 이슬람 담당 교사 1명을 의무적으로 두고, 학점을 이수토록 규정하고 있다(한국법제연구원, 2008: 176).

또한 인도네시아에서의 종교의 자유란 자신의 종교를 믿고 수행할 수 있는 자유를 의미할 뿐, 자신의 종교를 타종교의 신자에게 포교할 권리는 포함하지 않는다. 이러한 제한은 앞서 언급한 빤짜실라의 '인도네시아의 통합' 조항과 관련되어 있는데, 이슬람을 국교로 정하지 않은 이유도 인도네시아의 통합이라는 당면 과제를 해치지 않기 위해서이다. 포교의 금지는 '선교 지침에 관한 종교부장관 명령'으로 공식적으로 규정되어 있으며, 이 명령은 국가 통합에 장애가 될 수 있는 종교 간의 포교 경쟁의 과열을 방지하는 것을 목적으로 한다. 이에 따르면 이미 종교를 가지고 있는 사람을 대상으로 한 포교 활동은 금지되며, 다른

18 http://en.wikipedia.org/wiki/Indonesia#Demographics(2014.4.10 검색)

종교를 신봉하는 지역이나 거주지에서의 포교 활동도 금지된다. 나아가 종교 간의 결혼도 불가능한데, 종교 간 결혼을 행하였을 경우에도 혼인 신고가 불가능하다. 이러한 형편에서 볼 때, 인도네시아 헌법은 종교의 자유를 보장하고는 있지만, 실제로는 국가가 국민의 종교의 자유에 대한 통제자로서 어느 정도 기능하도록 해석될 수 있는 여지를 많이 지니고 있다고 할 수 있다.

싱가포르 또한 포교를 금지하는 '종교조화유지법'을 가지고 있다는 점에서, 그리고 그 목적이 사회 통합을 위한 것이라는 점에서 인도네시아와 상당히 유사하다(문화관광부 한국문화정책개발원, 1999: 63). 싱가포르의 종교 인구는 불교 33.3%, 도교 10.9%, 이슬람 14.7%, 기독교 18.3%, 힌두교 5.1%, 무종교 17.0%의 분포를 보이고 있는데(Singapore Department of Statistics, 2011), 불교, 도교, 기독교인의 대부분은 중국계, 이슬람은 말레이계, 힌두교는 인도계라는 민족에 따른 종교 분포의 경계를 볼 수 있다. 이러한 특수 상황에서 '종교조화유지법'은 민족별 종교 분포로 인한 사회 분열을 막고, 사회 통합을 유지하고자 하는 의도와 관련되어 있다. 이 법은 종교의 정치 참여를 금지하고, 종교 간의 갈등을 금하는 조항을 포함하고 있으며, 해당 실무를 관장하는 대통령 직속위원회도 구성되어 운영되고 있다. 포교의 금지와는 달리 싱가포르에서 종교교육은 적극적으로 장려되고 있는데, 이는 서구의 자유주의적, 개인주의적 문화에 대한 해결책을 종교에서 찾고자 하는 정부의 입장과 관련된다. 각 종교의 축제 또한 적극적으로 장려되는데, 여기에는 이를 통해 민족 간의 동질감과 정체성을 확립하는 계기로 삼고자 하는 정부의 의도가 반영되어 있다. 싱가포르에서의 종교는 이와 같이 사회 통합을 중심으로 기능하며, 이에 반하여 정치 및 사회참여는 엄격히 제한된다(문화관광부 한국문화정책개발원, 1999: 65).

IV. 나가는 말

이 장에서는 현대 사회의 공적 영역에서의 종교의 위치를 아우디와 월터슈토프의 논쟁을 중심으로 살펴보고, 또한 볼랍-자르와 부르하르트의 국가별 유형 모델을 중심으로 국가와 종교 간의 관계 유형을 살펴보았다. 개인적 자유형(미국), 관용형(네덜란드), 통합/계몽형(프랑스, 터키)을 구분하여 살펴보았지만, 여기서는 필자의 이전 연구에서 충분히 다루어지지 못하였고, 또한 우리 사회에 중요한 시사점을 던져 준다고 생각한 네덜란드의 사례를 집중적으로 기술하였다. 나아가 종교와 사회 통합의 문제와 관련하여, 우리 사회에서 한때 이슈가 되었던 '종교평화법'과 유사한 제도를 지닌 인도네시아와 싱가포르의 사례를 부가적으로 살펴보았다.

본문의 내용을 정리함에 있어, 아우디-월터슈토프의 입장을 볼랍-자르와 부르하르트 모델과 연결시켜 본다면, 아우디의 입장은 통합/계몽형의 입장을 포함하는 개인적 자유형에, 월터슈토프의 입장은 관용형에 가깝다고 말할 수 있다. 또한 추가적으로 살펴본 인도네시아와 싱가포르의 사례는 통합에 중점을 두었다는 면에서는 기본적으로 통합/계몽형의 모습을 보이지만, 포교 행위를 제외한 공적 영역에서의 종교의 표현을 어느 정도 허용한다는 점에서는 관용형의 성격도 지닌 것으로 볼 수 있다.

이제 이 장을 마침에 있어 위에 기술한 내용들을 종합하고, 결론을 내릴 필요가 있다. 사례 유형들의 기술에서 나타난 바와 같이 20세기의 국가들은 대체로 공적 영역에서 종교의 역할을 제한 혹은 배제하거나, 네덜란드 식의 '두고 보자'(wait-and-see)는 정책을 추진해 왔다. 이를 아우디-월터슈토프의 논쟁과 연결시켜 본다면, 아우디의 '자유주의적' 입장에 보다 가까운 것이라 할 수 있다(이는 관용형을 월터슈토프의 입장과 연결한 바로 앞의 진술과 모순되는 듯하지만, 관용형의 대표적 국가인 네덜란드의 경우도 탈지주화 시기 이후 최근까지의 모습은 어느 정도 자유주의적 세속국가를 지향한 것으로 보여진다). 하지만 들어가는 말에서 언급한 보우마와 링의 견해와 같이, 산업 사회와는 달리 소비 사회에서는 종교가 정체성을 표현하는 중요한 수단이 되며, 종교적 다양성은 다양한 문화를 통합하고, 다양한 세계를 경험하는 긍정적 통로가 될 수도 있다. 이러한 사회적 변화는 월터슈토프의 '종교적 지향성'을 인정하는 입장을 보다 지지하는 것이라고도 할 수 있다. 이러한 다원화된 소비 사회에서의 종교적 정체성의 중요성은 네덜란드의 사례에서 이슬람의 대두와 함께 나타난 변화와, 터키에서의 세속주의 국가의 약화 사례에서도 드러난다.

이러한 보다 '자유주의적' 입장에서 '종교적 지향성'을 인정하는 입장으로의 변화는 '근대적 정당성'의 문제에 천착해 온 대표적 사회학자인 하버마스의 최근의 입장 변화에서도 잘 드러난다. 하버마스는 그의 초기 저작들에서는 근대화에 따른 세속 지식 영역의 독립성, 종교의 의미와 목적 문제에 대한 제한성을 강조하면서, 거룩함의 권위가 점차로 성취된 합의에 의해 대치되고 있다고 주장하였다(Furseth, 2009: 100). 이러한 입장에 따르면 공적 영역에서의 종교의 역할은 제한되며, 아우디의 견해와 마찬가지로 종교적 입장은 일반적, 세속적 언어로 변형 혹은 번역되어야 한다. 하지만 하버마스의 보다 최근의 저작들은 종교가 사회 발전에 긍정적으로 이바지할 수 있는 통로의 가능성을 열어 놓고 있다. 그는 종교적 사고가 '합리성의 계보'로부터 배제되어야 한다는 입장을 반대하며, 오히려 세속적 행위자들도 종교들의 주장을 경청하고, 이해하여야 한다고 그의 입장을 바꾼다(하버마스 · 라칭거, 2009). 그는 종교는 민주주의적 담론에서 정당한 대화 상대자가 될 수 있으며, 나아가

"탈형이상학적(post-metaphysical) 사고는 종교로부터 배울 준비가 되어 있어야 한다."고 주장하기까지 한다(Habermas, 2006: 17). 하버마스는 라칭거 추기경과의 '대화'에서 "규범의식과 연대의식을 불어 넣는 모든 문화적 원천들을 소중하게 다루는 것"이 필요하며(모든 문화적 원천에는 종교도 필수적인 요소이다), 나아가 공공의식을 근대화하려면 "세속적 멘탈리티 못지않게 종교적 멘탈리티를 흡수하고 이를 성찰적으로 변형시켜야 한다."고 말하고 있다(하버마스 · 라칭거, 2009: 50-52).

현대 사회에서 종교는 성, 성적 지향성, 민족성 등과 더불어 중요한 정체성의 한 요소이다. 카스텔(M. Castells)이 언급하는 '흐름의 공간' 속에서 종교는 매우 중요한 '정체성 권력'의 요소로서 작용한다(카스텔, 2008). 21세기는 더 이상 20세기적 근대성의 중요 요소로서의 '세속성'의 개념이, 공적 영역에서의 종교성의 배제가 이루어지기 힘들며, 이는 대부분의 근대국가의 헌법에 규정되어 있는 기본권으로서의 '종교적 자유'의 원칙에도 어긋난다. 어떤 식으로 언급되어지든—소비사회든, 탈형이상학적 사고든, 혹은 포스트모던 사회이든— 21세기는 다양성이, 그리고 그 중요한 요소로서 종교적 정체성이 무시될 수 없는 사회이다. 이를 적절하게 조절, 통합하는 것이 국가의 중요한 임무라고는 할 수 있지만, 그렇다고 포교를 금지하고 정해진 테두리 안에만 종교를 가두어 놓는 인도네시아-싱가포르 식의 제도 또한 21세기적 다양성 사회에는 맞지 않는다고 보여진다. 어쩌면 이러한 상황에서 필요한 것은 앞서 언급한 '대화'에서 라칭거 추기경이 역설하는 '대화'와 '경청'이라고 생각한다(하버마스 · 라칭거, 2009: 74f). 즉, '세속적 합리성'을 포함하여 자신의 신앙이 실제로는 보편적이 아니라는 것에 대한 인정과 다른 '위대한 종교적 전통들에 기꺼이 경청하는 자세'가 21세기의 다원적 사회를 이루어 가는 데 필수적인 요소라고 생각된다. 그리고 이러한 입장에 기초한 한국적 관계 유형의 정립이 우리 사회의 진보를 위해 요청된다고 생각한다.

참고문헌

뒤르켐, 에밀. 1982.『자살론/사회분업론』. 임희섭 역. 서울: 삼성출판사.

문화관광부 한국문화정책개발원. 1999.『해외 각국의 종교현황과 제도 연구』.

문화체육관광부. 2008.『공직자의 종교편향 방지를 위한 법제도: 정책기초연구』.

최현종. 2011.『한국 종교인구변동에 관한 연구』. 부천: 서울신학대학교출판부.

———. 2012. "종교와 법률제도: 공직자 종교차별 관련법을 중심으로." 박창훈 엮음.『한국정치와 기독교 공공정책』. 서울: 두란노아카데미.

카스텔, 마누엘. 2008.『정체성 권력』. 정병순 옮김. 서울: 한울 아카데미.

하버마스, 위르겐 · 요제프 라칭거. 2009.『대화–하버마스 대 라칭거 추기경』. 윤종석 옮김. 서울: 새물결, 2009.

한국법제연구원 2008.『공직자의 종교편향 방지를 위한 법제도 · 정책 기초 연구』.

Audi, Robert and Nicholas Wolterstorff. 1997. *Religion in the Public Square: The Place of Religious Convictions in Political Debate*. Lanham: Rowman & Littlefield Publishers.

van Bijsterveld, Sophie C. 1995. "Freedom of Religion in the Netherlands." *Brigham Young University Law Review* 4.

————————. 2005. "The Permissible Scope of Legal Limitations on the Freedom of Religion or Belief in the Netherlands." *Emory International Law Review* 19.

————————. 2010. "Religion and the Secular State in the Netherlands." In: W. Cole Durham & J. Martinez-Torrón(eds.). *Religion and the Secular State: Interim National Reports*. Provo, Utah: The International Center for Law and Religion Studies, Brigham Young University.

de Blois, Matthijs. 2010. "Religious Law Versus Secular Law: The Example of the Get Refusal in Dutch, English and Israel Law." *Utrecht Law Review* 6.

Bouma, Gary D. and Rod Ling. 2009. "Religious Diversity." In: Peter B.

Clarke(ed.). *The Oxford Handbook of the Sociology of Religion*. New York: Oxford University Press.

Feldman, Noah. 2005. *Divided by God*. New York: Farrar, Straus and Giroux.

Furseth, Inger. 2009. "Religion in the Works of Habermas, Bourdieu, and Foucault." In: Peter E. Clarke(ed.). *The Oxford Handbook of the Sociology of Religion*. New York: Oxford University Press.

Habermas, Jürgen. 2006. "Religion in the Public Spehre." *European Journal of Philosophy* 14.

Hammond, Phillip E. and David W. Machacek. 2009. "Religion and the State." In: Peter E. Clarke(ed.). *The Oxford Handbook of the Sociology of Religion*. New York: Oxford University Press.

Martin, David. 1990. *Tongues of Fire: The Explosion of Protestantism in Latin America*. Oxford: Blackwell Publishers.

Maussen, Marcel. 2013. "Religious Governance in the Netherlands: Associative Freedoms and Non-Discrimination After 'Pillarization'. The Example of Faith-Based Schools." *RECODE Online Working Paper* 14.

Richardson, James T. 2009. "Religion and the Law: An Interactionist View." In: Peter E. Clarke(ed.). *The Oxford Handbook of the Sociology of Religion*. New York: Oxford University Press.

Singapore Department of Statistics. 2011. "Census of population 2010: Statistical Release 1 on Demographic Characteristics, Education, Language and Religion."

Smith, Christian. 2003. "Introduction: Rethinking the Secularization of AmericanPublic Life." In: Christian Smith(ed.). *The Secular Revolution*. Berkeley/Los Angeles: University of California Press.

Wohlrab-Sahr, Monika and Marian Burchardt. 2012. "Multiple Secularities: Toward a Cultural Sociology of Secular Modernities." *Comparative Sociology* 11.

http://www.btnnews.tv/news/view.asp?idx=18520&msection=4&ssection=14 (2012.10.30. 검색)

http://ko.wikipedia.org/wiki/(2014.4.10. 검색)

http://en.wikipedia.org/wiki/Indonesia#Demographics (2014.4.10. 검색)

6장

선거의 독립변수로서의 종교적 요인

Ⅰ. 들어가는 말

Ⅱ. 종교와 정치적 지향성

Ⅲ. 선거 쟁점으로서의 종교 관련 이슈들

Ⅳ. 나가는 말

I. 들어가는 말

세속화 이론 이후 종교의 공적 영역에서의 역할에 대하여는 많은 논의가 진행되어 왔다. 그중에서도 정치적 영역은 공적 영역에서의 종교의 역할에 대한 논의가 가장 첨예하게 나타나는 영역이기도 하다. 이는 특히, 1980년대 이후 미국에서 보수적 종교인들을 중심으로 정치 참여가 활발해지고, 이를 모방한(?) 한국 사회에서의 기독교 우파의 정치 참여가 두드러지면서 더욱 중요한 현상으로 대두되고 있다. 이 장은 이러한 현재의 상황에서 한국 사회의 종교와 정치적 지향성이 어떻게 연결되고 있는지 살펴보고자 한다. 구체적으로는 2012년 대선을 앞두고 실시된 헤럴드경제의 조사 결과와 2008년 이후 한국종합사회조사(이하 KGSS: Korea General Social Survey)의 결과를 토대로 종교에 따른 정당 및 대통령 후보자 지지를 통해 각 종교 형태가 정치적 지향성에 차이를 가져오는지 살펴보려 한다. 그리고 이와 함께 최근에 대두되고 있는 종교 관련(편향) 이슈에 대한 논의를 살펴보고, 이와 같은 이슈들이 현재의 한국 정치 상황에서 어떠한 의미를 지니는지 생각해 보고자 한다. 이러한 논의들은 한국에서의 정치와 종교의 관계를 살펴보기 위한 시론의 성격을 지니며, 이러한 상황을 초래한 과정과 영향 요인들에 대한 보다 상세한 고찰은 이후 별도의 연구를 통하여 시도될 것이다.

---

* 이 장은『종교와 문화』24(2013)에 게재된 바 있음.

II. 종교와 정치적 지향성

먼저 종교와 정치에 관련된 선행 연구 및 외국의 사례들을 검토하고, 이어서 2012 대선을 앞두고 조사된 자료 중 종교 변수를 포함한 헤럴드 경제의 조사 결과를 토대로 종교별 정당/대선 후보지지 성향을 분석하고자 한다. 여기서는 이를 통하여 한국 상황에서의 선거에 있어서 종교적 요인의 의미에 대해 고찰해 보고자 할 것이다. 나아가 이를 기존의 KGSS 자료와 비교하여, 다른 변수로부터 독립된 종교적 요인의 영향력에 대해 생각해 보려 한다.

1. 선행 연구 및 외국의 사례들

세속화 이론의 확산 이후, 종교의 사적인 영역으로 국한되는 경향이 있었다. 이와 같이 종교를 '사사화'(privatization)하는 추세에 대하여, 여전히 공적 영역에서 종교가 중요한 역할을 감당하고 있음을 확인한 이가 바로 카사노바(J. Casanova, 1994)이다. 그는 이러한 공적 영역에서의 종교의 역할을 국교(state), 정치적 활동, 시민 사회에서의 역할의 3가지 형태로 구분한다. 현대 사회의 중요 특징 중 하나를 기능적 분화라고 한다면, 국교는 더 이상 현대에 있어서는 중요한 정치와 종교의 형태로 보기는 어렵다. 또한 아직도 많은 국가의 주요 정당에 종교의 이름을 내건 경우가 있으나, 실제로 종교적 성격을 분명하게 드러내는 경우는 많지 않다. 따라서 카사노바는 종교가 현대 사회 속에서 공적인 역할을 감당하는 가장 중요한 통로로 시민 사회를 말한다. 카사노바가 말한 이러한 공적 영역에서의 종교의 역할과 관련해서는 다시 한번 이 글의 말미에서 현재의 한국 사회의 상황과 관련해서 좀 더 자세히 논의할 것이다.

세속화를 그 유형에 따라 구분한 대표적 학자인 마틴(D. Martin, 1990: 9-26)은 서구 사회, 특히 유럽의 종교와 정치와의 관계를 분석하면서, 그 대표적 형태로 정치와 종교가 밀접히 관련되어 있는 가톨릭/라틴 모델과, 양자가 어느 정도 분리된 형태를 띤 개신교 모델을 구분한다. 특히 후자의 형태에 있어서도 어느 정도 정치와 종교가 관련성을 갖고 있는 북유럽 모델(개신교 모형 A)이나, 영국(개신교 모형 B1)과는 달리 미국(개신교 모형 B2)은 더욱 분명하게 분리된 형태를 지향한다는 것이 마틴의 분석이다. 하지만 현대에 있어서는 과거의 이와 같은 분리된 전통에도 불구하고, 라틴 국가에 있어서도 국교의 형태로 정치와 종교의 관계가 유지되는 국가는 거의 없으며, 단지 일부 국가에서 기독교 이름을 명기한 형태의 정당활동을 통해서만 어느 정도 그 명맥이 유지되고 있는 실정이다.

이원규(2006: 466-68)는 훌트(T. F. Hoult)를 인용하면서 종교의 조직 형태나 사회 내에 자리잡은 위치에 따라 달라질 수는 있지만, 일반적으로 보수적 정치 성향을 띠는 경향이 있다고 주장한다. 소위 기성종교는 사회의 지배적인 제도와 가치를 옹호하고, 이를 통하여 사회적 안정과 통합에 기여한다. 그리고 이에 대한 반대급부로서 정치권력으로부터 종교를 유지하는 데 필요한 유/무형의 도움을 받는 방식으로 상호 작용을 하며, 이러한 관계는 종교가 보수적인 정치 성향을 갖는 데 기여한다는 것이다.

이러한 종교의 보수적 정치 성향은 독일의 'Christlich Demokratische Union(CDU, 기독교민주당)/Christlich-Soziale Union(CSU, 기독교사회당)' 연합이나, 지금은 사라진 과거 이탈리아의 Democrazia Cristiana (DC, 기독교민주당)의 경우에서 확인할 수 있다. 스칸디나비아 반도의 경우 정당에 상관없이 전체적으로 사회 민주주의 노선에 동의하는 특징을 지니지만(Martin, 1990: 14), 그럼에도 불구하고 기독교 정당들은 보다 보수적인 자리에 위치한다. 라틴 아메리카의 경우에도 브라질의 예를 들면, 기독교 정당임에도 정당명에 Partido Social Cristão(PSC, 기독교사회당), Partido Trabalhista Cristão(PTC, 기독교노동당), Partido Social Democrata Cristão(PSDC, 기독교사회민주당) 등과 같이 '사회'(social), '노동'(trabalhista) 등을 병기하고 있지만, 기본적으로 중도 혹은 보수적 노선을 취하고 있다.[1] 이와 같은 사실은 이슬람 국가의 경우도 유사하다. 이슬람 국가의 경우 서구적인 보수/진보 혹은 좌우의 범주에 따라 일괄적으로 분류할 수는 없지만, 일반적으로 종교와 관련된 정당은 보다 보수적인 입장을 취하는 것으로 볼 수 있다. 이는 이슬람 혁명을 일으킨 이란의 경우는 말할 것도 없고, 이집트와 같은 경우에도 최대 정당인 Ḥizb Al-Ḥurriya Wal-'Adala(자유정의당)은 무슬림 형제단과 밀접한 연관을 맺고 보수적 노선을 취하고 있다.

미국의 경우는 위의 국가들과는 조금 사정이 다르다고 할 수 있다. 미국은 일단 마틴의 분류처럼 정치와 종교를 분리하는 개신교 모델의 전통에 서 있고, 나아가 그것이 가장 강화된 경우이다. 또한 유럽의 경우와는 달리 종교를 표방한 정당이 없고, 그럼에도 불구하고 여전히 종교가 사회 전체적으로나, 공적 영역에서 중요한 의미를 잃지 않고 있다. 미국의 경우 정치와 종교의 관계는 일반적으로 교단의 신학적 성격에 따라 다르게 나타나는 것으로 이야기된다. 소위 주류 기독교(mainline church)의 경우는 보다 진보적 입장에 선 민주당을 선호하는 경향이 있으며, 이에 반하여 보수적 기독교, 소위 복음주의적(evangelical) 기독교나, 근본주의적 기독교(fundamentalism)는 보다 보수적 입장을 취

1 물론 진보적인 가톨릭 사제들, 평신도 운동가들, 해방신학자들은 좌파 민주연합에 별도로 참여하고 있다.

하는 공화당의 중요한 지지세력이 되고 있다. 더욱이 1980년대 이후 등장한 '도덕적 다수'(moral majority)를 비롯한 근본주의적 기독교의 정치 참여는 미국 사회에 있어서 정치와 종교에 대한 새로운 논쟁을 불러일으킨 바 있다. 미국 사회의 주요 종교 중 가톨릭의 경우는 일반적으로 민주당을 지지하는 것으로 논의되어 왔으나, 일부에서는 케네디 대통령 시절을 제외한다면 미국의 가톨릭은 전통적으로 공화당을 지지해 왔다는 주장도 제기되고 있는 실정이다(Manza and Wright, 2003: 305).

그렇다면 우리나라의 경우는 어떨까? 우리나라는 위에 열거된 여러 나라와는 달리 명실상부한 다종교 국가이다. 인구 센서스상의 비종교인의 비율도 56.1%에 이르고, 종교인 또한 불교 15.5%, 개신교 19.7%, 가톨릭 7.9%로 특정 종교가 우위를 점하고 있다고 말할 수 없는 형편이다(2015 센서스). 이원규(2006: 477)는 박용헌의 1980년도 조사 자료 및 서울대학교 사회과학연구소의 1987년도 조사 자료에 근거하여 기독교(개신교, 가톨릭 포함)가 불교보다 비판적이라고 결론을 내리고 있다. 하지만 여기에는 연령 및 지역 효과가 혼재되어 있는 것으로 보인다. 즉, 장·노년층, 영남 지역에 가장 많은 신도를 지니고 있는 불교의 경우, 이것이 불교 자체의 종교적 영향이라기보다는 신자들의 지역적, 연령적 특색이 반영된 결과로 해석할 수 있다(최현종, 2011 참조).

유석춘과 서원석(1989: 130-31)은 1987년의 13대 대선 자료를 분석하는 가운데, 종교별로 다른 선거 양태가 나타남에 주목하였다. 이에 따르면, 불교 신자들은 노태우(40%), 김종필(32%), 김영삼(28%), 김대중(17%) 후보 순으로 지지집단이 구성되어 있는 데 반해, 개신교 신자들은 김대중(23%), 김영삼(20%), 김종필(17%), 노태우(11%) 순으로, 가톨릭 신자들은 김대중(11%), 김영삼(8%), 노태우(7%), 김종필(4%)의 순으로 지지를 표명하였다. 즉, 불교가 보다 보수적인 후보를 선택하는 성향이 있는 데 반하여, 기독교 계통의 종교인들은 보다 진보적인 후보를 선택하는 성향을 띤 것으로 나타났다. 하지만 유석춘과 서원석의 연구에서도 종교적 변수에 내재된 여타 변수의 영향은 분석에 포함되지 않았다.

한신대학교 학술원 신학연구소(2004: 173-74)에서 실시한 조사는 개신교인만을 대상으로 하였다. 이에 따르면 한국의 개신교인들은 약간 보수적인 경향성을 지닌 것으로 나타나는데, 자신의 생각을 '매우 보수적'이라고 응답한 사람이 10.3%, '약간 보수적'이라고 한 사람이 60.5%로, '약간 진보적'(26.8%), '매우 진보적'(2.3%)을 합한 진보적 성향보다 훨씬 높게 나타났다. 흥미로운 사실은 한국의 대표적 진보 교단이라고 할 수 있는 '기독교장로회'에서조차 보수적인 성향('매우 보수적' 7.0%, '약간 보수적' 68.4%)이 더 높게 나타났다는 점이다. 이는 보수적인 교단인 '하나님의 성회'('매우 보수적' 10.8%, '약간 보수적' 55.4%)나 '고신'('매우 보수적' 7.1%, '약간 보수적' 58.8%)보다도 높은 비율로 상당히 흥미로운 결과라고 할 수 있다.

2. 헤럴드경제 자료/KGSS 분석

그렇다면 현재, 한국의 상황에서 종교는 정치 혹은 선거와 관련하여 어떤 변수로 작용하고 있는가? 이 장에서는 먼저, 앞에 언급한 바처럼 2012년 대선을 앞두고 조사된 자료 중 종교 변수를 포함한 헤럴드경제의 조사 결과를 토대로 종교별 정당/대선 후보 지지 성향을 분석하고, 이를 KGSS 조사 결과와 비교, 분석함으로써 종교적 요인의 영향력에 대해 고찰해 보고자 한다. 그러나 헤럴드경제 자료는 조사 시점이 대선을 7개월여 남겨둔 5월이었고, 새누리당과 야권의 후보가 확정되기 이전 다자구도를 전제로 한 것이기에 대선 시점과는 많은 차이를 가질 수 있다. 하지만 인구사회학적 지표에 따른 기본적 성향을 파악하는 데는 여전히 좋은 참고 자료가 될 수 있을 것으로 보여 분석을 시도하였다. 여기서는 여야의 정당 지지도(새누리당과 민주통합당)와 박근혜, 문재인 두 후보, 그리고 야권 통합과정에서 사퇴하였지만 중요 후보로서 대두되었던, 그리고 현재의 정치 상황에서도 여전히 중요한 변수로 남아 있는 안철수의 3인과 관련된 자료만 분석에 포함하였다. 헤럴드경제의 조사 개요는 〈표 1〉에 제시되어 있다.

표 1 2012 대선 관련 헤럴드경제 조사 개요

1. 조사 대상 : 전국에 거주하는 만 19세 이상 남, 여
2. 표본수 : 1,000명
3. 조사 방법 : 구조화된 질문지(Structured Questionnaire)에 의한 1대 1 전화면접조사(Telephone interview) RDD 방식
4. 조사 기간 : 2012년 5월 10일~5월 11일
5. 표본오차 : 95% 신뢰수준에서 최대허용 표본오차는 ±3.1% point
6. 응답률 : 7.97% (12,541명 통화)
7. 표본추출 방법 : 지역 · 성 · 연령별 할당 무작위 추출법(RDD 방식)
성, 연령, 지역별 가중치 부여 방식으로 통계를 보정
(2012년 행안부 주민등록 인구 기준)

인구사회학적 지표에 따른 정당 지지도 차이는 〈표 2〉에 제시되어 있다. 〈표 2〉에 드러난 결과에 의하면 새누리당 지지율은 여성, 높은 연령층, 영남 지역, 보수적 성향층에서 높게, 반면 민주통합당의 지지율은 남성, 젊은 연령층, 호남 지역, 진보적 성향측에서 상대적으로 높게 나타난다. 이러한 결과는 일반적인 예측과 특기할 만한 차이를 보이지는 않는다. 지역적으로 영남과 호남을 제외하면, 충청, 강원/제주에서 새누리당의 지지율은 민주통합당보다는 높지만 전국적인 평균과 비슷하며, 수도권에서는 평균보다 약간 낮은 경향을 보이고 있다. 이 장의 주요 관심사인 종교 변수와 관련해서는 새누리당의 지지율은 불교에서 가장 높게 나타나고, 개신교에서도 평균보다 높은 지지율을 보인다. 반

면 가톨릭에서의 지지율은 평균과 비슷하며, 무종교인에서는 평균보다 낮은 지지율을 보인다. 이에 반하여, 민주통합당의 지지율은 불교에서 가장 낮고 무종교층에서 가장 높으며, 개신교와 가톨릭에서는 평균에 근접한 지지율을 나타낸다. 유교와 기타종교는 사례수가 많지 않아 분석에서 제외하였다. 하지만 이러한 종교별 지지율 차이는 종교의 지역별, 연령별 분포의 차이가 어느 정도 반영된 것으로 보인다. 즉, 불교가

표 2 정당 지지도

구 분		사례수	새누리당		민주통합당		없음	
		빈도 (1,000)	빈도	%	빈도	%	빈도	%
			397	39.7	286	28.6	204	20.4
성별	남성	(500)	184	36.8	149	29.8	114	22.8
	여성	(500)	213	42.6	137	27.4	90	18.0
연령별	20대	(184)	42	22.8	65	35.3	50	27.2
	30대	(205)	42	20.5	82	40.0	45	22.0
	40대	(220)	76	34.5	68	30.9	45	20.5
	50대	(187)	107	57.2	32	17.1	35	18.7
	60대 이상	(204)	130	63.7	39	19.1	29	14.2
권역별	서울	(202)	68	33.7	59	29.2	60	29.7
	경기/인천	(289)	102	35.3	86	29.8	63	21.8
	영남권	(262)	159	60.7	42	16.0	31	11.8
	호남권	(103)	10	9.7	58	56.3	24	23.3
	충청권	(102)	41	40.2	31	30.4	16	15.7
	강원/제주	(42)	17	40.5	10	23.8	10	23.8
성향별	진보적	(366)	78	21.3	158	43.2	73	19.9
	중도적	(329)	111	33.7	90	27.4	87	26.4
	보수적	(305)	208	68.2	38	12.5	44	14.4
종교별	가톨릭	(86)	34	39.5	23	26.7	19	22.1
	개신교	(251)	118	47.0	74	29.5	45	17.9
	불교	(211)	116	55.0	44	20.9	27	12.8
	없음	(432)	122	28.2	136	31.5	113	26.2

출처 : 2012 헤럴드경제 조사 자료.

높은 비율을 차지하는 영남권과 장·노년층의 지지 효과가 불교의 새누리당 지지로 연결된 것으로 생각할 수 있다. 따라서 종교 변수 자체에 대한 이해를 위해서는 별도의 분석이 보완될 필요가 있다. 이 장의 후반부에서 KGSS의 분석을 통하여 이를 다시 한번 생각해 볼 것이다.

정당 지지도와 관련하여 한 가지 더 주목하여 생각해 볼 수 있는 것은 '지지정당 없음'의 분포이다. '지지정당 없음'의 분포는 정치적 성향을 제외하고는 새누리당보다 민주통합당의 지지 세력 분포와 유사하다. 즉, '지지정당 없음'은 남성, 젊은 연령층, 가톨릭과 무종교인에서 더 높게 나타난다. 지역적으로는 수도권, 특히 서울에서 '지지정당 없음'의 비율이 높고, 강원/제주와 호남이 그 뒤를 잇고 있다. 물론 강원/제주의 경우는 새누리당의 지지율이 더 높은 지역이지만, 그 외 호남은 말할 것도 없고, 서울 또한 상대적으로는 민주통합당의 지지율이 높은 지역으로 볼 수 있다. 이는 '지지정당 없음'의 많은 수가 상황의 변화에 따라 새누리당보다는 민주통합당 지지로 바뀔 수 있는 가능성을 시사한다. 즉, 민주통합당의 선거에서의 승리는 이들 층을 어느 정도 자신의 정당을 지지하는 세력으로 바꾸어 놓느냐의 여부에 달려 있었다고도 보여진다.

대선 후보 3인의 지지도 조사 결과는 〈표 3〉에 나타나 있다. 3인 모두 본격적인 대선 후보에 나서기 이전이어서 선거 시점의 지지율과 상당한 차이를 보이고 있으며, 특히 문재인 후보의 경우에는 야권 후보 선출 이후 상승된 지지율이 반영되어 있지 않다. 하지만 이러한 차이에도 불구하고 전반적인 지지 성향은 조사에 반영되어 있는 것으로 보인다.

일반적인 성향은 정당 지지도와 유사하다. 즉, 새누리당 지지층은 박근혜 후보를 지지하는데 여성, 높은 연령층, 영남권, 보수적 정치 성향, 불교 신자에게서 지지율이 상대적으로 높게 나타난다. 정당 지지율과 비교해서는 강원/제주에 있어 평균보다 높게, 개신교 신자에게서 낮게 나타나는 것이 특징적으로 보인다. 하지만 가상 양자대결의 경우 이러한 차이가 모두 사라진다. 반면, 안철수 후보는 남성, 젊은 연령층, 진보적 정치 성향, 가톨릭인/무종교인에게서 상대적으로 높게 나타난다. 문재인 후보는 안철수 후보에 비해 남성, 호남, 가톨릭인에게서 지지율이 상대적으로 낮게 나타나고 있다. 호남의 낮은 지지율은 민주통합당 경선 과정에서도 대두된 노무현 정부 시절의 '호남 홀대론'이 어느 정도

표 3 대선 후보 지지도

구분		사례수	문재인		박근혜		안철수	
			빈도	%	빈도	%	빈도	%
		(1,000)	118	11.8	383	38.3	252	25.2
성별	남성	(500)	58	11.6	166	33.2	150	30.0
	여성	(500)	60	12.0	217	43.4	102	20.4
연령별	20대	(184)	33	17.9	52	28.3	68	37.0
	30대	(205)	39	19.0	45	22.0	72	35.1
	40대	(220)	20	9.1	85	38.6	60	27.3
	50대	(187)	13	7.0	80	42.8	29	15.5
	60대 이상	(204)	13	6.4	121	59.3	23	11.3
권역별	서울	(202)	30	14.9	76	37.6	50	24.8
	경기/인천	(289)	39	13.5	92	31.8	84	29.1
	영남권	(262)	22	8.4	142	54.2	46	17.6
	호남권	(103)	12	11.7	12	11.7	43	41.7
	충청권	(102)	12	11.8	41	40.2	20	19.6
	강원/제주	(42)	3	7.1	20	47.6	9	21.4
성향별	진보적	(366)	74	20.2	78	21.3	144	39.3
	중도적	(329)	33	10.0	117	35.6	76	23.1
	보수적	(305)	11	3.6	188	61.6	32	10.5
종교별	가톨릭	(86)	6	7.0	34	39.5	24	27.9
	개신교	(251)	28	11.2	95	37.8	61	24.3
	불교	(211)	21	10.0	115	54.5	39	18.5
	없음	(432)	59	13.7	132	30.6	123	28.5

출처 : 2012 헤럴드경제 조사 자료.

영향을 미친 것으로 보인다. 가톨릭 신자의 낮은 지지율은 설명이 쉽지 않고, 사례수도 많지 않아 표본오차일 가능성도 배제할 수 없다. 이는 다른 조사에 의한 확인이 필요할 것으로 보인다. 세 후보에 대한 종교적 변수의 효과를 요약하면, 정당 지지도와 마찬가지로 불교는 박근혜, 무종교층에서는 야권 후보의 지지율이 높게 나타나며, 정당 지지율에 비해 박근혜 후보는 개신교 신자에게서, 문재인 후보는 가톨릭 신자에게서 지지도가 낮게 나타나는 것이 특징적이다.

〈표 4〉에 나타난 양자대결 박근혜 vs. 문재인의 경우 앞에서 언급한 정당, 혹은 단순 후보 지지도 결과와 큰 차이를 보이지는 않는다. 다만, 앞에서 언급한 대로 박근혜 후보의 상대적으로 높은 강원/제주 지지도와 상대적으로 낮은 개신교인의 지지도 효과가 모두 사라진다. 강원/제주 지지도의 경우는 단순 후보 지지도와 양자대결 지지도가 정확하게 일치하나, 양자대결 시의 평균 지지도가 상승한 결과 상대적으로 낮은 것으로 보여진다. 개신교인의 경우는 박근혜 후보를 지지하지 않는 새누리당 지지층이 양자대결의 경우 결국은 박근혜 후보의 손을 들어준 것으로 추정할 수 있다. 문재인 후보의 (단순 후보 지지도와 비교할 때의) 남성, 호남에서의 지지율 상승도 전통적인 민주통합당 지지층인 이들이 양자대결의 경우 결국 야권 후보인 문재인 후보를 지지한 결과로 볼 수 있다. 반면, 가톨릭에서의 문재인 후보의 상대적으로 낮은 지지율은 양자대결 구도에 있어서도 동일하게 유지되고 있다. '지지후보 모름/없음'의 경우 연령적으로 정당 지지도와는 달리 40대 이상에서 평균보다 높게 나타나는 특징을 보인다. 이는 40대 이상의 '지지후보 모름/없음'이 늘어났다기보다는, 민주통합당에 대한 정당 지지를 표명하지 않은 젊은 층이 양자대결 구도에 있어서는 결국 야권 후보를 지지한 결과로 보여진다.

표 4 가상대결 : 박근혜 vs. 문재인

구분		사례수	박근혜		문재인		없음/모름	
			빈도	%	빈도	%	빈도	%
		(1,000)	558	55.8	323	32.3	119	11.9
성별	남성	(500)	255	51.0	182	36.4	63	12.6
	여성	(500)	303	60.6	141	28.2	56	11.2
연령별	20대	(184)	88	47.8	75	40.8	21	11.4
	30대	(205)	82	40.0	112	54.6	11	5.4
	40대	(220)	120	54.5	67	30.5	33	15.0
	50대	(187)	120	64.2	38	20.3	29	15.5
	60대 이상	(204)	148	72.5	31	15.2	25	12.3
권역별	서울	(202)	114	56.4	65	32.2	23	11.4
	경기/인천	(289)	165	57.1	91	31.5	33	11.4
	영남권	(262)	186	71.0	60	22.9	16	6.1
	호남권	(103)	19	18.4	64	62.1	20	19.4
	충청권	(102)	54	52.9	32	31.4	16	15.7
	강원/제주	(42)	20	47.6	11	26.2	11	26.2
성향별	진보적	(366)	136	37.2	199	54.4	31	8.5
	중도적	(329)	176	53.5	95	28.9	58	17.6
	보수적	(305)	246	80.7	29	9.5	30	9.8
종교별	가톨릭	(86)	48	55.8	23	26.7	15	17.4
	개신교	(251)	141	56.2	81	32.3	29	11.6
	불교	(211)	144	68.2	48	22.7	19	9.0
	없음	(432)	213	49.3	165	38.2	54	12.5

출처 : 2012 헤럴드경제 조사 자료.

〈표 5〉에 나타난 박근혜 vs. 안철수의 양자대결의 경우에는 민주통합당 후보 확정 이후 문재인 후보의 전반적인 지지율 상승을 고려할 때, 문재인 후보와 안철수 후보의 단순 지지도 차이보다는 어느 층에서 지지도의 차이가 많고 적은가를 따지는 것이 더 의미 있을 것으로 생각된다. 권역별로는 먼저 전체적으로는 '없음/모름'의 비율이 약간씩 줄었음에도 불구하고, 영남권에서 '없음/모름'의 비율이 조금 늘었다(+3.1%)는

것이 특징적이다. 이는 영남권에서의 박근혜 vs. 안철수 후보 양자의 지지도 변화와 함께 고려해 봤을 때, 이 지역에서 문재인 후보보다 오히려 안철수 후보가 더 경쟁력을 가졌다고 생각할 수도 있는 결과이다. 또한 강원/제주의 '없음/모름'의 비율이 대폭 줄고(−16.7%), 이러한 지지세가 안철수 후보의 지지율 증가로 이어졌다(+16.7%)는 것도 눈에 띈다. 물론 이는 민주통합당 후보 확정 이후 문재인 후보의 전반적인 지

표 5 가상대결 : 박근혜 vs. 안철수

구 분		사례수	박근혜		안철수		없음/모름	
			빈도	%	빈도	%	빈도	%
		(1,000)	479	47.9	413	41.3	108	10.8
성별	남성	(500)	216	43.2	234	46.8	50	10.0
	여성	(500)	263	52.6	179	35.8	58	11.6
연령별	20대	(184)	67	36.4	98	53.3	19	10.3
	30대	(205)	60	29.3	132	64.4	13	6.3
	40대	(220)	105	47.7	92	41.8	23	10.5
	50대	(187)	105	56.1	54	28.9	28	15.0
	60대 이상	(204)	142	69.6	37	18.1	25	12.3
권역별	서울	(202)	94	46.5	84	41.6	24	11.9
	경기/인천	(289)	137	47.4	125	43.3	27	9.3
	영남권	(262)	166	63.4	72	27.5	24	9.2
	호남권	(103)	13	12.6	76	73.8	14	13.6
	충청권	(102)	49	48.0	38	37.3	15	14.7
	강원/제주	(42)	20	47.6	18	42.9	4	9.5
성향별	진보적	(366)	110	30.1	230	62.8	26	7.1
	중도적	(329)	132	40.1	139	42.2	58	17.6
	보수적	(305)	237	77.7	44	14.4	24	7.9
종교별	가톨릭	(86)	38	44.2	36	41.9	12	14.0
	개신교	(251)	139	55.4	92	36.7	20	8.0
	불교	(211)	133	63.0	55	26.1	23	10.9
	없음	(432)	158	36.6	225	52.1	49	11.3

출처 : 2012 헤럴드 경제 조사 자료.

지율 상승이 반영되지 않은 결과이기는 하지만, 양자대결에 있어 결국은 야권 후보를 지지하는 결과를 보인 호남과는 달리, 이들 지역에서는 야권에서 어느 후보를 내는가가 결과에 어느 정도 차이를 나타냈을 것으로 생각해 볼 수 있다.

정치적 성향과 관련하여서는 안철수 후보로 가상대결을 할 경우 문재인 후보의 경우보다 중도적 입장에서(+13.3%) 평균(+9.0%)보다 높게 증가하였고, 종교별로는 가톨릭(+15.2%)과 무종교층(+13.9)에서 가장 높게 증가하였다. 가톨릭의 경우에는 일정 부분 문재인 후보의 가톨릭 신자에 있어서의 낮은 증가율이 영향을 미친 것으로 보인다. 개신교(+4.4)와 불교(+3.4) 신자의 경우 증가율은 평균에 못 미치며, 이는 일반적인 박근혜 후보 지지층의 낮은 증가율의 반영으로 보인다.

이상의 결과를 종교적 변수와 관련하여 정리해 보면 불교에 있어서는 박근혜 후보/새누리당의 지지율이 높고, 개신교는 평균에 근접한 지지 양상을 보이거나 혹은 약간 박근혜 후보/새누리당에 보다 가까운 경향을 보이며, 가톨릭과 무종교층은 야권 후보/민주통합당의 지지 양상을 보인다고 볼 수 있다. 다만, 문재인 후보의 경우에는 가톨릭에서 상대적으로 낮은 지지율을 보이나, 이와 관련하여서는 별도의 조사를 통한 확인이 필요할 것으로 보여진다. 헤럴드경제의 정당/대선 후보자 지지를 기초로 한국의 종교와 정치 성향 간의 관계를 추론해 본다면, 불교–보수, 개신교–중도 보수, 가톨릭/무종교층–진보로 요약 가능하다.

그렇다면 종교적 변수는 선거에 있어 의미 있는 변수로 작용한다고 볼 수 있을까? 이미 언급한 바처럼 종교적 변수는 여타 변수, 특히 연령이나 지역의 변수와 결합되어 있고, 이를 구분하기 이전에는 종교적 변수가 유의미하게 작용한다고 말하기가 쉽지 않다. 지금까지 인용한 헤럴드경제의 조사 결과에서는 이를 분리해서 확인하는 것이 불가능하기 때문에, 본 저자는 KGSS 자료를 통하여 이를 보완하였다. 물론 KGSS

조사는 대선 국면에 대한 조사가 아니기에, 대선 후보 각자의 지지도는 반영되어 있지 않다. 또한 한국의 정당들이 지속적으로 해체-분당-재창당 등의 과정을 거쳐 왔기에 특정 정당의 지지도 확인도 쉽지는 않다. 그래서 본 분석은 1차적으로 정치적 성향을 주요 종속변수로 하였고, 2차적으로 정당 지지도를 분석하였다. 정당 지지도 분석에 있어서는 기존의 한나라당, 국민중심당, 친박연대, 자유선진당을 하나로 리코딩(recoding)하였고, 새천년 민주당, 열린우리당, 민주통합당을 다른 하나로 리코딩(recoding)하였다. 또한 정치적 성향에 대한 분석은 다중회귀분석 방법을 통해, 정당 지지도 분석은 다중로짓분석 방법을 통하여 통계적으로 처리되었다.[2] 그리고 양자의 분석 모두에서 종교와 성(model 1), 연령(model 2), 교육연수(model 3), 지역(model 4)의 순으로 변인을 포함시켰다. 중요 변수 중 가계 소득은 무응답자가 많아 분석에서 제외하였고, 변인으로 투입되었을 때에도 유의미한 결과를 나타내지 못했다. 먼저 KGSS 조사에 따른 정치적 성향 분석 결과는 〈표 6〉에 요약되어 있다.

〈표 6〉에 나타난 KGSS 자료의 분석 결과는 대체로 헤럴드경제의 분석 결과와 유사한 양상을 보였다. 여성이 남성에 비해, 연령이 증가할수록, 그리고 영남 지역에서 보수적인 성향이 상대적으로 강하게 나타났다. 종교 변수와 관련하여서도 헤럴드경제의 결과와 마찬가지로 불교가 가장 보수적인 쪽에 위치했으며, 개신교가 중간, 가톨릭이 가장 진보적인 성향을 나타내었다. 하지만 무종교층은 가톨릭과 함께 진보적인 성향을 나타내었던 헤럴드경제 결과와 달리, 개신교와 비슷한 중도적 입장을 나타내었다. 무종교층의 정치적 성향에 대하여는 뒤의 정당 지지도를 종속변수로 한 분석에서 다시 한번 언급하고자 한다.

---

2 KGSS 조사 결과의 통계적 분석은 2003년부터 2009년까지 누적 자료를 사용하였고, 경희대학교 박사과정의 정상근 선생이 수고해 주었다.

표 6 종교와 정치성향 분석

변수	model 1	model 2	model 3	model 4
종속 : 정치 성향				
종교(불교 기준)				
개신교	−0.196***	−0.166***	−0.166***	−0.146***
가톨릭	−0.261***	−0.241***	−0.239***	−0.225***
기타	−0.018	−0.049	−0.046	−0.026
종교 없음	−0.180***	−0.134***	−0.133***	−0.118***
성(남성 기준)				
여성	0.074**	0.080***	0.080***	0.080***
연령		0.008***	0.008***	0.008***
교육연수			0	0
지역(서울 기준)				
경기도				0.059*
강원도				0.079
충북				0.06
충남				0.093
전북				−0.085
전남				−0.033
경북				0.100**
경남				0.086**
제주도				−0.143
상수	3.162***	2.800***	2.804***	2.737***
N	9826	9816	9761	9761
r2	0.01	0.025	0.025	0.028
r2_a	0.01	0.025	0.024	0.026

주 : 1) * < p=.05 ; ** < p=.01 ; *** < p=.001.
2) 종속변수 : 매우 진보(1) – 매우 보수(5)로 코딩.
출처 : 2003~09 KGSS 조사 자료 이용.

KGSS 자료가 헤럴드경제 자료에 대해 갖는 또 하나의 중요한 이점은 연령과 지역이라는 통제변수가 추가되었을 때에도 종교가 여전히 의미 있는 변수로 유지될 수 있는지를 확인할 수 있다는 것이다. 연령은 모델 2에, 지역은 모델 4에서 각각 투입되었는데, 연령을 통제변수로 추가한 모델 2의 경우는 조정된 결정계수(r2)가 0.01에서 0.025로 증가하여 정치적 성향과 관련하여 상당히 의미 있는 통제변수로 작용함을 보여주었다. 반면, 지역을 통제변수로 추가한 모델 4의 경우는 영남 지역과 경기 지역에서 어느 정도 유의미한 결과가 나타났음에도 불구하고, 결정계수는 크게 증가하지 않았다. 이는 뒤에서 논의할 정당 지지도 분석과는 약간의 차이를 보여준다. 경기가 강원이나 충청 지역에 비하여 낮은 상관계수에도 불구하고, 유의미한 차이를 보인 것은 상대적으로 많은 표본수와 관련된 것으로 보인다. 위의 모델에서 현재의 주제와 관련하여 무엇보다 중요한 것은 종교적 요인이 연령과 지역을 통제하였을 때에도 여전히 유의미한 변수로 작용하였다는 것이다. 물론, 종교와 성의 변수가 함께 투입된 모델 1의 결정계수는 0.01로 이를 통하여 설명할 수 있는 범위는 매우 적다. 하지만 적은 차이일지라도 그것이 연령과 지역에 독립적으로 계속해서 정치적 성향에 영향을 미치고 있다는 것이 중요하다.

정치적 성향이 아닌 정당 지지도를 종속변수로 한 분석 결과는 〈표 7〉에 나타나 있다. 이 경우에는 종속변수가 명목변수인 관계로 회귀분석이 아닌 로짓분석을 실시하였지만, 통제변수의 투입 순서는 앞의 〈표 6〉과 같다. 모델 1에서 4까지는 새누리당을 기준으로 민주통합당의 지지도를 분석하였으며, 모델 5에는 별도로 진보진영 정당의 지지도를 역시 새누리당을 기준으로 분석하였다. 정당 지지도의 경우에도 종교는 여전히 유의미한 변수로서의 영향을 유지하였고, 이는 연령과 지역을 통제변수로 추가한 경우에도 유지되었다. 다만, 가톨릭의 경우 개신교

표 7 종교와 정당 지지도 분석

변수	model 1	model 2	model 3	model 4	model 5
종속 : 민주통합당 지지(새누리당 기준)					진보진영 지지
종교(불교 기준)					
개신교	0.698***	0.642***	0.700***	0.339***	0.111
가톨릭	0.409***	0.379***	0.468***	0.228	0.366*
기타	0.653*	0.709*	0.728*	0.538	−0.708
종교 없음	0.683***	0.599***	0.621***	0.353***	0.466***
성(남성 기준)					
여성	0.026	0.031	−0.044	−0.022	−0.247**
연령		−0.017***	−0.025***	−0.034***	−0.059***
교육연수			−0.049***	−0.046***	0.007
지역(서울 기준)					
경기, 인천				−0.189*	−0.01
강원				−0.432*	−0.635*
충북				−0.277	−0.088
충남				0.087	−0.117
전북				2.660***	1.972***
전남				3.096***	2.675***
경북				−1.298***	−0.600***
경남				−0.836***	−0.293*
제주				0.386	0.367
상수	−1.028***	−0.212	0.732***	1.335***	1.050***
N	6340	6335	6293		6293
pseudo r2	0.0145	0.0459	0.0481		0.1291
chi2	197.48	623.36	649.9		1742.72
loglikelihood	−6700.04	−6482.75	−6425.47		−5879.06

주 : * < p=.05; ** < p=.01; *** < p=.001.
출처 : 2003~09 KGSS 조사 자료 이용.

나 무종교층에 비해 민주당 지지 성향이 약하게 나타나는 것이 특징적인데, 이는 부분적으로 진보 진영을 지지하기 때문으로 보인다. 이러한 결과는 모델 5에서 확인이 가능하며, 가톨릭의 보다 진보적 정치 성향과도 일치한다. 무종교층의 경우 모델 1에서 4까지만을 보았을 때는 앞의 정치적 성향을 종속변수로 하였을 때와 마찬가지로 개신교와 비슷한 수치를 보이나, 진보 진영을 종속변수로 한 모델 5에서는 가장 강한 지지도를 나타내었다. 이는 앞서 헤럴드경제의 결과와도 일치하는 것으로, 진보적 정치 성향을 갖는 무종교층이 강력하게 존재함에도 불구하고, 전체적으로는 보수에서 진보까지 상대적으로 고르게 퍼져 있어, 정치적 성향 면에서는 중도에 가까운 성향을 보인 것으로 해석할 수 있다.

정당 지지도를 종속변수로 하였을 때의 또 하나의 중요한 차이는 지역 변수가 갖는 의미이다. 이는 유의미한 차이를 갖는 지역이 증가하였을 뿐만 아니라, 로그 우도(likelihood)나 유사 결정계수(pseudo r2)로 측정된 모델의 적합성이 높아진 것에서도 잘 나타난다. 정당 지지도를 종속변수로 하였을 때, 지역 변수의 투입이 가져오는 모델 적합성의 변화는 연령 변수보다도 오히려 더 컸다. 구체적으로는 경기가 제외되고, 강원과 호남 지역이 추가적으로 유의미한 것으로 나타났는데, 서울을 기준으로 강원은 새누리당 지지도가, 호남에서는 민주당 및 진보 진영의 지지도가 상대적으로 높게 나타났다. 경기 지역의 경우 정치적 성향은 서울에 비해 약간 보수적으로 나타났지만, 정당 지지도에 있어서는 차이를 보이지 않았다.

헤럴드경제와 KGSS의 결과를 종합해 보면, 현재 한국 사회에서 종교적 요인은 정치적 성향 및 정당 지지도와 관련하여 의미 있는 변수로 작용하고 있다고 결론지을 수 있다. 물론 종교로만 설명할 수 있는 부분은 크지 않지만, 이는 연령과 지역을 통제하였을 때에도 여전히 유의미한 것으로 나타났다. 종교별 정치 성향/정당 지지도를 위의 두 결과를 통해 지형화(mapping)해 본다면 현재로서는 불교–보수/새누리당, 개신교–중도 보수/약간 새누리당 쪽으로 치우친 중도, 가톨릭–진보/민주당 혹은 진보 정당 지지로 볼 수 있으며, 무종교층은 위의 종교층에 비해 상대적으로 고르게 분포하지만, 진보 성향 지지자들이 상대적으로 강하게 결집되어 있는 것으로 보인다. 물론 이러한 종교에 따른 정치적 지형화는 평균적 성향을 나타내는 것으로, 각 종교에 있어 개인의 정치적 성향은 이러한 평균적 경향 아래 다양하게 위치할 것이다.

Ⅲ. 선거 쟁점으로서의 종교 관련 이슈들

이제 이러한 각 종교별 정치적 성향을 바탕으로 대선 과정에서 대두되었던, 그리고 현재도 유효한 종교 편향 혹은 전반적인 종교와 관련된 이슈들이 얼마나 선거의 쟁점으로 의미를 지닐 수 있는지 생각해 보고자 한다. 선거를 앞두고 불교 및 개신교를 중심으로 각 종파와 관련된 현안들을 선거와 연결하여 해결하고자 하는 움직임이 많이 나타난 바 있다. 대표적인 것이 불교계의 소위 '종교평화법'의 추진이며, 이에 대해 보수적 개신교에서는 '기독교 공공정책 협의회'라는 이름으로 '공무원의 종교활동 자유', '종교를 고려한 중고등학교의 자율 선택' 등 나름대로의 현안을 추진하였다.

종교 문제와 관련된 불교와 보수적 개신교 간의 대립은 이미 이명박 정부하에서의 '공무원 종교 차별 금지'의 조항을 둘러싸고 첨예하게 나타난 바 있다. '종교 차별 금지'가 별도의 규정으로 명문화된 것은 2008년 불교계가 ① 대통령이 청와대에서 예배드리는 문제, ② 국토부, 교육부의 교통 정보 시스템에 중요 사찰의 지명이 누락된 건, ③ 어청수 당시 경찰청장의 민족 복음화 발언 및 총무원장 지관 스님의 트렁크 검문의 건 등에 대해 문제를 제기하면서, 대통령의 사과 및 어청수 청장의 사퇴와 종교 차별 금지법의 제정을 요구하면서 이슈화되었다. 이러한 불교계의 요구에 대해 청와대 수석 비서관 회의에서 이명박 대통령이 "종교 편향 논란과 관련하여 법 · 제도적 개선책을 강구"하라고 지시하였고, 이어 국무회의에서도 "공무원의 종교 차별 행위에 대해 문화체육관광부 장관이 감시 · 감독"할 것을 지시하였다. 이러한 대통령의 지시는 최종적으로 2009년 2월 6일에 공무원의 종교중립의 의무가 국가공무원법 59조의 2로 삽입되는 것으로 일단락되었다.[3] 하지만 보수적 개신교 측에서는 이 조항이 종교의 자유를 제한하는 것으로 해석하여 지속적으로 반대하는 입장을 표명하여 왔다(최현종, 2012).

'공무원 종교 차별'을 둘러싼 불교와 보수적 개신교의 대립은 현재 '종교평화법'과 소위 '종자연' 사태로 이어지고 있다.[4] '종교평화법'은 2011년 1월 조계종 화쟁위원회에 의해 '열린 신앙관'과 타종교에 대한 '관용적 태도'를 통한 종교적 갈등의 해결을 기치로 추진되기 시작하였다. 이를 위해 화쟁위는 불교계 자체의 종교 평화 선언과 함께, 기획위원회를 중심으로 정치권에도 평화 선언의 정신에 맞는 '종교평화법' 제정을 추진하고자 하였다. 하지만 전면에 내세운 '종교 평화'의 이면에는 "개신교의 공격적 선교행위"를 막고, "상대 종교를 교리적으로 비방하거나 성물을 손괴하거나 신자에게 위해를 가하는 행위에 대해, 엄중한 형사적 책임을 묻자."는 목적을 담고 있어서(2011.12.3. 불교신문 칼럼) 개신

3 「국가공무원법」 제59조의 2 "(종교중립의 의무) ① 공무원은 종교에 따른 차별 없이 직무를 수행하여야 한다. ② 공무원은 소속 상관이 제1항에 위배되는 직무상 명령을 한 경우에는 따르지 아니할 수 있다."

4 소위 '종자연' 사태는 국가인권위원회의 연구용역을 받아 학교 내 종교 차별 사태를 조사하던 '종교자유정책연구원(약칭 종자연)'이 불교계의 지원을 받아온 것으로 밝혀지자, 개신교 측이 특정 종교의 지원을 받은 단체가 종교 차별 실태를 조사하는 것은 부당하다고 항의하면서 불거졌다.

교 측의 반발을 사고 있다. 이에 대해 정부는 "우리나라의 현실은 현재 법 체계에서도 처벌이 가능하기 때문에 (종교 차별을 이유로) 가중처벌하는 것은 모순"이며, "만약 정치권에서 (입법)한다면 몰라도 정교분리원칙에도 위배될 수 있기 때문에 정부 입법 계획은 없다."며 법 제정 계획이 없음을 밝힌 바 있다(http://www.btnnews.tv/news/view.asp?idx=18520&msection=4&ssection=14, 2012.10.30. 검색). 이후 소강상태에 접어들었던 '종교평화법' 제정 문제는 이후 대선 국면을 맞이하면서 다시 종교계를 중심으로 선거의 이슈로 대두되었다.

이에 대해 보수적 개신교 측은 '기독교공공정책협의회'라는 단체를 중심으로 대선 국면에서 자신들의 입장을 이슈화했다. 특히 선거를 바로 앞둔 시점에는 '공정한 종교정책 마련을 위한 기초작업'이라는 취지하에 19대 국회의원들의 공공정책 및 종교에 관한 의견 및 인식을 조사한 바 있다. 여기에는 앞서 언급한 '공무원의 종교 활동 자유에 대한 인식', '종교 차별 실태 조사의 불교 관련 기관 진행에 대한 인식' 등이 포함되어 있다. 〈표 8〉은 기독교공공정책협의회가 실시한 종교 관련 이슈와 그 결과를 보여주고 있다.

그렇다면 이와 같은 종교 관련 이슈들은 선거 국면에서 얼마나 의미 있는 영향을 미칠 수 있을까? 먼저 이러한 이슈들을 일반 국민들이 어떠한 관점에서 바라보는가 하는 것이 중요할 것으로 보인다. 전반적으로 국민은 종교인들이 정치에 관여하는 것을 부정적으로 바라보는 것으로 보인다. 최현종(2011: 56-62)에 따르면 종파에 상관없이 종교의 정치 참여에 대하여는 전반적으로 부정적인 의견이 많았고, 정치색을 띠는 활동은 자제할 것을 촉구하는 의견이 많았다. 도한 사회의 여러 제도적 영역 중 정치를 가장 종교와 구분되어야 할 영역으로 생각하는 경향이 있다(Choi, 2009: 183-87). 하지만 해당 이슈를 사회적 문제로 바라보는 경우에는 다르다. 사회적 문제의 경우는 종교적으로 책임을 갖고

표 8 종교 관련 이슈와 주요 조사 결과 (단위 : %)

문항	응답내용	비율
공무원의 종교 활동 자유에 대한 인식	종교 활동을 제한해야 한다	2.3
	종교 활동을 제한해서는 안 된다	80.9
	모름/무응답	16.8
종교를 고려한 진학 중고등학교 자율 선택에 대한 찬반	찬성한다	57.9
	반대한다	22.3
	모름/무응답	19.8
각종 국가고시 및 공공자격시험의 시행일에 대한 인식	토요일에 실시하여 자유로운 종교 활동을 보장해야 한다	43.8
	기존처럼 일요일에 시행해야 한다	33.4
	모름/무응답	22.8
종교 차별 실태조사의 불교 관련 기관 진행에 대한 인식	문제가 있다	43.6
	문제가 없다	26.6
	모름/무응답	29.8
이슬람채권법 도입에 대한 인식	문제점이 나타난 만큼 특혜를 주는 것에 반대한다	42.5
	특혜를 주더라도 우리 경제에 도움이 된다면 찬성한다	22.1
	모름/무응답	35.4
국장 중 종교 의식의 바람직한 진행 방식	기존과 같이 4대 종교가 모두 참여하여 진행하는 방식 유지	49.4
	본인 유언, 가족 선택에 의한 1개의 종교 의식으로만 진행	10.6
	국장 중 국가 예식은 유지하되, 종교 의식은 폐지	17.6
	모름/무응답	22.4
한국 기독교의 역사 발전 기여도에 대한 인식	크게 기여하였다	73.8
	기여하지 않았다	6.8
	모름/무응답	19.4
정부 차원에서의 기독교 역사박물관 건립에 대한 찬반	찬성한다	56.7
	반대한다	22.5
	모름/무응답	20.9

기독교의 근현대 한국 사회 영향에 대한 타 종교와 균형적 교과서 서술 주장 공감 여부	공감한다	63.6
	공감하지 않는다	14.6
	모름/무응답	21.8
근대 기독교 문화 유적지의 문화재 지정 보호에 대한 찬반	찬성한다	63.7
	반대한다	11.3
	모름/무응답	25.0
한국 기독교의 한국 사회 기여도에 대한 인식	크게 기여하고 있다	70.8
	기여하고 있지 않다	9.8
	모름/무응답	19.4
한국 기독교 해외선교활동의 한국 이미지 제고 도움 여부	도움이 된다	53.4
	도움이 되지 않는다	24.6
	모름/무응답	22.0
우리 사회가 우대하고 있는 특정 종교	기독교	39.3
	불교	3.1
	천주교	0.6
	기타	0.6
	특별히 우대하고 있는 종교는 없다	37.0
	모름/무응답	19.3
종립학교의 종교 교과 및 선발 기준의 자율성 보유에 대한 찬반	찬성한다	33.7
	반대한다	44.7
	모름/무응답	21.5
타 종교 대비 불교에 보다 많은 예산 지원이 되고 있다는 주장에 대한 인식	종교 간 형평성을 위해 균형적으로 맞추는 것이 옳다	29.5
	문화재 보호 등 타 분야와 연결된 문제이므로 별 문제가 없다	44.1
	모름/무응답	26.3
종교계 예산 관련 외부 기관 필요 주장에 대한 공감 여부	공감한다	34.7
	공감하지 않는다	42.1
	모름/무응답	23.2

종교 시설의 부동산 실명제 위반 논란에 대한 인식	실명제 위반이 아니다	26.5
	실명제 위반이다	32.0
	모름/무응답	41.5
낙태에 대한 찬반	찬성한다	14.5
	반대한다	75.1
	모름/무응답	10.5
동성결혼에 대한 찬반	찬성한다	22.3
	반대한다	64.1
	모름/무응답	13.6
방송통신심의위원회의 청소년 유해 방송, 인터넷 사이트 규제에 대한 인식	잘 규제하고 있다	10.7
	잘 규제하고 있지 못하다	81.4
	모름/무응답	7.9
북한 인권 관련법 통과에 대한 찬반	찬성한다	62.4
	반대한다	24.9
	모름/무응답	12.7

출처 : 한국기독교공공정책협의회(2012), "한국기독교공공정책 관련 국회의원 인식조사 결과 보고서."

언급할 과제로 생각하고, 이 문제에 대해 언급하지 않을 경우, 오히려 마땅히 감당해야 할 책임을 회피한 것으로 생각하기도 한다. 1970~80년대 민주화의 과정 속에서 종교 기관이 감당해야 했던 것은 이와 같은 관점에서 특정 정치의 영역이기보다는 사회적 문제의 영역으로 생각되어진 것으로 보인다. 따라서 현재의 종교적 이슈를 정치의 특수한 영역으로 보느냐, 전체 사회의 문제로 보느냐에 따라 이 문제에 대한 국민의 관점이 달라질 것으로 보이며, 나아가 각 종교단체가 추구하는 정책이 얼마나 국민적 공감을 얻어 선거의 중요한 이슈로 부각할 수 있을지가 결정될 것으로 여겨진다. 이러한 구분은 카사노바가 정치와 종교 간의 관계를 정치적 영역에서 다룰 것인가, 혹은 시민 사회의 영역에서 다룰 것인가를 구분한 것과 연결된다고 볼 수 있다. 즉, 기능적으로 분화된 현대 사회에서 정치와 종교의 문제가 시민 사회의 영역에서 다루어지는 것은 큰 거부감이 나타나지 않지만, 이것이 정치의 영역으로 들어갈 때, 국민들의 반응은 호의적이지 않을 수 있다는 것이다. 물론 정치의 고유한 영역과 전체 사회적 문제의 영역 간의 경계는 매우 모호하고, 상황에 따라 달라질 수 있다. 하지만 이에 대한 이론적으로 명확한 경계보다는 현실 상황에서 일반 국민들이 어떻게 바라보는가의 문제가 중요하고, 이러한 경계는 명확하지는 않아도 현실적으로 존재한다고 할 수 있다. 이러한 관점에서 볼 때, 아직까지는 종교계가 제기한 이슈들이 국민적 공감을 많이 얻지는 못하는 것으로 보이며, 따라서 이 문제는 사회적 문제의 영역보다는 정치적 영역의 문제로 취급되고 있고, 이러한 상황에서 종교 관련 이슈의 정책화를 추진하는 종교단체들은 일종의 이익집단처럼 비쳐지고 있는 실정이다.

두 번째로 생각하고자 하는 것은 이슈의 성격을 넘어 현대 사회에 있어 종교가 부여하는 연대감이나 가치와 관련된다. 알렉산더(J. Alexander, 1993: 113-21)는 정치는 연대감과 가치의 영향을 받는다고 말한 바 있는데, 이와 관련하여 종교가 현재의 한국 사회에서 영향력 있는 일관된 정치적인 연대감과 가치를 생산해 내고 있는가 하는 점이다. 서로 다른 지역, 서로 다른 연령을 가진 사람들이 과연 종교가 같다는 이유로 어느 정도 동일한 정치적 지향성을 나타낼까? 물론 앞서의 헤럴드경제의 조사 결과와 KGSS 분석 결과는 종교적 요인이 정치적 지향성이나, 정당 및 대통령 후보 지지에 있어 독립적인 변수로 어느 정도는 작용함을 보여주고 있다. 하지만 그 효과가 강력하지는 않았다. 또한 그와 함께 생각해 볼 수 있는 것은, 어느 정도 제한된 범위 내에서라도 위에서 제기된 종교 관련 이슈들이 의미를 갖기 위해서는 종교 기관 내에서 이에 대한 충분한 합의가 이루어져야 한다는 점인데, 이 또한 상당히 회의적으로 보인다. 즉, 각 종교단체가 제기하는 주요 종교 관련 이슈들의 상당수는 종교기관 내에서도 충분한 합의가 이루어지지 않은 쟁점들이 많고, 특히 이러한 문제들에 대한 종교 지도자들과 일반 신도들 간의 괴리는 적지 않다고 할 수 있다. 따라서, 특정 종교 내에서조차 충분한 합의가 이루어지지 않은 사항이 선거에 중요한 이슈로 등장하기는 쉽지 않을 것으로 보인다.

이와 함께 한 가지 더 언급하고자 하는 사항은 이러한 종교 관련 이슈들이 정당 및 후보자 지지에서 갖는 상대적 중요성의 문제이다. 즉, 일반적으로 특정 정당/후보자를 지지하는 유권자가 이러한 정책에 대한 추진 여부에 따라 과연 지지 정당/후보자 지지를 변경할 가능성이 있을까? 개인적으로는 이러한 정책을 추진하는 종교 관계자조차도 위의 이슈들에 따라 자신의 지지 정당/후보를 바꾸는 것은 쉽지 않다고 생각된다. 특정 정당/후보에 대한 지지, 또한 정치적 지향성은 어느 하나의 정책, 특히 상대적으로 중요성이 크지 않은 정책들에 의해 쉽게 바뀌지 않을 것으로 보인다.

그렇다면 그럼에도 불구하고, 이와 같은 종교 관련 이슈들이 대선 정국에서 대두된 이유는 무엇일까? 필자는 그 중요한 이유 중 하나를 51:49의 박빙 대결의 국면에 있었다고 생각한다. 즉, 1%의 지지가 아쉬운 상황에서 특정 집단의 지지를 얻을 수 있는 것처럼 보이는 기회를 그냥 흘려보내기는 쉽지 않았을 것이다. 하지만 이러한 판단은 앞에서 언급한 것처럼 종교 지도층의 지지 확보가 곧 일반 신도들의 지지로 이어질 것이라는 종교적 연대감에 대한, 또한 이러한 정책들이 갖는 선거에 있어서의 태도 변화 효과에 대한 확대 해석에 기인한 것으로 보여진다. 더욱이 이러한 종교 관련 이슈들은 이슈들의 정책화를 추진하는 집단뿐 아니라, 이에 대한 안티 세력도 분명하게 존재하는 경우가 많다. 따라서, 특정 정책에 대한 지지로 얻을 수 있는 지지 세력은 이를 반대하는 세력을 잃음으로 상쇄될 수 있다. 이러한 상황에서 종교 관련 이슈들이 선거를 앞두고 각 정당 혹은 후보자들의 이목을 끌고, 정책화의 과정을 시작할 수는 있겠지만, 실제로 선거에 중요한 변수로—종교가 어느 정도 독립 변수로 작용한다 할지라도— 작용하기는 쉽지 않을 것으로 보인다.

IV. 나가는 말

이 장은 "현대의 기능적으로 분화된 사회에서도 여전히 종교는 선거의 중요한 변수로 작용할 수 있을까?"라는 질문을 선거, 특히 지난 대선 상황과 관련하여서 살펴보았다. 이를 위해 먼저 대선 정국을 앞두고 행해진 조사 중 종교적 요인을 변수로 한 헤럴드경제의 조사 결과와 KGSS의 기존 조사 결과를 분석하였고, 이어서 종교 관련 이슈들이 선거 국면에서 갖는 의미에 대하여 생각해 보았다.

헤럴드경제 조사 결과는 조사 시점이 지난 5월이었고, 이후 새누리당과 민주통합당의 후보가 확정되고, 무소속의 안철수 후보가 확정되는 등 많은 변화가 있었다. 따라서 실제의 대선 시점과는 많은 차이가 있을 수 있으나, 인구사회학적 지표에 따른 기본적 성향을 파악하기 위한 자료로서 분석되었다. 그 결과 본 논문의 초점인 종교적 변수와 관련하여 불교는 박근혜 후보/새누리당, 개신교는 평균에 근접한 지지 양상 혹은 약간 박근혜 후보/새누리당에 가까운, 그리고 가톨릭과 무종교층은 야권 후보/민주통합당의 지지 양상을 나타내었다. 문재인 후보의 경우에는 가톨릭에서 상대적으로 낮은 지지율을 보인 것이 특징적이나, 이와 관련하여서는 표본수가 많지 않아 별도의 조사를 통한 확인이 필요할 것으로 보여진다. 헤럴드경제 조사의 분석 결과는 불교-보수, 개신교–중도 보수, 가톨릭/무종교층–진보로 요약 가능하다. 그러나 종교적 변수는 다른 변수, 특히 연령이나 지역의 변수와 결합되어 있고, 이를 구분하기 이전에는 종교적 변수가 유의미하게 작용한다고 말하기가 쉽지 않다. 여기서는 이를 확인하기 위해 KGSS 자료의 분석을 통하여 이를 보완하였다. 이에 따르면 종교적 요인은 그 영향이 크지는 않지만, 연령이나 지역 변수와 독립적으로 유의미한 수준에서 작용하였다.

그렇다면 이와 같은 종교적 요인이 현재의 대선 국면에서 어느 정도 중요하게 작용할 수 있을까? 이 글은 종교가 기본적인 정치적 성향과 상관을 보이지만, 현재의 종교 관련 이슈들이 현재의 상관성을 바꾸는 데 유의미한 영향을 미치지는 못할 것으로 내다보았다. 먼저, 우리 국민들은 종교인들이 정치에 관여하는 것을 전반적으로 부정적으로 바라보고 있으며, 또한 현재의 종교 관련 이슈들은 문제를 제기한 종교 내에서도 충분한 합의 과정을 거치지 못한 것으로 여겨지며, 현재의 정치적 지향성을 바꿀 만한 상대적 중요성을 지니지 못한 것으로 보여진다.

이 글을 마치면서 필자는 맨 처음에 제기하였던 종교가 현대 사회에서 정치와 관련되는 방법에 대한 카사노바의 논의로 돌아가고자 한다. 국교, 정치 영역, 시민 사회 영역의 3가지 수준 중 기능적으로 분화된 현대 사회에 가장 적합한 상호 작용의 수준을 시민 사회로 바라본 카사노바의 입장은 정치와 종교의 결합에 대한 부정적 시각과, 그럼에도 불구하고 사회적 문제에 대해서는 종교가 어느 정도 책임을 가지고 대처해 줄 것을 바라는 어쩌면 모순된 연구 결과에 상응한다(Choi, 2009: 183-87). 즉, 종교가 어느 정도 정치적 영향력을 행사할 수 있느냐의 관건은, 그들이 제기한 이슈들이 어느 정도 시민 사회의 공감을 이끌어낼 수 있는가에 달려 있다고 보여진다. 즉 특정 종교 집단이 제기한 문제들이 정치권의 이해와 맞물려 단기간에 정책화할 수는 있겠지만, 이것이 시민 사회의 호응을 얻지 못한다면 장기적으로는 정책을 추진한 종교집단은 일종의 이익집단으로 비쳐지고, 나아가 시민 사회의 부정적 시각에 직면할 수도 있다.

한 가지 더 이 글을 마치면서 언급하고 싶은 것은 종파 혹은 교단 간의 정치적 지향성에 따른 연합 가능성이다. 미국의 경우 이미 교단이라는 이름보다는, 이러한 보수-진보의 지향성을 따라 종교와 정치의 관계가 형성되고 있는 것이 현실이다. 지난 대통령 선거에서도 보수적 기독교는 진보적 기독교 신자인 오바마(B. Obama)보다는 몰몬교 신자인 롬니(M. Romney)를 지지하는 경향을 보였고, 이는 가톨릭 신자인 샌토럼(R. Santorum)이 후보로 선출되었다 할지라도 마찬가지였을 것으로 보인다. 그렇다면 우리나라의 경우는 어떨까? 물론 불교-개신교 혹은 불교-가톨릭이 정치적 지향성에 따라 결합하는 것은 개신교-가톨릭 혹은 개신교-몰몬교 간의 관계보다는 어려울지 모른다. 하지만, 개신교-가톨릭뿐 아니라, 개신교-불교, 가톨릭-불교 간에도 활발하게 이루어지는 종교 인구의 변동 상황이나, 불교를 개신교보다 더 유사한 종교로 평가하는 가톨릭 신자들의 경우를 볼 때(최현종, 2011: 48-49), 이러한 결합이 꼭 불가능한 것으로 보이지는 않는다.

참고문헌

국가통계포털(www.kosis.kr). 인구센서스 자료.

한국기독교공공정책협의회. 2012. "한국기독교공공정책 관련 국회의원 인식조사 결과 보고서."

한국종합사회조사(KGSS: Korea General Social Survey). 2003~2009 누적자료.

헤럴드경제. 2012. "재창간 9주년 기념 대선여론조사 자료."

알렉산더, 제프리. 1993. 『현대 사회이론의 흐름 : 사회학도를 위한 스무개의 강의록』. 이윤희 옮김. 서울 : 민영사.

유석춘 · 서원석. 1989. "유동표에 대한 판별분석: '87년 대통령선거." 『한국사회학』 23.

이원규. 2006. 『종교사회학의 이해』 개정판. 파주: 나남.

최현종. 2011. 『한국 종교인구변동에 관한 연구』. 부천: 서울신학대학교출판부.

———. 2012. "종교와 법률 제도: 공직자 종교차별 관련법을 중심으로." 박창훈 엮음. 『한국정치와 기독교 공공정책』. 서울: 두란노아카데미.

한신대학교 학술원 신학연구소. 2004. 『한국 기독교인의 정치 · 사회 의식 조사』. 파주: 한울.

Casanova, Jose. 1994. *Public Religions in the Modern World.* Chicago: University of Chicago Press.

Choi, Hyun-Jong. 2009. *Religiosität und Moralische Verbindlichkeit in Südkorea*. Dissertation: Leipzig Universität.

Manza, Jeff and Nathan Wright. 2003. "Religion and Political Behavior." In: Michele Dillon(ed.). *Handbook of the Sociology of Religion*. Cambridge: Cambridge University Press.

Martin, David. 1990. *Tongues of Fire : The Explosion of Protestantism in Latin America*. Oxford: Blackwell Publishers.

「불교신문」 칼럼. 2011.12.3.

http://www.btnnews.tv/news/view.asp?idx=18520&msection=4&ssection=14 (2012.10.30. 검색).

7장

통일 전후 구 동독 지역의 종교사회학적 변화와 한반도 통일에 갖는 의미

Ⅰ. 들어가는 말

Ⅱ. 독일 통일 과정 및 통일 이후 동·서독의 통합의 문제에 대한 국내외의 연구들

Ⅲ. 구 동독 지역의 종교사회학적 특성

Ⅳ. '강요된 세속성'으로서의 구 동독 지역의 변화

Ⅴ. 주체사상의 종교적 측면

Ⅵ. 나가는 말

I. 들어가는 말

광복 70년, 분단 70년을 맞이하여, '통일'이 다시 화두가 되고 있는 현 시점에서, 단순한 통일 여부를 넘어 어떠한 통일인가에 대해 생각해 보는 것은 중요한 의미를 지닐 것이다. 처음 통일이라는 엄청난 역사적 사건 앞에 부딪힌 독일에 비해, 우리는 독일의 선례를 통해 일어날 수 있는 과오를 최소화하고, 미리 준비할 수 있는 이점을 지닐 수 있다. 독일의 경우, 특히 많은 동독인들에게 통일은 긍정적 효과뿐 아니라 많은 부정적 영향도 함께 나타났고, 이는 '오스탈기'(Ostalgie)라는 동독에 대한 향수 신드롬까지 불러일으킨 바 있다.[1]

이 장은 통일을 전후한 동독 지역에서의 종교사회학적 변화를 살펴보고, 이를 통해 한반도 통일에 기여할 수 있는 시사점을 찾는 것을 목적으로 한다. 통일에 있어 종교는 단순히 많은 제도 중의 하나를 넘어서 사회의 가치 기반, 통합을 가져올 수 있는 중요한 요소이다. 독일의 통일에 있어서도 정치, 경제적 통합이 중요하게 작용하였지만, 문화적 요소 또한 통일의 기반을 건설하고, 이후 정치적 통합을 넘어선 실제적인 단일 국가 형성의 중요한 요소로 작용하였고, 여전히 작용하고 있다. 위에 언급한 '오스탈기' 현상과 같은 통일 이후 나타난 동독 지역의 많은 문제들은 이와 같은 문화적 통합이 잘 이루어지지 않은 것에 (부분적으로) 기인하고 있으며, 이는 독일보다 문화적 교류가 더욱 단절되어

* 이 장은 필자의 "통일 전후 구 동독 지역의 종교사회학적 변화와 한반도 통일에 갖는 의미," 『종교와 문화』 29(2015)와 "남북한의 문화적 화해와 통합을 위한 모색: 독일과 한반도 상황의 종교사회학적 비교 분석," 『평화와 통일』 1(2016)을 수정, 편집한 것임.

1 동쪽, 즉 동독을 나타내는 'Ost'와 향수를 의미하는 'Nostlagie'의 합성어. 2003년 최고의 히트를 기록한 영화 'Goodbye Lenin!'은 이러한 오스탈기 현상을 잘 드러내 준 문화적 현상이었다.

온 한반도에 있어서는 더욱 중대한 문제—형식적 통일을 넘어선 실제적인 통일의 저해 요소—가 될 수도 있다.

이 글은 종교에 중점을 두지만, 여기에서 종교는 세계관, 생활양식, 지향성 구조들을 포함하는 포괄적 의미를 지닌다. 현대의 종교사회학에서는 공산주의와 같은 이데올로기, 스포츠 행사나 대중음악 콘서트 등도 유사 종교로서 다루는바, 구 동독 지역의 종교의 쇠퇴는 기존의 종교적(기독교) 가치 혹은 세계관에 대한 또 다른 가치 혹은 세계관(공산주의 혹은 과학주의)의 갈등의 양상으로 다루어질 수 있다. 필자는 이러한 분석을 위해 먼저 전반적인 독일 통일 과정 및 통일 이후 동·서독의 통합의 문제에 대한 국내외의 연구들을 살펴보고, 이후에 종교사회학적 분석으로 들어가고자 한다. 종교사회학적 분석에 있어서는 먼저 동독 지역의 종교사회학적 특성을 이 지역의 역사적, 사회적 특성과 연결하여 설명하고, 이후에 이러한 특성이 지니는 의미를 독일의 여성 사회학자 볼랍-자르(Monika Wohlrab-Sahr)에 의해 제시된 '강요된 세속성'(forcierte Säkularität)의 이론을 중심으로 살펴보고자 한다. 이러한 논의는 한국의 상황에도 유사하게 적용될 수 있는 것으로 보이며, 이와 관련하여 마지막으로 짧게나마 이러한 동독의 상황이 한국에 어떻게 적용될 수 있는지를 생각해 볼 것이다.

II. 독일 통일 과정 및 통일 이후 동·서독의 통합의 문제에 대한 국내외의 연구들

1. 국내 연구

독일 통일 이후 통일 과정 및 통일 이후 동·서독의 통합의 문제에 대한 연구서들은 매우 많이 쏟아져 나왔다. 그러나 종교사회학적 입장에서 동독의 종교를 분석하고, 이를 문화 통합의 입장에서 제시한 연구는 거의 전무하다고 할 수 있다. 통일 과정에서의 교회의 역할에 대하여는 주로 개신교 신학자들이 관심을 가져 왔다.[2] 주도홍의 경우는 통일 직전의 상황에서 교회가 통일에 기여할 수 있었던 배경들을 사건, 혹은 주제별로 제시하였으나, 이것이 어떻게 구체적으로 통일에 기여하였고, 그 한계는 무엇인지 그리고 그 인과 관계가 어떠한지에 대해서는 명확하게 제시하지 못하여, 학문적 분석 수준의 논의로 발전되지 못한 것으로 보인다. 이범성의 연구는 좀 더 체계적으로 역사학자(교회사)의 입장에서 통일 이전의 기독교 상황, 통일 전후 상황에서의 양측 교회의 공동 작업, 통일 과정에서의 동독 교회의 역할, 통일 과정에서의 문제점과 제안점 등을 제시하였지만, 역사적 사실 이면의 구체적 사회 상황의 분석으로는 나아가지 못하였고, 제안점 또한 일반적인 수준에 머물렀다. 김동훈의 연구는 주로 통일 과정에서의 교회의 사회적 기능을 중심으로 고찰하였는데, 특히 통일 이전의 동독 교회의 상황의 이해에 대한 의미 있는 자료들을 제공해 준다(김동훈, 2006). 특히, '사회주의 안에서의 교회'라는 동독 교회의 특수성과 이에 대한 동독 종교 지도자들의

2 대표적으로 주도홍(1999); 이범성(2005).

입장은 동독 교회를 이해하는 데에 있어 중요한 기초가 될 수 있다고 보여진다. 다만, 기독교의 공식적 입장이나 종교 지도자들을 중심으로 기술하였기에, 일반인들의 삶에 있어 이것이 어떻게 투영되고, 그들의 생활세계는 어떻게 구성되어 갔는지에 대한 언급은 이루어지지 않았다. 정종훈의 연구는 독일 교회의 역할을 통일 이전(1945~89년), 통일 과정(1989~90년), 통일 이후의 세 시기로 나누어 잘 정리하고 있다(정종훈, 2010: 257-85). 특히, 한국 교회에의 제언에 있어 교류의 창구를 현재 북한 지역에 존재하는 조선그리스도연맹이나 봉수교회, 칠골교회 등을 통하여 함으로써, 이들이 북한 사회 내에서 공신력을 쌓도록 하여야 한다는 주장은 상당히 의미가 있는 것으로 볼 수 있다.

일반 학계의 연구에 있어서는 주로 동독 사회 안에서의 교회의 시민 운동으로서의 역할, 혹은 이러한 시민 운동, 나아가 반체제 운동을 지도한 지식인 계급의 형성에 교회가 기여한 점이 주로 언급된다.[3] 하지만 교회의 시민 운동적 측면 이외에 동독의 구체적 종교 상황, 또한 정치적 이데올로기가 그들의 삶에 어떻게 영향을 미치고, 가치관과 윤리 의식을 바꾸어 놓았는지 등의 구체적 생활사와의 연관은 제시되지 못하고 있다.

통일 과정에 있어서의 교회의 역할과는 별개로 일반적인 문화적 통합에 대해서는 비교적 많은 연구가 이루어져 왔다. 전성우(1993, 1995), 양영식과 김경웅(1991), 양민석과 송태수(2010), 김재상(2010) 등의 연구가 그 대표적인 것이라 할 수 있다. 김창권(2010)의 연구는 '인구이동' 문제를 주로 다루고 있지만, 이러한 인구이동을 야기한 사회 경제적 원인을 다룬다는 면에서 이러한 범주에 포함시킬 수 있다. 이러한 연구들은 대체로 통합의 문제를 통일 이후 동독 지역의 경제적 어려움, 그리

3 여기에는 김누리 편(2006)에 포함된 안성찬의 "독일 통일과 동독 지식인-잃은 것과 남은 것"과 김대권의 "동독 혁명과 시민 운동"을 들 수 있다.

고 이와 관련된 노동 문화, 공동체 문화 등의 차이에서 찾고 있다. 본 연구는 이러한 문화적 특징의 배경이 되는 세계관의 근거로서의 정치 이데올로기를 종교사회학적 관점에서 분석함으로써 이러한 문화가 형성된 근원을 탐색하고자 시도할 것이다.

2. 해외 연구

동독 사회의 종교사회학적 분석은 당연히 당사자인 독일을 중심으로 이루어져 왔다. 하지만 이러한 연구에 있어서 동독 지역 출신, 혹은 동독에서 활동하고 있는 학자들과 서독에서 활동하고 있는 학자들의 연구 경향은 미묘한 차이를 보이고 있다.

먼저 통일 이후 동독의 종교적 상황에 대한 기본적 연구로는 독일 개신교 협회(EKD: Evangelische Kirche in Deutschland)에서 10년마다 실시하는 종교인 조사 자료(KMU: Kirchenmitgliedschafts-untersuchung)를 들 수 있다. 특히, 1992년에 실시된 3차 조사와 2002년의 4차 조사는 동독 지역 종교인들의 기본적인 종교적 성향, 세계관, 생활양식 등을 알 수 있는 귀중한 자료이다. 엥겔하르트(K. Engelhardt) 등이 작성한 3차 조사에 대한 보고서에 의하면(Engelhardt, von Loewenich and Steinacker, 1997), 동독의 종교인들은 신앙심은 깊으나 교리적이지 않고 자의식이 강한 특징을 지닌다. 이는 신앙생활을 함에 있어 용기와 자기결정이 필요했던 동독 상황의 반영으로 보여지며, 이를 통하여 '우리는 남들과 다르다.'는 의식을 형성해 나간 것으로 보인다. 그리고 이러한 과정에는 가정과 교회 내의 소그룹 활동이 중요한 환경(Milieu)으로서 작용하였다. 여기서 '환경'이라고 표현된 소그룹적인 활동, 분위기는 매우 중요한 의미를 갖는다. 볼랍-자르는 동독의 종교적 장(religious field), 즉 공산주의와 기독교의 갈등 상황에서 어떠한 가치, 어떠한 세계관을 갖는가 하는 데 중요한 영향을 끼친 것이 바로 이러한 '환경(Milieu)'이라고 주장한다(Wohlrab-Sahr, 2012: 19-35).

모일레만(H. Meulemann)의 연구는 동·서독 주민들의 가치관 사이의 차이를 보여주는 경험적 연구라는 측면에서 의의를 갖는다. 그에 따르면, 동독 지역 주민들은 대체로 서독 지역 주민들에 비해 사후의 삶, 천국과 지옥 등 종교적 문제에 대해 생각해 보지 않았다는 입장을 밝히는 경우가 많았다(Meulemann, 1996: 345). 하지만 도덕적 문제와 관련하여서는 동독 지역 주민들이 서독 지역보다 더 엄격하고, 질서와 원칙의 준수를 중요하게 여겼다. 동독의 이러한 상황에서 흥미 있는 사실은, 다른 서유럽 국가와는 달리 종교와 도덕 간의 상관이 보이지 않는다는 것이다. 동독의 경우 도덕은 종교와 독립적으로 존재하며, 정직한 자가 경건하다는 서유럽의 일반적인 도식은 성립하지 않았다. 모일레만은 이러한 종교와 도덕의 분리 상황을 맑시즘과 결합된 동독 공산당의 '가치정책'이 중요하게 작용한 것으로 보는데(Meulemann, 1996: 354). 이러한 입장은 볼랍-자르의 경우에서도 동일하게 나타나고 있다(Wohlrab-Sahr, 2002: 209-228). 모일레만은 나아가 동·서독의 종교적 차이가 통일 이후 1990년과 1995년 사이에 더 벌어지고 있다고 주장하는데, 그는 이 역시 동독의 '과학주의', '현실주의'(Immanentismus)의 지속적 작용에 기인한 것으로 보고 있다(Meulemann, 1998: 280). 이러한 '과학주의'의 영향은 이 글의 후반부에서 보다 상세히 서술될 것이다. 모일레만의 이러한 연구는 동·서독의 가치, 종교, 도덕의 차이를 구체적으로 보여주는 좋은 자료이나, 공산당 정권에 의한 강제적 세속화(erzwungener Säkularisierung)가 어떻게 정권의 붕괴 이후에도 지속적으로 영향을 미치고 있는지에 대해서는 분명한 설명을 제시하지 못하는 약점을 지니고 있다.

붸게너(B. Wegener)와 리비히(S. Liebig)의 연구는 더글라스(M. Douglas)의 '격자(grid)−집단(group)' 모형에 따른 사회 유형 연구를 동·서독 비교에 적용한 흥미 있는 사례이다(Wegener and Liebig, 1993: 668-690). 더글라스에 있어, '격자'는 위계 구조나 규정에 따른 강제를 의미하며, '집단'은 사회적 단위의 구분에 따른 외연의 정도를 가리킨다. 더글라스는 이러한 2가지 기준에 따라, 사회를 '위계적(high grid)−개방적(weak group)' 사회, '위계적−폐쇄적(strong group)' 사회, '비위계적(low grid)−개방적' 사회, '비위계적−폐쇄적' 사회의 네 가지 유형으로 나누고, 이러한 각각의 사회에 있어 운명론, 귀속주의, 개인주의, 평등주의의 세계관이 우세할 것으로 예상했다. 붸게너와 리비히는 이러한 유형적 구분을 동·서독 사회의 비교에 적용하여, 전체적으로 동독 지역에는 평등주의적(혹은 부분적으로 운명론적) 경향이, 서독 지역에는 개인주의적 · 귀속주의적 경향이 강함을 밝혀내었다. 나아가 미국과의 비교를 통하여 독일이 미국보다 평등주의적 경향이 강함을 밝혀내었는데, 이들은 그 원인을 루터교와 캘빈주의의 차이에서 찾고 있다. 그리고 동독 지역의 보다 평등주의적 경향 또한 이러한 루터교적 전통이 강한 것에 기반하며, 이러한 경향이 평등적 사회주의에 의해 강화된 것으로 보고 있다. 이러한 붸게너와 리비히의 연구는 사회 유형의 결정에 있어 종교적 요소의 영향을 보여주는 흥미있는 사례라고 할 수 있으나, 그 주장의 근거가 경험적으로 분명하게 제시되지 않은 약점을 지닌다. 하지만 이러한 연구는 동독 지역의 세속화를 공산주의 정권 이전의 보다 세속화한 역사적 상황과 연결짓는 횔셔(L. Hölscher, 2001), 카이저(J.−Ch. Kaiser, 2003) 등의 연구와 연결될 수 있다. 이들은 동독 지역의 세속화가 이미 19세기 무렵부터 두드러졌으며, 이는 이 지역의 산업화, 도시화와 가톨릭에 비해 세속화되기 쉬운 개신교, 특히 루터교의 영향이 작용한 것으로 생각한다.

동독의 세속화를 역사적 맥락에서 살펴보는 입장은 노박(K. Nowak, 1996)의 경우에도 나타나고 있다. 다만, 노박은 횔셔나 카이저가 연구한 것보다 후대의 시기, 즉 주로 나치 치하의 제3제국 시절의 영향과 소련 군정 시기 이후를 주요 대상으로 한다. 그에 의하면 제3제국 시절의 교회 구조와 종교적 문화의 약화는 동독 교회의 주요 문제 영역들, 즉 학교, 동호회 활동, 신학자 양성 등에 영향을 주었다. 이에 따라 종파 운영 학교 입학은 가능한 한 저지되었고, 종교 시간도 축소되었으며, 견진 성사는 세속적인 성년식으로 대체되었다. 제3제국의 붕괴 이후 개신교 문화를 부활시키려는 동독 지역 교회 지도자들의 활동은, 제한적 상황 가운데 그마저도 소련 군정의 저항에 부딪히게 되었고, 또한 전후 제국 교회에 소속했던 성직자들과 그렇지 않은 성직자들 사이의 내부 마찰은 개신교 교회의 위기를 더욱 심화시킴으로써 동독 지역의 세속화를 가속시켰다. 이러한 노박의 입장은 동독의 세속화를 동독 정권 이전의 상황과 연결시키고, 동독 공산 정권의 세속화 정책이 성공할 수 있었던 기초를 설명해 줄 수 있는 중요한 의미를 지닌다.

티쉬너(W. Tischner, 2001)와 볼랍-자르(2002)의 연구는 동독의 세속화를 다른 지역, 즉 네덜란드의 경우와 비교하였다는 공통점을 지닌다. 네덜란드는 동독과 마찬가지로—하지만 서유럽에서는 유일하게— 종교인이 50%에 미치지 못하는 지역이며 또한 가톨릭, 개신교, 세속주의의 입장에 따른 소위 '지주화'(支柱化, Versäulung, 영 pillarization)가 이루어진 사회이다. 이러한 지주화는 전체 사회 내부에 일종의 하위 사회(Subgesellschaft) 혹은 하위 문화를 형성시키며, 이는 부분적으로 주류 사회의 문화, 혹은 세속화의 영향으로부터 교회를 방어하는 기제로 작용한다. 티쉬너는 이러한 지주화와 하위 사회의 관계가 동독의 경우에도 유사하게 작용한 것으로 여기는데, 이 경우에 종교적 하위 사회, 혹은 하위 문화는 주류의 비종교적 사회적 영향으로부터 보호해 주며, 생활세계적인 원조를 제공해 준다.

티쉬너가 동시대의 상황에 있어 서로 다른 가치관 · 세계관의 존재를 규명했다면, 볼랍-자르는 '세대'의 개념을 통하여 어떻게 서로 다른 세계관 · 가치관이 공존하는지를 설명한다. 그녀에 따르면 동독 시절의 상황은 종교적 세력과 종교의 억압을 추진하는 세력 간의 일종의 문화투쟁(Kulturkonkurrenz)이었고, 이러한 투쟁의 과정에서 공산주의는 '과학적 무신론'(der wissenschaftliche Atheismus)이라는 교리와 '세속적 성년식'(Jugendweihe)이라는 의례를 이용하였다는 것이다. 이러한 과정은 현재의 젊은 세대, 혹은 나이 든 세대와 비교되는 무신론적 세대인 일종의 '동독 세대'를 형성하였다. 볼랍-자르의 입장은 이후의 연구에서 보다 체계적으로 소속, 세계관, 윤리를 둘러싼 기독교와 공산주의 가치관의 투쟁이라는 형태로 발전한다(Karstein, Schmidt-Lux, Wohlrab-Sahr and Punken, 2006; Wohlrab-Sahr, 2012). 볼랍-자르의 견해는 Ⅳ에서 보다 상세히 서술할 것이다.

폴락(D. Pollack, 2000)은 동독 출신으로서 누구보다도 동독 시절의 종교와 통일 이후의 변화에 대하여 관심을 가져 왔다. 2000년 제4차 KMU 조사와 관련하여 실시된 연구에서 그는, 통일 이후의 동독 지역의 종교적 변화를 시장 모델, 개인화 모델, 세속화 모델의 경험적 검증을 통하여 확인하고자 하였다. 이를 위하여 그는 교회적 종교성(Kirchlichkeit), 기독교적 종교성(Christliche Religiosität), 비기독교적 종교성(Außerkirchliche Religiosität)[4]을 분리해서 측정하였다. 그 결과 통일 이후 1991~98년 사이에 동독 지역에서는 교회적 종교성은 지속적으로 감소하였지만, 기독교적 종교성은 약간 감소하는 추세를, 비기독교적 종교성은 서독에서는 매우 증가하였으나, 동독 지역은 약간 증가 혹은 감소하는 추세를 보이는 것으로 나타났다. 폴락은 통일 이후 동독 지역

4 직역하면 비교회적 종교성이지만, 내용상 비기독교적 종교성으로 번역.

의 종교적 세계관이 부흥하지 못하는 이와 같은 경향을 여타의 학자들과 마찬가지로(예를 들면, 모일레만, 볼랍-자르 등) 동독 시절의 과학적 세계관이 지속적으로 영향을 미치는 것으로 분석하였다. 결론적으로 그는 동독 지역 주민들이 교회로부터 멀어진 만큼 다시 다른 종교(적 세계관)에 가까워졌다고는 볼 수 없으며, 이는 전반적인 종교적 세계관의 상실로 볼 수 있다고 설명하였다. 폴락은 이러한 상황을 그가 제시한 세 모델 중 세속화 모델에 가장 가까우며, 부분적으로는 개인화 모델의 경향도 보여준다고 해석하였다.[5] 또한 폴락은 동독 교회가 부흥하지 못하는 원인과 관련하여, 동독 시절 붕괴된 교회와 시민 간의 접촉을 회복하려는 노력이 부족하다는 교회 내의 문제와, 통일 이후 비판적 대안으로서의 위치를 상실하고 제도의 일부가 되었다는 교회에 대한 평가 또한 이러한 상황에 부분적으로 작용하고 있음을 지적하였다.

이러한 기존의 연구 경향들 속에서 본 장은 횔셔, 카이저, 노박 등이 제시한 동독 지역의 역사적 상황을 동독 공산당의 세속화 정책의 성공의 기초로 삼고, 티쉬너와 볼랍-자르 등이 제기한 하위 문화적 배경하에 '종교적 장'을 둘러싼 공산주의 세계관과 기독교적 세계관 사이의 갈등을 종교사회학적 맥락에서 분석하고자 한다. 그리고 이러한 시각은 북한의 경우와 통일을 위한, 혹은 통일 이후의 시기를 준비하는 맥락에서 한반도 상황에도 적용할 수 있을 것으로 기대된다.

---

5 종교적 개인화의 과정은 사회적 전제조건을 필요로 하는데, 여기에는 1) 개인적 행동 가능성을 확대해 줄 수 있는 구조적 요인과, 2) 도덕적 제재 및 사회적 통제를 통한 문화적 규범의 경직성을 완화시켜 줄 수 있는 문화적 요인들이 포함된다. 종교의 장에 있어서의 개인화는 다양한 종교적 의미의 해석을 전제한다. 폴락과 피클(Gerd Pickel)에 의하면 기독교적 종교성과 교회적 종교성 모두 개인화와는 부정적(−) 상관을 지니며, 반면 복종의 가치와는 긍정적(+)인 상관을 나타낸다(Pollack and Pickel, 1999: 476).

III. 구 동독 지역의 종교사회학적 특성

1. 구 동독 지역의 종교적 특성

동독 지역은 종교사회학적으로 여타의 유럽 지역과는 구분되는 몇 가지 중요한 특징을 지니고 있다. 첫 번째, 동독 지역은 종교 인구가 50%에 미치지 못하는 유럽의 몇 안 되는 지역 중의 하나이다. 통일 이후 첫 조사였던 1992년 제3차 종교 인구 조사(KMU Ⅲ)에 의하면 동독 전체의 종교 인구는 약 29%에 불과하다(Engelhardt, von Loewenich and Steinacker, 1997: 244). 이는 서독 지역의 수치(88%)와 비교할 때 엄청난 차이가 난다. 또한 유럽 대부분의 국가들의 종교 인구 비율은—종교 인구가 명목상의 신자라 할지라도— 50%를 넘어선다. 이러한 의미에서 구 동독 지역은—네덜란드, 체코, 에스토니아와 함께— 종교 인구가 절반에도 미치지 못하는 유럽의 예외적 '비종교' 지역으로 특징지을 수 있다.

두 번째, 대부분의 종교사회학자들의 예상과는 달리, 통일 이후에도 종교적 부흥이 일어나지 않고 있다는 점이다. 이는 동구권 붕괴 이후 개방과 함께 종교적 부흥이 일어났던 폴란드나 헝가리와 같은 여타 지역과 구분된다. 물론 이러한 여타의 동구권 지역들도 종교적 부흥이 지속된 경우는 많지 않다. 그러나 구 동독 지역은 이러한 종교적 부흥의 불씨조차 보이지 않았다는 점에서 여타의 지역과 분명한 차이를 보인다. 이후 자세하게 살펴보겠지만, 흔히 얘기되는 '억압'(repression)이 구 동독 지역의 종교적 쇠퇴의 가장 큰 원인이라면 '억압' 이 사라진 통일 이후에는 다시 종교적 부흥이 일어나는 것이 타당할 것이다. 하지만 억압이 사라진 이후에도 종교적 부흥의 기미가 보이지 않고 있다는 점에서 동독의 종교적 쇠퇴는 '억압' 이상의 다른 요인에 대한 설명을 필요로 한다. 물론 이러한 입장이 동독의 종교적 쇠퇴에 있어서 '억압'이 갖는 의미를 부정하는 것은 아니다. 다만, '억압' 외의 다른 요인을 고려하지 않는다면, 동독 시절의 종교적 쇠퇴를 넘어선 현재의 동독 지역의 종교적 상황을 설명하기는 어려울 것으로 보인다.

세 번째, 종교에 있어서의 남녀의 성차에 관한 것이다. 지구상에 존재하는 거의 모든 사회, 모든 종교에 있어서 종교는 남성보다 여성들의 것으로 여겨져 왔다. 실제의 종교 인구 비율도 여성이 남성보다 대부분 높고, 참여 또한 훨씬 적극적이다. 우리나라의 경우에도 종교별로 차이는 있지만, 공통적으로 여성이 더욱 많은 종교인의 비율을 지니고 있다. 2005년 인구 센서스 기준으로 보면 남성은 전체 인구의 49.7%가 종교를 갖고 있는 데 반해서, 여성은 56.5%로 상당한 차이를 보이고 있다(최현종, 2011: 22). 더욱이 남녀 간의 종교적 성차는 단순한 종교 인구 비율에 그치지 않고, 의례 참여 정도나 기도 혹은 경전 읽기 등 그 종교적 수행에 있어서도 드러나고 있다(한국갤럽, 2015). 그러나 구 동독 지역의 경우 이러한 남녀 간의 종교적 성차는 현저하게 줄어들거나, 오히려 역전의 현상을 보이고 있다. KMU Ⅲ 조사에 의하면 종교인 중 교회 활동에 열심인 비율은 38%:36%로 남성이 오히려 높으며, '의심하는 부분도 있지만 교리를 그대로 믿는다.'는 비율도 61%:63%로 남녀 간의 성차가 거의 나타나지 않는다. 또한 신앙인이라면 '교회에 가야 한다.'(44%:32%), '경전을 읽어야 한다.'(34%:19%), '교회 활동에 참여해야 한다.'(43%:35%)와 같은 항목에서도 오히려 여성이 동의하는 비율이 낮게 나타났다. 이러한 종교적 성차의 감소, 혹은 역전 현상은 동독 사회에 특유한 여성들의 직업 활동, 일반적인 남녀 평등 수준 등에 기인한 것으로 설명되고 있지만(Engelhardt, von Loewenich and Steinacker, 1997), 동독 지역 혹은 그 사회에 대한 종교사회학적 규명의 필요성을 한층 높여주는 사실로 생각할 수 있다.

이러한 동독 사회의 종교사회학적 특성은 많은 부분 북한 사회에도 적용될 수 있을 것으로 보여진다. 북한은 세계에 유례없는 종교 억압 국가일 뿐 아니라 공산주의적 세계관, 나아가 소위 주체사상을 통하여 기성 종교를 대신하는 역할을 감당해 왔다. 이러한 구조에 대한 종교사회학적 분석은 통일을 가로막고 있는 문화적, 세계관적 요인들을 잘 이해할 수 있게 해 줄 뿐만 아니라, 통일 이후에도 단순한 정치적, 경제적 통합을 넘어선 실제적인 문화적 통합을 가져오는 데 중요한 요소로 작용할 수 있다. 구 동독 사회는 이러한 현실의 비교 분석에 유용한 자료를 제공해 줄 것이며, 독일 사회가 당면하였던 통일의 부작용들을 재현하지 않거나 혹은 최소화할 수 있는 중요한 기반이 될 것이다.

2. 구 동독 지역의 종교적 변화에 대한 역사적 고찰

동독 사회의 종교사회학적 연구는 종교사회학 일반의 이론적 쟁점을 설명하는 데에도 중요한 사례가 되고 있다. 앞서 언급한 바와 같이 폴락은 세속화 모델, 개인화 모델, 시장 모델 등을 비교 · 분석하며, 동독 지역의 종교사회학적 변화를 설명하고자 시도하였다. 하지만 이와 같은 기존 이론에 따른 동독 지역의 종교사회학적 분석은 그 지역적, 역사적 특수성을 잘 고려하지 못한 것으로 서구의 일반적 세속화와는 구분되는 특성을 잘 드러내지 못하는 것처럼 보인다.[6] 본 연구는 동독 지역의 세속화를 설명하기 위해서는 그 지역의 역사적 상황(19세기 말 이후 나치를 거쳐 공산 정권 수립까지)과 지역적 특수성(개신교 중심 지역, 독일 내의 이른 산업화 지역) 등이 고려되어야 할 것으로 보이며, 이를 주어진 자

6 고전적 이론에 비해 동독의 세속화는 짧은 시기의 급격한 감소(1950년대)로 특징지어진다. 이에 대하여는 Karstein, Schmidt-Lux, Wohlrab-Sahr and Punken(2006) 참조.

료를 통하여 분석하고자 한다.

1) 동독 정권 이전의 종교적 상황

횔셔(Hölscher, 2001)에 의하면 개신교 중심의 동독 지역은 1차 대전 이전에 이미 증가하는 탈교회화를 경험하고 있었고, 이는 이후의 사회주의 세계관을 수용하는 바탕이 되었다. 카이저(Kaiser, 2003) 또한 이 지역의 반기독교적 세계관의 집단적 조직화는 이미 19세기 말에 나타나고 있었고, 교회 비판, 탈퇴, 세속적 세계관의 유행은 동독 지역에만 집중되었다고 밝히고 있다. 페페르캄프(Esther Peperkamp)에 의하면 작센의 개신교 교회 출석률은 1861~1913년 사이에 72%에서 35%로 감소하였고(Peperkamp, 2010: 107-124), 노박(1996)에 의하면 1900~50년 사이의 동독 지역의 개신교 교회 문화는 전체적으로 안정적이었지만, 유독 베를린만은 종교적 무관심이 지배적이었다. 이와 함께 앞에서 언급한 바처럼, 나치 치하 제3제국 시절의 교회 구조와 종교적 문화의 약화는 동독 교회의 주요 문제 영역들에 영향을 미친 것으로 드러난다. 또한 성인들의 경우 동호회 활동이 전통적인 교회 활동을 대체한 것도 제3제국 시절과 동독 시절이 유사하였다. 이러한 나치 치하의 상황은 전후 개신교 문화를 부활시키려는 동독 지역 교회 지도자들의 활동이 소련 군정의 저항에 부딪혀 동독 시절로 이어지는 결과를 빚었는데, 예를 들어 프라이베르크(Freiberg)에서는 주일 예배 외의 모든 종교적 활동이 금지되기도 하였다.

2) 동독 시기

동독 정권 초기 공산당의 공식 문서들은 '공산주의적 세계관'이 어떻게 종교적 세계관을 대체하면서, 유사 종교로서 역할하였는지를 잘 보여준다(Klein, 1958; Mädicke, 1958 등). 이 당시에 맑시즘은 하나의 중요한 세계관으로서 얘기되었고, 자연과학적 이해의 확산 없이는 현대적 기술에 바탕한 사회주의적 생산도, 유물론적 세계관의 교육도 생각할 수 없다고 분명하게 언급된다(Mädicke, 1958: 4).

페페르캄프와 라이타르(Małgorzata Rajtar)는 동독 헌법상의 종교의 자유의 변천을 세 시기로 나누어 기술한다. 제1기에 해당하는 1949년 헌법은 종교단체를 보호하는 조항을 기술하고 있으며, 제2기에 해당하는 1968년의 제2헌법에 이르러는 교회와 국가의 분리를 선언하는 조항을 포함한다. 그러나 이미 제1기에, 특히 종교적 · 인종적으로 다른 입장을 범죄 행위, 민주적 제도 및 조직에 대한 항의로 간주하는 1949년 헌법의 악명 높은 6조에 의거, 실제로는 종교 단체의 구성원들을 박해하기 시작했으며, 이는 특히 1950~60년대에 강력하게 실시되었다(Peperkamp and Rajtar, 2010: 6). 종교적 박해의 소비에트 모델처럼 교회 폐쇄나 종교 지도자의 수감은 없었지만, 개신교회에 대한 광범위한 선동과 종교의 자율적 기능을 약화시키는 정책이 행하여졌으며, 특히 점차 강력한 스탈린식 정책이 행해짐에 따라 상황은 더욱 악화되었다(Vukov, 2010: 53).

이 과정에서 교회와 국가 사이의 가장 치열한 전투장이 된 것은 교육기관으로, 국가는 교육에 대한 독점을 통해 종교를 학교로부터 추방하였다. 1951년 교육 개혁 이후 강제적인 무신론적 학교 교육이 행하여졌으며, 1953년 4월 발표된 소비에트 모델을 따른 학교 유형의 완전한 재구조화 강령은 지역 감독관에 의한 교사 평가를 명시하고 있는데, 이는 동독의 교육기관에서 기독 교사들을 대거 퇴출시키는 결과를 초래하였다(Wohlrab-Sahr, Karstein und Schmidt-Lux, 2009: 135). 동독의 중요 청년 조직인 '자유독일청년'(FDJ: Freie Deutsche Jugend)의 가입 조건도 교회에 대한 유대를 끊는 것이었다. 공격의 주요 대상은 FDJ의 경쟁자였던

'개신교 청년 단체'(Junge Gemeinde)였으며, 이 단체는 1952년 여름 이후 공식적으로 범죄 조직으로 간주되었고, 회원이 고등 교육을 받을 기회를 박탈하였다.[7] 이와 같이 교육 및 경력의 기회가 박탈된 기독교인들은 VOB(Vereinigung Organisationseigener Betriebe)나[8] 자영업에 주로 종사해야만 했다(Peperkamp, 2010).

무엇보다도 이 시기에 가장 결정적인 영향을 미친 사건은, 1954년 교회의 견진의례에 대한 대체의식으로 '세속적 성년식'(Jugendweihe)을 도입한 것이었다. 초기에는 선택이 자발적이었으나, 1958년 이후 상급학교 진학 자격과 연계되어 의무적으로 변경되었으며, 의식에 앞서 장기간의 무신론적 지배 이데올로기의 가치 교육과 유물론적 가치관의 교육이 선행되었다. 이후 공개적으로 종교 행사에 참여하는 것은 교육상, 직업상 불이익뿐 아니라, 사회적 낙인과 배제의 대상이 되어 버렸다. 세속적 성년식의 도입 초기에는 의식에 참여하는 인원이 해당자의 1/8 수준을 넘지 못했으나, 1960년에는 80%, 동독 말기에는 거의 100%에 이르게 된다(Wohlrab-Sahr, Karstein und Schmidt-Lux, 2009: 136). FDJ와 세속적 성년식만큼은 아니었지만, 아동조직인 '개척자'(Pioniere)나 군복무도 중요한 탈종교화 기제로 작용하였다(Vukov, 2010: 52-55). 또한, 6개월~3세 아이들의 2/3는 유아원에, 3~6세 아이들의 90%는 유치원에 보내지는데, 여기서부터 반종교적·정치적 교육이 시작되었다(Rajtar, 2010: 129). 이외에도 우라니아(Urania)라는 이름의 과학적 세계관(wissenschaftliche Weltanschauung)의 전파를 위한 성인 교육기관도 있었다(Wohlrab-Sahr, 2009: 88). 한편, 종교적 휴일을 반종교적 공산당력에

---

7 하지만 한편으로, 동독 지역에서의 교회 청년 운동은 서독의 청년 운동 단체와의 인적, 재정적 교류를 통하여, 교회의 보호막 아래 거의 유일한 시민 단체로서 활동하였으며, 나아가 여가 활동이나 편의 시설을 제공하고, 이를 통해 자연스럽게 정부에 맞서는 하위 문화를 형성하는 역할을 하기도 하였다(Holzapfel, 2006: 169-177).

8 기독교민주당(CDU)과 같은 공산당 외에 인정된 (협력)정당에 의해 운영되는 기업.

의해 대체하는 정책과 출생, 결혼, 장례 등의 개인적 영역의 의례를 탈종교화하려는 정책도 시도되었으나, 공적인 영역의 의례만큼 성공적이지는 못하였다. 1958년에 이르면 동독 정권의 대규모 반종교 정책은 일단락되며, 이후 정책은 좀 더 완화 혹은 미묘하게 정교화한다. 하지만 이러한 정책들의 영향으로 동독 지역의 개신교 비율은 1950~64년 사이에 80.5%에서 59.4%로 급감하게 된다(Wohlrab-Sahr, Karstein und Schmidt-Lux, 2009: 120).[9]

앞서 언급한 바처럼, 페페르캄프와 라이타르의 구분에서 제2기는 1968년의 제2헌법에 나타난 교회와 국가의 분리 선언으로 명확해진다. 교육 정책과 관련해서는 1971년 5월에 Erweitere Oberschule(EOS, 대학 진학 가능한 고등학교)에 대한 입학 제한이 강화되어, 기독교인이 학문적 기회, 더 나은 직업적 경력을 얻을 기회가 원천적으로 배제되었다. 이후 1978~79학년에는 교육에 있어서의 종교 문제에 대한 규제가 완화되지만, 1970년대 중반에 이미 새로운 당원 교사들로 기존 교사들의 대체가 완료되었기에, 이는 커다란 의미를 지니지 못한다(Wappler, 2010: 61-86). 이 시기의 개신교와 가톨릭은 정부와의 관계에서 그 입장을 달리하는데, 개신교 세력은—모두가 동조한 것은 아니지만— 1969년 서독 개신교와 분리된 이후 동독 개신교 연합(BEK: Bund der Evangelischen Kirchen in der DDR)을 결성하고, '사회주의 내의 교회'를 추구한다. 이에 반해, 가톨릭은 '침묵의 교회'로 기술될 정도로 정부와의 관계에 소극적이었다(Peperkamp and Rajtar, 2010: 9). 물론 이러한 개신교와 가톨릭의 상반된 태도는 동독 시절에만 국한된 것은 아니었다. 전통적으로 독일 사회에서 개신교회가 사회, 정치적 문제에 보다 많은

9 볼랍-자르는 이들 요인과 함께 1960년대 이후의 전반적 유럽의 세속화와 문화적 변혁이 동독의 경우 '노동자 문화'라는 이름으로 수용되면서, 동독 지역의 세속화에도 어느 정도 영향을 미친 것으로 생각한다. 이에 대하여는 Wohlrab-Sahr(2009) 참조.

관심을 가졌고, 그로 인해 정권의 주요 억압 대상이었던 데 반해, 가톨릭은 사역과 목회, 교회 자체의 유지에 더욱 관심을 가져왔고, 이러한 입장은 동독 이전의 나치 정권 시절에도 동일하였다. 세속적 성년식의 도입 이후 급격하게 견진의례 참석 인원이 감소하였을 때에도, 개신교가 양자를 다 인정하는 쪽으로 방향을 선회한 데 반해 가톨릭은 배타적 입장을 견지하였다. 이러한 입장의 차이는 정치적 배경보다는 가톨릭의 교회론에 근거한 것으로 볼 수도 있다. 이러한 원칙적 차이에도 불구하고 가톨릭 교회가 실제의 문제들에 있어서 협력을 완전히 배제한 것은 아니며, 어느 정도는 정권과 좋은 관계를 유지하기도 하였다 (Karstein, 2010).

하지만 교회와 국가의 대립은 동독 정권이 안정됨에 따라, 또한 부분적으로는 동독의 UN 가입 이후 어느 정도 완화된다. 1970년대 이후 국가적 억압은 관용과 수용으로 대체되었고, 제3기에 해당하는 1974년 수정 헌법에서는 종교단체는 공법상의 법인으로, 종교 행사는 개인의 권리로 바라보는 보다 관용적인 태도로 바뀌었다. 이 당시의 교회와 정부의 관계는 '실용적 지향의 비판적 협력' 관계로 규정할 수 있으며, 개신교의 디아코니(Diakonie), 가톨릭의 카리타스(Caritas) 등 종교기관에 의해 행해지는 사회복지도 공식적으로 동독 사회의 중요한 부분으로 인정받았다. 1980년대에는 보다 폭넓은 지지를 얻기 위한 수단으로 종교를 이용하기도 하였으며, 루터의 직업윤리는 공산당에 의해 높은 평가를 받고 선전되기도 하였다. 개신교와 가톨릭을 제외한 종교적 소수 단체들도 동독 지역에 존재하였는데, 이들은 1984년 기준으로 243,000명(약 1.5%)에 달하였다.

하지만 이 시기의 동독 교회는 제도적 차원이 아닌 이데올로기, 상징적 차원에서의 쇠퇴를 경험하고 있었다. 즉, 1~2기의 제도적 압박 장치는 완화되었지만, 이들의 지속 효과, 즉 가치관에 있어서의 이력 효과(hysteresis effect)[10]가 나타난 것으로 해석할 수 있다(Karstein, 2010: 94). 페페르캄프에 의하면 이 시기를 살아간 많은 사람들은 자신들을 희생자나 협력자로 생각하지 않았고, 시대적 흐름과 자신들이 타협한 것을 대부분 환경이 아닌 스스로의 결정이라고 생각하고 있었다(Peperkamp, 2010: 116). 학교에서의 교육은 이러한 탈종교화의 지속 기제를 보여주며(Wohlrab-Sahr, Karstein und Schmidt-Lux, 2009: 165), 이러한 세속적 가치관의 지속은 세속적 성년식의 참여에서 분명히 드러나는데, 동독 붕괴 이후의 수치이지만 세속적 성년식에의 참여는 작센 주 같은 경우 1989년 95%, 1992년 약 40%, 1996년 55% 가량의 지속적 참여율을 나타내었다(Rajtar, 2010: 138). 이는 동독의 세속화를 일종의 억압적 세속화 모델(Repressionsmodell)로 보는 견해와 모순되며, 동독의 세속화에는 내부적인 복잡한 갈등 상황과 권력투쟁(Machtpolitik)으로서의 종교 정책의 성격이 포함되어 있음을 시사한다. 즉, 동독 공산당의 종교와 정치 혹은 종교와 과학 사이의 갈등을 둘러싼 정책들은 외적인 강제에만 머무르지 않고, 일반인들에 있어 주관적인 타당성을 획득했기 때문에 성공할 수 있었다(Karstein, Schmidt-Lux, Wohlrab-Sahr and Punken, 2006). 이러한 과정을 설명하기 위해서는 종교와 정치 사이의 갈등이 개인 혹은 가족의 수준에서 어떻게 형성되고, 어떠한 장기적인 결과를 갖는지에 대한 질문이 매우 중요하며, 이러한 '세속적 아비튀스'를 형성하는 과정은 다음 Ⅳ에서 좀 더 상세히 서술될 것이다.

3) 통일 이후

통일 직후인 1990년 동독의 종교 인구는 전체 인구의 25%(개신교 21%, 가톨릭 4%)를 차지했다(Karstein, Schmidt-Lux, Wohlrab-Sahr and

---

10 어떤 물리량이 그때의 물리 조건만으로는 일의적으로 결정되지 않고, 그 이전에 그 물질이 경과해 온 상태의 변화 과정에 의존하는 현상(네이버 지식백과 사전).

Punken, 2006: 459). 앞서 언급한 폴락의 조사에 따르면 청년, 고학력, 고소득층이 종교에 많은 관심을 나타내었지만, 또한 많은 이들이 탈퇴하여서 이들의 교회에 대한 관계는 양극화되었다. 한편으로 이 시기 출산율은 감소하였음에도 불구하고 세례교인은 일정수를 유지하였고, 정기적 예배 참가의 비율은 약간 증가하였지만 전반적인 종교적 부흥은 일어나지 않았다(Pollack, 2000: 310-333). 그렇다면 왜 일반적 기대와는 달리 통일 이후 종교적 부흥이 일어나지 않았을까? 앞서 언급한 폴락의 분석과는 별도로 볼랍-자르 등은 1) 동독 시절 교회의 역할을 대체할 많은 시민 사회적 공간의 존재, 2) 많은 교회 관계자의 동독 정권과의 결탁 사실의 발견, 3) 통일 이후 교회가 공동체적 성격에서 공식적 성격의 조직으로 변화한 사실 등이 오히려 교회가 몰락하게 된 중요한 원인이라고 설명한다(Wohlrab-Sahr, Karstein, und Schmidt-Lux, 2009: 351f.). 동독 시절 일부 교회들은 체제에 적극적으로 협력하기도 했지만, 많은 교회들은 상층부와 시민 사이의 중재자 혹은 시민의 대변자로서의 역할을 감당하였고, 체제에 대한 불만을 가진 사람들은 이런 교회를 중심으로 맞물려 활동 역량을 강화하였다(Wappler, 2010). 즉, 동독 시절의 교회는 시민적 참여의 공간을 제공하였으며 정부 이외의, 정부를 넘어선 유일한 제도적 대화 파트너로서 기능하였다고 볼 수 있다(Wohlrab-Sahr, 2012: 19). 볼랍-자르 등이 지적한 통일 이후 동독 교회의 몰락 원인은 교회가 이런 역할을 상실한 것과도 관련된다.

이와 함께 나타나는 주요한 특징 중의 하나는 종교 인구의 연령대별 분포이다. 즉, 일반적으로 친종교적인 노년층과 함께, 젊은 층에서 종교 인구가 많이 나타나는 U자형 분포인데, 이는 공산권 붕괴 이후 동구유럽에서 나타나는 어느 정도 일반적인 현상이다(cf. Norris and Inglehart, 2011: 115).[11] 2002년 ALLBUS(Allgemeine Bevölkerungsumfrage der

11 그러나 WVS(세계 가치관 조사)를 분석한 Norris and Inglehart의 결과는, 이와 달리 공

Sozialwissenschaften, 사회과학 일반 인구조사)에 의하면, 1991년 조사에 비해 18~29세 연령 집단의 사후의 삶에 대한 믿음이 15%에서 34%로 증가하였다.[12] 이러한 결과는 이들의 아버지 세대보다 할아버지 세대(75~89세 집단 26%)에 가까운 것이었다(Karstein, Schmidt-Lux, Wohlrab-Sahr and Punken, 2006). 하지만 신에 대한 믿음은 늘어나지 않았으며 교회적이기보다는 개인적 신앙 수준에서의 변동으로, 교회 소속은 여전히 1세대에서 가장 높게 나타났다. 프랑크(Anja Frank)의 연구에서도 이러한 U자형 분포에 가까운 양상이 나타나는데, 1975년 이후 출생 세대 중 비종교인은 57%로 1930년 이전 출생 세대의 38%보다는 높지만, 1961~74년 출생 세대의 70%보다는 낮게 나타났다(Frank, 2010: 147).

볼랍-자르는 이와 같은 동독 지역의 종교적 가치관의 분포를 3개의 세대로 나누어 설명하고 있다. 그녀에 따르면 제1세대는 1920~30년대 출생 세대로 동독의 건국 세대에 해당하며, 일반적으로는 가장 종교적이지만 동독 지속기간 동안 전쟁과 세속화 운동의 경험 등으로 적지 않게 종교적인 면에서 손상을 입었다고 설명한다. 이들은 어떤 면에서 종교와 세속 가치 사이에서 양자택일적 선택을 하였던 세대라고 볼 수 있다. 제2세대는 1940~50년대 출생 세대로, 흔히 '동독 세대'로 불리며, 전반적으로 가장 비종교적인 성격을 띤다. 1970년대 출생 세대는 제3세대로 불리며, 통일 시기의 청소년들이 이에 해당한다. 이들은 세속적

산권 몰락 이후 동부 유럽의 경우에도 젊은 세대가 더 세속적인 것으로 나타난다. 이에 대하여는 Norris and Inglehart(2011: 119ff.).

12 볼랍-자르에 의하면 죽음 이후의 문제에 대한 반응은 3가지 유형으로 나눌 수 있는데, 첫 번째는 기독교적 유형으로 (기독교적)부활신앙이 이에 해당하며, 이는 1세대(특히 여성)에게 가장 많이 나타난다. 두 번째는 무신론자 유형으로 죽음 이후에는 아무 것도 없다거나, 다만 물질(재)로 돌아갈 뿐이라는 반응 형태이다. 흥미로운 것은 이 유형도 역시 1세대에서 가장 많이 나타난다는 사실이다. 세 번째는 불가지론적 영성 유형으로 이 유형이 3세대에서 가장 많이 나타난다. 다양한 종교 및 전통(환생) 혹은 과학적 설명(에너지 보존, 우주의 입자)과도 연결되나, 전통적 종교적 사고 형태와는 다르다(Wohlrab-Sahr, 2009).

이지만 또한 (교회 환경에 국한되지 않은) 종교 문제에 관심을 표명한다. 통일 이후 전반적으로, 1~2세대의 종교적 관심은 지속적으로 감소하고 있으며, 3세대는 종교적 문제에 대해 개방적인 성향을 드러내고 있고, 경우에 따라서는 젊은 세대가 한 가정에 새로운 종교적 시각을 들여오는 역사회화 과정도 나타나고 있다고 볼랍-자르는 분석한다(Wohlrab-Sahr, 2009).

IV. '강요된 세속성'으로서의 구 동독 지역의 변화

현대 사회에 있어 종교의 중요성이 점점 사라져 가고 있다는 '세속화' 테제는 종교사회학 전체에 있어 여전히 중요한 이론적 쟁점이다. 이는 서구 사회, 나아가 산업화 사회의 전반적 경향을 설명하고 있지만, 미국과 소위 제3세계 전반의 현실은 오히려 종교가 다시 부흥하는 '탈세속화'의 경향을 나타내고 있다. 이러한 현실에 비추어 스타크(Rodney Stark)를 비롯한 미국의 종교사회학자들은 서구 사회, 특히 유럽의 종교적 쇠퇴를 공급적 측면에서의 통제에 기인한 것으로 설명하는 소위 '시장 이론'(market theory)을 제시하고 있다. 앞서 언급한 바와 같이 폴락(2000)은 이러한 세속화를 둘러싼 이론적 쟁점을 통일 이후 동독 지역에 적용하고자 시도한 바 있다. 그에 따르면, 공급의 통제가 종교 쇠퇴의 주요 원인이라는 '시장 이론'의 주장은 동독 시절의 종교적 쇠퇴를 설명할 수는 있지만, 통일 이후 종교적 시장이 자율화된 이후에도 여전히 종교가 부흥하지 못하고 있는 현재의 동독 지역의 현실을 설명할 수는 없다고 하였다. 다른 한편 전통적인 '세속화' 이론과는 달리 동독의 종교적 쇠퇴는 외부적 힘, 혹은 종교 이외의 실행 주체의 영향이 크게 작용하였다는 점에서 서구의 세속화와도 다른 양상을 보인다. 물론 최근의 종교사회학계에서는 서구의 세속화조차도 자연스러운 과정이기보다는 특정 사회 계층, 혹은 직업군에 의해 이루어진 의도적 과정이라는 주장이 제기되고 있기는 하지만(Smith, 2003), 이는 동독의 상황과는 여러 면에서 차이를 보인다. 이러한 동독의 상황을 볼랍-자르는 '강요된 세속성'(forcierte Säkularität)이라는 용어를 사용하여 설명하며,[13] 나아가 세속화 자체의 다중성을 얘기하고 있다(Wohlrab-Sahr and Burchardt, 2012: 875-909). 여기서 '강요'는 단지 제도에 의한 외적인 강요뿐 아니라, 이를 내적으로 수용하는 과정도 포함한다. 이 장에서는 이러한 볼랍-자르의 '강요된 세속성'의 모델을 소속, 세계관, 윤리의 측면으로 나누어서 좀 더 자세히 살펴보고자 한다.

볼랍-자르는 기존의 동독의 세속화 과정에 대한 설명이 갖는 2가지 문제를 1) 독재 시절에 형성된 태도의 지속을 무시하거나, 2) 이러한 태도가 갖는 내적 타당성을 간과한 것이라고 지적한다. '강요된 세속성'이라는 용어는 이와 같이 무시된 측면, 즉 위에서부터 강요된 내용의 전유 과정을 포함한다. 이 개념에는 자유의지의 파괴가 아닌, 자유의지의 조정(steering)의 개념을, 외적 강요 과정과 함께 내적인 강요 과정을 포함한다. 이러한 과정은 다른 공산국가에 비해서 매우 성공적이었던 동독의 공산주의 이데올로기의 이식을 잘 설명해 준다(Wohlrab-Sahr, 2011: 63-77).

거시 국면에서의 갈등은 갈등의 해석틀, 의사소통, 정의 등의 요소와 함께 진행되며, 미시 국면에서의 준거틀의 수용은 거꾸로 거시 국면에 영향을 미치기도 한다. 갈등은 베버(M. Weber)의 '신들의 전쟁'(Kampf

---

13 여기 사용된 'forcierte'는 'erzwungen'과 비교되는데, 후자가 외부의 일방적 강요에 의한 것이라면, 전자는 강요된 것이긴 하지만 어느 정도는 내적인 자기 결단도 수반된 것으로 볼 수 있다.

der Götter)이라는 표현처럼(Weber, 1956: 329), 세상과 그 질서에 대한 가치들의 지속적인 긴장 관계를 의미한다. 이러한 갈등은 동일한 재화, 종교의 경우 '구원재'(Heilsgüter)에 대한 경쟁 관계로 나타난다. 그러나 같은 갈등이라도 '정의'와 '의사소통' 과정을 통하여 명시적 갈등으로 발전하거나, 잠재적 갈등으로 머물기도 한다. 이것을 동독의 종교 문제에 적용해 보면, 국가에 의한 해석틀과 의식이 교회의 것에 대한 대안으로서 어떻게 작용하였는가가 매우 중요하다.

해석의 통치권과 상징적 인정을 위한 상이한 행위자 집단 간의 복잡한 관계망과 갈등은 부르디외(P. Bourdieu)가 '종교적 장'(religious field)이라고 부르는 곳에서 나타난다(Bourdieu, 1991: 1-44). 여기에서는 1) 행위자 집단이 어떻게 자신들의 사회적 지위를 유지하거나 개선시킬 수 있는지, 2) 그때에 전문가 집단과 평신도들 간에 어떤 연합이 형성되는지, 3) 언제 이단이 형성되는지 등의 문제가 중요하게 대두된다. 이러한 종교적 장이 동독에서는 어떻게 새롭게 형성되었을까? 앞에서 언급한 바처럼, 동독의 경우 구원재의 정당한 관리를 둘러싼 경쟁은 종교와 과학적-세속적 세계관 사이에 발생하였으며, 이는 자유 경쟁이 아닌 억압과 선동에 의한 것으로 볼 수 있다. 그러나 동독에서의 교회 탈퇴는 억압에 의한 것이기도 하지만 비종교인의 정상성, 기독교적 세계관이 아닌 일반적-인본주의적 세계관의 선호, 종교적 무관심, 나아가 자신이나 자녀에 대한 불필요한 논쟁을 피하기 위한 의도 등도 많은 비중을 차지하며, 이는 동독의 세속화를 일방적인 '억압적 세속화'가 아닌 억압과 자발적 의지의 상호 작용에 의한 '강요된 세속화'로 해석하는 이유이다(Karstein, Schmidt-Lux, Wohlrab-Sahr and Punken, 2006: 446). 이러한 상황은 볼랍-자르 등의 연구에서 인터뷰 대상자들이 동독 시절의 교회 탈퇴를 국가가 촉구하였지만, 결국은 자신이 결정한 것이라고 얘기한 대목에서도 잘 드러난다. 이러한 언급에는 물론, 회고적 수정이 가미되었을 수도 있지만, 동독 정권이 단순한 억압을 넘어 시민의 '자유(의지)의 조종'에 성공한 것으로 해석할 수 있다. 결국 억압 정책은 보통 사람들의 수준에서 그 정당성을 획득할 때에만 장기적으로 성공할 수 있는 것이다(Karstein, Schmidt-Lux, Wohlrab-Sahr and Punkenm, 2006: 457).

일방적인 '억압'이 아닌 이러한 '경쟁'의 과정에서 개인이 속한 공동체적 환경(Milleu), 특히 가족이 중요하게 작용하였고, 이들에게 주어진 기회 구조와 논리도 세계관 선택에 중요한 역할을 한 것으로 보인다. 예를 들면, 노동자의 주변 환경은 그들의 상승 욕구와 맞물려 공산당의 이데올로기 프로그램을 선택하는 데 영향을 미친 것으로 보인다(Wohlrab-Sahr, 2012). 이와 같은 과정을 통해 세속적인 이데올로기 프로그램을 택한 사람의 경우에는, 제도적인 교회 밖의 종교성도 잘 보이지 않는데, 이는 이러한 선택이 어느 정도 개인의 내적 결단의 결과라는 사실을 보여준다. 이러한 구 동독 지역의 현상은 종교성에 대한 인류학적 보편성의 기초를 주장하는 학자들에게는 예외적 사례라고도 볼 수 있다(Wohlrab-Sahr, 2010: 216).

볼랍-자르에 의하면 경쟁의 주요 영역은 1) 당 vs. 교회의 소속(Mitgliedschaft)에 대한 경쟁, 2) 지식/과학 vs. 신앙/교리의 세계관(Weltdeutung)의 경쟁, 3) 사회주의 도덕 vs. 기독교 윤리의 윤리적 행동 규정의 경쟁 등의 차원에서 나타났다.[14] 이 중 가장 기본적인 바탕에 있는 것이 바로 세계관의 경쟁이라고 할 수 있는데, 성인에 대한 과학주의 세계관의 교육기관이었던 우라니아 관계자의 인터뷰에 의하면, 동독 지역의 과학주의의 경향은 크게 3가지 유형으로 구분될 수 있다. 첫

14 폴락은 다른 한편, 다양한 사회적 영역들을 국가의 정책 내에 예속하도록 추구한 동독의 정책을 탈분화적 모델(Entdifferenzierungsmodell)이라고 명명하면서, 현대의 기능적 분화와 이러한 정치적-이데올로기적 동질화 사이에서는 모순이 생산될 수밖에 없으며, 이러한 갈등 상황이 동독 붕괴의 한 원인으로 작용하였다고 설명하기도 한다(Pollack, 1994: 446).

번째 유형은 '(비관적) 과학주의'라고 명명할 수 있는데, 이는 사회 발전과 개인의 완성을 위한 결정적 힘으로서의 과학을 얘기한다. 과학은 전체 사회와 개인적 영역을 해석하는 보편적 수단이며, 과학이 유일한 주요 체계(major system)로서 작용한다. 반면, 종교는 거짓 지식을 제공할 뿐이다. 그러나 일반 대중들이 이것을 깨닫기에는 너무 어리석기 때문에 과학주의의 궁극적인 승리에 대하여는 비관적으로 생각한다. 동독의 붕괴와 그에 따른 개인적 실패도 결국은 이러한 상황 때문이라고 해석한다. 두 번째 유형은 '유물론적 세속주의'라고 할 수 있는데, 제1유형에 비해서는 과학의 전반적 역할을 제한하고, 종교의 공적 · 정치적 활동에 대해서만 반대한다. 때로 이들은 교회와 종교를 분리해서 바라보며, 종교가 아닌 교회를 비난한다. 세 번째는 '기능적 분화주의'로 명명되며, 과학과 종교의 동등한 자격을 인정하는 형태로, 이에 따라 종교의 다른 기능과 특성을 인정받는다(Schmidt-Lux, 2010: 19-40).

이러한 세계관-가치관의 문제로서의 동독에서의 종교 문제는 또한 사회 발전 양상과 연결된다. 마테스(J. Matthes)는 이를 세대 개념과 연결하는데, 세대 사이의 '세계 인식의 틀'(Muster der Weltwahrnehmung)의 차이가 이러한 상황을 설명해 줄 수 있다는 것이다(Matthes, 1985: 363-372). 다시 말하면, 세계관과 아비튀스 형성을 통하여 그 윤곽을 형성한 새로운 문화적 세대가 그 세대에 맞는 새로운 '문화적 담지자'(Kulturträger)를 창출하고, 이들은 경우에 따라 정치적 세대로 발전하기도 한다는 것이다. 이러한 맥락에서 동독의 종교의 억압은 일종의 '문화투쟁'(Kulturkonkurrenz)으로 볼 수 있으며, '과학적 무신론'(der wissenschaftliche Atheismus)이나, 세속적 성년식 등은 무신론적 세대를 형성하는 데 중요한 역할을 하게 된다. 이는 일종의 '사회화' 가설이라고도 할 수 있다. 이러한 과정에서 젊은 세대나 나이 든 세대와 비교되는 일종의 '동독 세대'가 형성된 것으로 볼 수 있다. 이는 결론적으로 동독 공산당의 종교 정책이 어느 정도 성공적으로 작용한 것으로 볼 수 있다. 그러나 여기에는 앞에서 언급한 바처럼 동독 지역이 세속화의 전 역사를 가지고 있으며, 가톨릭이 아닌 세속화에 물들기 쉬운 개신교 지역이었다는 것도 잊어서는 안될 것이다(Wohlrab-Sahr, 2002: 209-228). "서독의 경우 교회 신자가 되기를 그만 두는 것이 아직 설명을 요하는 행위인 반면, 동독에서는 비신자와 종교적 무관심의 문화가 수립되어, 교회의 성도가 되는 것은 일종의 비동조 행위가 되었다."는 슈미트와 볼랍-자르의 언급은 이러한 상황을 잘 나타내어 준다(Schmidt and Wohlrab-Sahr, 2003: 90).

V. 주체사상의 종교적 측면

구 동독의 상황에서 마르크스주의, 과학주의와 같은 일반적인 공산주의 이데올로기가 담당하였던 역할이 북한의 경우에는 주체사상에게 주어졌다. 주체사상은 1950년대 김일성 정권이 마르크스-레닌주의의 해석을 독점함으로써 반대세력을 물리치는 수단으로 시작되었지만(오경섭, 2012: 16-21), 1960~80년대 독자적인 사상체계로 발전하였으며, 여타 어느 공산주의 정권에서도 볼 수 없는 강력한 힘을 발휘하여 왔다. 이 글은 먼저 주체사상의 형성과정과 일반적 개요를 짧게 기술하고, 그 종교적 성격과 내면화의 실태를 살펴볼 것이다. 내면화와 관련하여서는 김병로의 선행연구와 함께 연구자 자신의 탈북자 대상 인터뷰 분석을 포함하였다.

1. 주체사상의 형성 과정과 개요

주체사상은 수령관, 주체철학, 사회정치적 생명체론 등으로 구성된다. 대외적으로는 주체사상이라는 용어를, 대내적으로는 김일성주의라는 용어를 병행하여 사용하고 있는데, 통상 김일성주의는 김일성의 혁명사상, 혁명이론, 혁명방법의 세 영역으로 구분되고 있다. 이 중 넓은 의미의 주체사상 가운데 한 분야인 김일성의 혁명사상을 좁은 의미의 주체사상 혹은 주체철학이라고 부른다(김병로, 2000: 22).

김일성주의 혹은 주체사상은 1950년대와 60년대에 대외자주성 원칙과 혁명적 군중노선을 강조하는 이념으로 출발하였다. 구체적으로는 1955년 당 선전선동원 대회에서 '주체의 확립'을 제기한 데서 비롯되었는데(오경섭, 2012: 7), 여기에는 앞서 언급한 바와 같이 적대세력의 제거를 위한 정치적 목적이 중요하게 작용하였다. 이에 대한 실행계획으로 '사상에서의 주체'(1955년), '경제에서의 자립'(1956년), '정치에서의 자주'(1958년), '국방에서의 자위'(1962년) 등이 순차적으로 제시되었고(윤진헌, 1986: 30-49), 이종석에 의하면, 이후 1962년 12월 19일자 로동신문 기사에서 '주체사상'이라는 용어가 공식적으로 처음 사용되었다(이종석, 2000: 159). 또한 1965년 인도네시아 방문 중 김일성이 한 연설에서도 '주체사상'의 용어가 언급되었다(오경섭, 2012: 21).

이러한 초기적 주체사상은 1967년 이후 김일성 개인숭배가 진행되면서, '유일사상체계'로 발전하게 된다. 초기의 주체사상은 앞서 언급한 바처럼, 마르크스-레닌주의에 대한 독점적 해석이지 독자적인 철학은 없었다. 주체사상의 독자적인 철학의 계발은 황장엽의 주도로 1958~73년에 이루어진다(오경섭, 2012: 25). 황장엽은 철학적 원리, 인간중심 사회역사관, 인간관, 생명관 등으로 구성된 인간중심 철학을 개발하여 이를 주체사상의 중요한 기반으로 삼게 되는데, 특히 자주성, 창조성,

의식성 등을 인간의 본질적 속성으로 개념화한다(김병로, 1994: 25).

이러한 주체사상이 종교적 차원으로 발전하는 계기는 1970년대 이후 '수령론'이 대두하면서부터이다. 특히 1974년 김정일의 '온 사회의 주체사상화'가 선포되면서부터 이론적 정립과 체계적 학습이 시작되었고(김병로, 1994: 8), 그 구체적 강령으로 "당의 유일사상체계 확립의 10대원칙"도 발표된다. "당의 유일사상체계 확립의 10대원칙"의 상세한 내용은 다음 항에 기술될 것이다. 이후 사회주의적 가치와 규범 정착을 위한 '인간개조사업'을 전개하고 집단주의를 강조하면서, 주체사상은 한층 더 체계화된다.

주체사상에 대한 포괄적 개념은 위에 언급한 황장엽의 작업을 토대로 1982년 김정일에 의해 체계화됨으로써 일단락되었으나, 그 후에도 계속해서 변화와 발전을 거듭하였다(김병로, 2000: 23). 1985년에는 총 10권으로 구성된『위대한 주체사상 총서』가 발행되었고(오경섭, 2012: 33), 1986년에는 '수령론'과 '집단주의 조직원리'를 결합한 '사회정치적 생명체론'을 제시함으로써 한층 더 발전하였다. 이에 따르면 수령, 당과 대중은 '삼위일체적' 설명방식으로 제시되는데, 여기서 수령은 두뇌, 당은 심장(혈관), 대중은 몸의 각 부분에 해당된다(김병로, 2000: 25). 구 소련 및 동구권의 붕괴 이후에는 '우리식사회주의', '조선민족제일주의' 등의 개념을 제시하면서, 사회역사발전원리에 민족의 개념을 포괄하여 더욱 강조하게 된다(오경섭, 2012: 39).

1992년의 사회주의 헌법에는 "조선민주주의인민공화국은 사람중심의 세계관이며 인민대중의 자주성을 실현하기 위한 혁명사상인 주체사상을 자기 활동의 지도적 지침으로 삼는다."고 명시되어 있다(장명봉 편, 2006: 45). 주체사상의 중요한 원전에 해당하는 김일성저작집은 1996년까지 44권이 출판되었고, 이후 김일성 자서전인『세기와 더불어』를 45권 이후로 붙여서 50권까지 출판함으로 주체사상 해석의 근거가 되고 있다.

2. 주체사상의 종교적 성격

주체사상은 북한 사회에서 죽음의 고통, 악의 문제 등에 대한 궁극적 해답을 제공하는 등 일반적 종교의 기능을 감당하며, 나아가 다른 종교나 이데올로기를 배척하는 일신교적 성격도 지니고 있다(김병로, 2000: 31f.). 북한 정권은 또한 다른 종교들을 잠재적으로 주체사상과 경쟁관계에 놓일 수 있는 하나의 사상으로 대하는 측면도 나타난다는 점에서(정대일, 2011: 147), 주체사상의 종교적 성격을 분석하는 것은 매우 의미 있는 작업이라 할 수 있다. 여기서는 이 글의 앞 부분에서 제시한 동독의 경우를 참조하여, 주체사상의 교리 및 신념체계, 의식과 행위 규범, 윤리와 조직체계라는 세 측면에서 그 종교적 성격을 살펴보고자 한다.

1) 교리 및 신념체계

종교의 교리 및 신념체계와 관련하여 주체사상은 신앙적 대상으로서 수령을 신격화하고, 수령에게 충성을 다하기 위해 수령의 교시집행에 대한 무조건성의 원칙을 강조한다. 이와 관련된 구체적인 내용은 앞서 언급한 "유일사상체계 확립의 10대 원칙"에 잘 드러나 있으며, 이는 주체사상의 중요한 교리체계로서 작동하고 있다. '10대 원칙'의 주요 강령을 소개하면 아래와 같다(김병로, 2000: 부록 212-27).

1. **위대한 수령 김일성 동지의 혁명사상으로 온 사회를 일색화하기 위하여 몸바쳐 투쟁하여야 한다.**
2. **위대한 수령 김일성 동지를 충성으로 높이 우러러 모셔야 한다.**
3. **위대한 수령 김일성 동지의 권위를 절대화하여야 한다.**

4. 위대한 수령 김일성 동지의 혁명사상을 신념으로 삼고 수령님의 교시를 신조화하여야 한다.
5. 위대한 수령 김일성 동지의 교시집행에서 무조건성의 원칙을 철저히 지켜야 한다.
6. 위대한 수령 김일성 동지를 중심으로 하는 전당의 사상의지적 통일과 혁명적 단결을 강화하여야 한다.
7. 위대한 수령 김일성 동지를 따라 배워 공산주의적 풍모와 혁명적 사업방법, 인민적 사업작풍을 소유하여야 한다.
8. 위대한 수령 김일성 동지께서 안겨주신 정치적 생명을 귀중히 간직하며 수령님의 크나큰 정치적 신임과 배려에 높은 정치적 자각과 기술로써 충성으로 보답하여야 한다.
9. 위대한 수령 김일성 동지의 유일적 령도 밑에 전당, 전국, 전군이 한결같이 움직이는 강한 조직규률을 세워야 한다.
10. 위대한 수령 김일성 동지께서 개척하신 혁명위업을 대를 이어 끝까지 계승하여 완성하여 나가야 한다.

여기서 수령은 '높이 우러러 모셔야' 할 존재이며(원칙 2), 그의 권위는 '절대화' 된다(원칙 3). 또한 그의 교시를 집행함에 있어서는 '무조건성의 원칙'이 지켜져야 하며(원칙 5), '몸 바쳐 투쟁하여야 한다'(원칙 1). 김일성의 교시는 '신조화' 되며(원칙 4), 인민의 정치적 생명은 수령으로부터 주어진 것으로 간주된다(원칙 8). 이러한 원칙들은 일반적 종교적 교리를 방불하며, 수령은 여기서 종교적 숭배의 대상으로 높여진다.

주체사상은 또한, 종교에 있어서의 구원의 교리처럼 인민의 해방과 구원에 대한 교리를 제시하고 있다(김병로, 2000: 72). 다만, 개인 영혼에 초점을 두지 않고, 사회 전체의 구원을 염두에 둔다는 점에서 차이를 볼 수 있을 뿐이다. 이는 개인의 육체적 생명과 구별되는 사회정치적 생명의 영원성에 대한 강조로 연결된다고 볼 수 있다. 1987년 KAL기 폭파사건의 주범인 김현희는 이와 같은 북한 주체사상의 특성을 "영원한 정치적 생명을 위해서는 일시적인 육체적 생명을 버려야 한다."고 기술하고 있다(조갑제 · 정호승, 1990: 103). 또한 "하나는 전체를 위하여, 전체는 하나를 위하여"라는 북한헌법 제63조의 조항도 이러한 전체사회의 우선성을 잘 드러내고 있다.

2) 의식 및 조직체계

교리와 함께 종교의 가장 중요한 기본적 요소는 종교적 의식/의례라고 할 수 있다. 주체사상은 생활총화를 비롯한 정기적 모임을 통해 생활 속에서 주체사상을 강화하는 의식을 집행하고 있다. 이 중 가장 대표적인 것이 언급한 생활총화인데, 생활총화는 "조직생활, 사상학습활동 등 조직사상 생활의 전반을 검토하는 모임"으로(김병로, 2000: 113), 일일총화, 주간총화, 월간총화, 분기총화, 연간총화 등으로 실시주기에 따라 구분된다. 총화를 행할 때에는 김일성, 김정일의 교시를 먼저 인용하고, 자신의 생활을 이에 따라 비판하는 형식을 갖는데, 이는 일반적 종교 의식에서 경전을 인용하는 것과 유사하다. 생활총화 이외에도 수요강연회, 새벽참배, 아침/가족 독보회, 인민반회의 등이 주체사상을 강화하기 위한 주요 의식의 장소로 이용된다.

의식을 수행하기 위한 중요 장소 및 조직으로는 '김일성 혁명사상 연구실'을 들 수 있다. '김일성 혁명사상 연구실'은 이미 1960년대부터 이와 유사한 시설들이 나타났으나, 1970년대 후반 이후 본격적으로 체계화되었다. '김일성 혁명사상 연구실'은 당위원회 선전선동부에 소속 · 운영되며, 전국적으로 약 45만여 곳에 달하는 것으로 추정된다(김병로, 2000: 94). '생활총화'를 비롯한 모임이 종교적 의식의 시간이라면, '김일성 혁명사상 연구실'은 이러한 의식이 행해지는 개 교회 혹은 사찰과 같은 역할을 한다고 볼 수 있다. 또한 이와 같은 의식 및 조직체계가 일반적 종교의 그것을 대신함으로써 동독의 분석 틀에서 드러나는 '소속'과 관련된 대안을 제시하고 있다고 볼 수 있다.

3) 윤리와 행위 규범

주체사상은 사회가 발전하기 위해서는 인간개조, 사회개조, 자연개조가 필수적이라고 주장한다. 그중에서도 인간개조가 가장 먼저 이루어져야 할 작업이며, 그 내용은 자주성, 창조성, 의식성을 가진 사회적 존재로 키우는 사업이라고 제시한다(김병로, 2000: 149). 이러한 각각의 개조의 내용은 그에 대한 규범을 제시하며, 이는 각각 개인윤리, 사회윤리, 생태윤리에 상응한다고도 말할 수 있다. 또한 앞서 언급한 집단주의 원칙이 공산주의 도덕에서 매우 중요하게 취급된다. 이는 특히, '군중로선'의 형태, '공산주의적 미풍'의 발양이라는 슬로건하에 진행되고 있는데(김병로, 2000: 151), 이러한 수행에 있어 가장 중요한 것은 "수령에 대한 충실성"이며, 이것은 "공산주의 도덕의 핵"으로 제시된다(사회과학출판사, 1985: 61).

이러한 주체사상의 윤리와 행동규범은 여타의 많은 사회에서 종교가 수행하는 기능을 대신하고 있다. 이러한 측면에서 수차례 북한을 방문하기도 했던 독일의 소설가 루이제 린저가 북한주민들을 "기독교적 생활을 하고 있는 기독교인 아닌 기독교인"이라고 기술한 것도 상당부분 타당한 것으로 볼 수 있다(린저, 1988: 154).

3. 주체사상의 개인화/내면화

김병로의 북한이탈주민 8명을 대상으로 한 심층면접조사에 따르면, "내 가슴 속에 있는 김일성은 영원히 사라지지 않을 것이다.", "나는 죽을 때까지 김일성으로부터 완전히 자유로워지지는 못할 것이다." 등의 진술이 나타나고 있다(김병로, 2000: 2). 이와 같은 진술은 북한 체제를 벗어난 이후에도 주체사상이 개인의 삶에 여전히 중요한 영향을 미치고 있음을 증명하는 것이라고 할 수 있다.

물론 이러한 주체사상의 내면화는 개인에 따라, 또한 연령대에 따라 상이하게 작용하고 있다. 위에 언급한 김병로의 연구에 따르면, 50~60대는 자주성, 수령관, 집단주의 등에 대해서는 비교적 잘 이해하고 있었지만, 철학적 측면에 대해서는 다소 부정적 견해를 나타낸 반면에, 20~30대는 인간중심의 철학과 민족제일주의를 핵심적 내용으로 생각하는 경향이 있었다. 특히, 1974년의 '유일체계' 이후 세대들은 주체사상을 이미 '주어진 것'으로 받아들이는 수동적 태도를 나타냈다(김병로, 1994: 81-105). 주체사상은 단순한 사상이 아니라 체제를 정당화하는 효과도 나타내는데, 예를 들어 "북한의 사회주의가 남한의 자본주의보다 효율성은 낮지만, 사회적 불평등을 제거할 수 있는 보다 나은 제도"라는 입장을 다수의 이탈주민들이 지니고 있었다(김병로, 1994: 71). 다른 한편으로, 경제침체를 벗어나기 위해 북한정권이 추진하는 개혁, 개방이 주체사상의 기능을 약화시키는 일면도 드러나고 있다(김병로, 1994: 107).

주체사상의 내용 중 김일성에 대한 신뢰, 민족주의에 대한 지지(99%)가 전반적으로 가장 긍정적으로 평가되고 있었고, 주체철학을 신봉하고, 북한 체제가 우월하다고 생각하는 비율(70%)도 상당히 높게 나타났다(김병로, 1994: 158). 전반적인 주체사상에 대한 신봉 정도는 소년, 노년 층에서 강한 데 반해 30대를 전후한 3세대들은 약하게 나타나고 있으며, 직업별로는 노동자층에 비해 농민들이 신앙심이 약한 것으로 조사되었다(김병로, 1994: 160).

하지만 이러한 주체사상의 내면화/개인화 경향은 최근에 들어 많이 변화한 것으로 나타난다. 본 저자가 최근 실시한 인터뷰 결과에 따르면,[15] 북한주민들의 주체사상에 대한 내면화/개인화 정도는 결정적인 2개의 계기, 즉 김일성 사망(1994년 7월)과 화폐개혁(2009년 12월)을 기점으로 엄청난 변화를 겪은 것으로 나타난다. 물론, 인터뷰 대상이 북한이탈주민에 국한되었기에, 전체 북한주민들의 상황을 객관적으로 파악하기에는 어려움이 있었지만, 이들이 평가한 그리고 북한 거주 시 이들이 경험한 북한 주민들의 상황은 이에 대한 간접적인 자료를 제시해 주고 있다.

인터뷰 대상자 C에 의하면[16] 김일성 생존 시에는 체제에 대한 불평이 별로 없었다고 한다. 그녀는 김일성 사망 시의 상황을 '분위기가 왠지 으스스'하고, 마치 '지구가 멈추는 듯한 느낌'이었다고 전한다. 그때 사람들이 너무나 많이 울었고, 사회 전체가 뒤죽박죽이었다고 전하며, 그동안의 '시스템'이 완전 무력화되었다고 표현했다.

인터뷰 대상자 D는 김일성 생존 시 주체사상은 '바람벽'과 같은 역할을 해 주었다고 평가했다. 주체사상은 '의지하는 대상'이 되었고, "잡신경을 안 써도 살아갈 수 있게 해주었다.", "전반적으로 '사는 데 불평/불

15 인터뷰는 2016년 2월 25일 서울의료원 내 북한이탈주민 상담실에서 남자 1명, 여자 7명 등 총 8명을 대상으로 초점 집단(focus group) 인터뷰 방식으로 행해졌다. 인터뷰 대상자의 인적사항은 아래의 표와 같다. 상대적으로 여성의 비율이 높은 것은 북한이탈주민 전체에서 여성비율이 높은 것과 관련된다. 인터뷰 대상자 H에 의하면 전체 이탈주민 중 여성이 차지하는 비율은 약 70~80% 정도에 달한다고 한다.

구분	성별	연령	출신지역	북한이탈시기
A	여	69	함경남도	2004
B	여	50	함경북도	2014
C	여	50	함경북도	2010
D	여	58	평안북도	2003
E	여	39	함경북도	1997
F	여	58	밝히지 않음	2005
G	여	44	함경북도	1998
H	남	43	평안남도	2011

16 C는 보위국 안전부 예술선전대 출신으로 딸과 함께 북한을 탈출하였다.

만이 없었고", "초등학교 아이들에게 국가에서 선물도 주었다." 하지만 김정일 등장 이후 자기 힘으로 살 수밖에 없게 되었고, 이러한 상황을 그녀는 "'아버지'가 바뀌니. 원래 '아버지' 생각이 난다."고 표현하였다. "김일성 때까지는 괜찮았"지만(C의 진술), 김일성 사망 이후 "먹고 사는 문제"가 제기되었고, 결정적으로 2009년의 화폐개혁을 통해 주체사상의 영향력은 결정적으로 감소한 것으로 평가하였다(A를 비롯한 대부분의 진술). 결국 "'사상'은 변하지 않았지만, '환경'이 변했고", 주체사상의 영향은 아직도 남아 있지만, 아직도 주체사상이 '맞긴 맞지만'(A의 진술), 그 영향력은 감소할 수밖에 없었다. 하지만 공개적으로 이에 대한 '불평'은 할 수 없고, 대신 '대충하자'는 의식, '형식적'인 참여가 일반화되어 있다고 전했다. 국가에서 '이렇게 이렇게 하라'고 지시하지만, 그리고 이에 대한 '말반동'들은 지금도 역시 다 잡혀 가지만, 비공식적인 자리에서의 불평은 늘어날 수밖에 없었다.[17]

이러한 상황에 대해 H는 "(김일성이) 죽고 나니, 결국 의지할 것은 '인간'이 아니구나."라는 생각이 들었고, '인간'은 영원한 믿을 대상이 될 수 없다는 생각이 전반적으로 퍼지게 되었다고 증언했다. 이러한 맥락에서 예전에는 2월 15일(김일성 탄생일), 4월 15일(김정일 탄생일) 등을 중요한 날로 지켰지만, 지금은 그 보다 음력 설, 대보름 등을 더 중요하게 지키게 되었다고 한다. 결국, 이러한 주체사상의 공백을 메운 것은 다른 종교적 심성이었다. '사라졌던 무당들'이 다시 살아났고, 이는 간부들이 먼저 시작했다고 한다. 또한 중국에서 '불교책'도 들어오게 되었다고 말하였다.

현재 북한에서의 주체사상의 영향도와 관련해서는, 그대로 믿는 사람의 비율에 대한 평가가 10~30% 사이로 엇갈렸지만, 예전 같지 않다

17 C는 이와 관련된 북한에서 유행하는 한 농담을 소개해 주었는데, 북한 체제에서 강조하는 '강성대국'과 관련된 것이었다. 그 내용은 "강성대국의 문이 조금 열렸단다. 그런데 거기 간부들이 다 앉아 있더란다."라는 체제불만적인 것이었다.

는 것은 공통적이었다. 정부의 혜택을 받는 사람들이 상대적으로 주체사상을 더 신봉하기는 하지만, 당 간부라고 해서 모두 이에 긍정적인 것은 아니었다. 오히려 당 간부들이 더 부정적이라는 말도 나왔고(A, C의 진술), 안 믿으니까 오히려 더 통제를 강력하게 하고, 교육 자체도 더 강화되었다고 증언했다. '10대 원칙' 같은 경우도 암송은 하지만 대부분 믿지는 않으며, "주체사상대로 살라면 뼈가 다 빠진다."는 표현도 하였다. 지역 내에서도 '주체사상 연구실'의 건설이 지체되는 등 실제적 우선순위에서 밀리는 상황도 얘기했다. 이러한 상황은 북쪽지역과 남쪽지역이 약간 다른데, 북쪽지역이 국경을 통한 중국의 영향으로 더 개방되었고, 이에 따라 불만이 더 많은 것으로 얘기되었다.

주체사상과 다른 종교, 특히 기독교의 비교와 관련하여서 F는 "'교회책'이 김일성-하나님 이름만 바꾸면 저작선집과 똑같다."고 말했고, 다른 인터뷰 대상자들도 "주체사상과 기독교가 행사 및 절차는 똑같다."고 표현했다. A의 경우는 아는 분이 장로님이라, 교회를 출석한 경험이 있는데, 헌금강조가 부담이 되었고, 주체사상과 똑같아서 오히려 교회가기가 싫다고 증언했다. 몇몇은 교회가 "김일성보다 더 하면 더 했지."라고 말하기도 했다.[18] E는 교회 출석한 경험에 대하여, '김정일/김일성 세뇌' 하는 것과 유사했고, 주체사상이 "아무리 미쳤다고 해도 그 정도는 아니었다."(교회가 더 심하다)고 말하기도 하였다. 또한, 종교를 통해 "지배받는 느낌이 싫다. (기도가) 시끄럽다."고 얘기했다. 주체사상에 대해 "하나님을 믿는거나 그게 그거 아니냐."라는 표현도 있었다. 반면, B의 경우는 북한 이탈과정에서 많은 어려움을 겪었고, 그 가운데 체험한 것들로 인해 기독교 신앙을 갖게 되었다고 고백했다.

현재에 있어서 얼마나 주체사상이 영향을 미치고 있는가? 라는 질문

18 이렇게 말한 이들은 이단에 속하는 M교회를 방문한 경험이 있었고, 그 교회에서 담임목사를 대하는 태도를 보고 위와 같이 표현하였다.

에 대하여는, 대부분이 큰 영향은 없지만 '주체적 인간관'만은 긍정적으로 평가하고, 아직도 어느 정도 영향이 있음을 얘기했다. B의 경우는 '나의 운명은 나 자신의 것이다.', '내 삶은 나의 것이다.'라는 명제들은 북한이탈과 남한정착 과정에서 큰 도움을 주었고, 지금도 그 주장은 맞다고 생각한다고 했고, 다른 이들도 이에 대해 어느 정도 공감을 표시했다. 다만, 그걸 이용해서 (정권을) 합리화한 것이 문제라고 지적했다. C의 경우도 주체사상의 현재 영향이 '조금은 있는 것 같다.', '이치는 맞는 것 같다.'라고 인정했으며, '자기 운명의 주인은 자기다.'라는 주장에 대해 많은 공감을 표시했다. 그럼에도 불구하고, 주체사상은 그 당시의 시스템과 생활여건이 구비되었기에 가능한 것이었고, 그렇지 않은 상황(현실)에서는 받아들이기가 쉽지 않음을 인정했다. 특히 1996~97년 '고난의 행군'을 통해 배급(체제)이 끝나면서, 더 이상 그 사상과 체제는 유효하지 않은 것으로 평가했다.[19] E의 경우는 북한에 있을 때까지는 주체사상에 대해 긍정적 입장이었다고 자신의 견해를 밝히며, 다만 '배부르게 먹을 수 있다더라.'는 소문이 자신을 이탈하게 만들었다고 했다. 그래서 중국에 있을 때도 한국에 오기가 꺼려졌고, 특히 '내 운명의 주인은 나 자신이다.'는 명제는 자신이 부모 없이 성장하는 데 중요한 작용을 하였다고 증언했다. 나아가 그녀는, "그때 그 정신이 있었으니까 이렇게 살 수 있었다.", "그것 하나는 나쁘지 않다. 그것 가지고 많이 버티고 있지."라고 말하는 등 아직도 주체사상에 대해 어느 정도 긍정적인 입장을 견지했다. 반면, F의 경우는 주체사상에 대해 "이제는 가물가물하다.", "주체사상이고 뭐고, 이제 다 없어진 것 같다."라고 현재에 대한 영향을 부인했다. A는 "북한 백성들을 눈가림하고 자기 향락을 위해 바보로 만드는" 것이며, "지나치게 김일성 위주여서, 오히려 창조/

19 C는 그 과정에서 많은 북한 주민들이, 특히 당시 인텔리가 많이 죽어 나간 상황에 대해서도 증언했다.

창발성을 억제"하는 경향이 있다고 주체사상을 비판하면서도, "아부, 아첨하는 경향은 오히려 대한민국이 더하다."고 자신의 입장을 얘기했다.

주체사상의 요소 중 주체적 인간관 이외의 영향은 거의 언급되지 않았고, 다만 집단을 우선시하는 사고의 영향으로, 아직도 '타인'을 중시하는 경향이 이탈주민들 전반에 남아 있다고 증언했다. 반면, '상호 비판'의 습관이 어려서부터 '생활총화'를 통해 몸에 배어 있어서, '서로 씹는 면'이 존재하고, 이러한 경향이 공동체를 해치기도 한다고 말했다. B의 경우에는, 이러한 경향에 대해 "(타인의 약점을) 무조건 끄집어내야 하는 습관이 있는데, 그게 너무 안 좋다."고 했으며, '상관없는 것'도 말하는 것이 습관이 된 것 같다고 얘기했다.

주체사상이 붕괴하기 이전, 즉 그러한 사상이 가능했던 김일성 생존 시의 북한과 현재의 남한 중에서 선택할 수 있다면 어떤 체제를 선택하겠는가? 하는 질문에 대하여, 응답한 이들은 오히려 김일성 생존 시의 북한을 택하겠다는 의견이 많았다. C의 경우, 그 이유로 "그래도 정돈되게 살 수 있었고, 스트레스 받을 일이 없었다."고 하면서, 그 당시 북한 주민들은 "충족하지는 못했지만, 남들보다 잘 먹고 잘 입으려는 생각도 없었다"고 전했다.

마지막으로, 북한의 현재 변화에 대하여 얘기하면서, 많은 이들은 "한국의 절반은 조선이다. 북한도 이제 잘 산다."(D의 언급)고 결론지었다. 실제로 '공산주의'란 말도 이제는 거의 사용되지 않으며, "젊은 세대의 경우는 머리를 염색하고, 남한 드라마의 영향으로[20] 서울말도 사용하는 등 큰 차이가 없다."고 증언했다. 실제로, C의 경우 20세 된 딸과

20 남한 드라마는 과거에는 주로 CD를 통해 유통되었고, 현재는 USB를 많이 이용한다고 했다. 가격은 지역에 따라 다른데, 오히려 (감시로 인해) 평양이 제일 비싸고, 청진 같은 대도시가 중간, 무산 같은 국경 지역이 가장 싸다고 했다. 유통되는 영상 중에는 소위 '야동'이라고 하는 내용도 꽤 있다고 전했다.

함께 이탈했는데, 딸은 김일성이 누군지도 잘 모르며, 자신에 비해 (상대적으로) 적응도 더 잘 했다고 했다. 북한에 있을 때에 "서울에서 전화 왔다."는 농담을 할 정도로, 남한에 친숙했음도 전했다. "남한이랑 차이가 별로 없다.", "이제 북한 정신도 남한과 다를 바 없다."는 것이 이들의 공통적인 의견이었다.

Ⅵ. 나가는 말

이 장은 동독 사회의 종교사회학적 상황을 기존의 종교적(기독교) 가치 혹은 세계관과 또 다른 가치 혹은 세계관(공산주의 혹은 과학주의)의 갈등의 양상으로 분석하고, 이러한 분석 틀을 북한의 주체사상에 대한 종교사회학적 분석과 비교하고, 나아가 이를 통해 한반도의 통일 이후의 문화 통합에 기여할 수 있는 방안을 모색해 보고자 하는 목적을 지녔다. Ⅴ에서 상술한 바와 같이, 북한의 주체사상은 구 동독에서의 공산주의 혹은 과학주의적 세계관이 행하였던 대체종교의 역할을 (더욱 더) 잘 수행해 왔다고 할 수 있다. 그러나 이러한 주체사상의 기능은 김일성 사망과 함께, 또한 그 후에 나타난 북한체제의 변화와 함께 달라지기 시작했음을 북한이탈주민에 대한 인터뷰 내용에서 알 수 있었다. 북한이탈주민의 증언에 의하면, 주체사상의 적극적 신봉자는 10~30%에 불과하며 이탈주민의 경우 주체철학, 그중에서도 인간관을 제외하고는 큰 영향을 미치지 못하는 것으로 나타났다.

이제 글을 맺음에 있어 본래 의도하였던 남북한의 문화적 화해와 통합에 있어 종교가 차지하는 역할, 그와 관련된 주체사상의 영향 등에 대하여 결론적으로 언급하고자 한다. 주체사상의 영향력이 약화된 현재의 시점에서, 주체사상의 종교적 영향과 관련하여서는 2가지 상반된 경향을 읽어낼 수 있다. 첫째는, 그 공백을 메우는 다른 종교의 필요성이다. 북한이탈주민 인터뷰 중 이와 같은 경향은 H의 증언에서 확인할 수 있었다. 즉, 주체사상의 약화 이후 '사라졌던 무당들'이 다시 살아났고, 또한 중국에서 '불교책'도 들어오는 등 전통적인 종교의 영향력이 강화되는 경향이 나타났다. 이러한 경향은 통일 이후의 북한 주민들에게 종교를 통해 다가갈 수 있는 가능성을 제시한다. 북한이탈 과정에서의 어려움과 그 과정에서의 종교적 체험이 기독교 신앙을 갖게 하였다는 B의 경우도 이와 같은 종교의 필요성을 보여준다고 할 수 있다. 그러나 또 한편, 종교에 대한 주체사상의 부정적 영향도 인터뷰 내용에서 읽어낼 수 있었다. 즉, 주체사상의 부정적 경험이 그와 유사한 종교들, 특히 기독교에 대한 부정적 입장으로 이어지는 모습을 어느 정도 보여주었다. '종교를 통해 지배받는 느낌이 싫다.'거나, '주체사상이나, 하나님을 믿는거나 그게 그거 아니냐.'라는 언급에는 그와 같은 부정적 입장이 담겨 있다고 볼 수 있다. 이와 같은 주체사상의 부정적 경험을 가진 이들에게는, 종교보다는 드라마 혹은 시장경제의 소비적 사고형태가 남북한의 사고를 하나로 묶어주는 연결고리가 될 수 있었다.

동구권의 사례에서 볼 수 있었던 종교의 부흥이 통일 이후 우리나라에서도 재현될지, 혹은 동독과 같은 세속화의 모습으로 나타날지 아직 우리는 알 수 없다. 두 가지의 상황 모두 앞서 언급한 상반된 경향 속에 그 가능성을 담지하고 있으며, 혹은 두 가지의 상황이 병행해서 나타날 수도 있다. 다만, 통일 이후 구 동독 지역에서 세속적 가치관, 소위 과학주의의 영향이 지속적으로 나타난 것은, 이러한 세계관이 단순한 외부적 강제에 의한 것뿐 아니라 내적인 자기 결단을 포함한다면, 통일 이후 외적인 강제 상황이 제거된 후에도 지속적으로 영향을 미칠 수 있음을 시사해 준다. 이는 북한 체제에 대한 어느 정도의 부정적인 평가에도 불구하고, 주체사상의 긍정적 측면은 인정하는 탈북자들의 언급에서도 잘 드러나는 바이다. 결국, 통일 이후의 사회 · 문화적 통합을 위해서는 이러한 가치관/세계관의 통합이 필수적이며, 문화적 화해와 통합이라는 입장에서 이러한 경향성에 대한 다양한 접근, 종교적 접근과 비종교적 접근의 양면적인 대처 방안의 마련이 필요하다고 볼 수 있다. 특히 기독교적 입장에서는, 북한 주민들의 종교적 공백을 메우면서도, 주체사상의 부정적 경험을 반감시킬 수 있는 종교적 대책이 필요하다고 생각된다.

참고문헌

김누리 편저. 2006. 『머릿속의 장벽: 통일 이후 동·서독 사회문화 갈등』. 파주: 한울 아카데미.

김동훈. 2006. "통일 이후 동독 교회의 사회적 기능 변화." 김누리 편저. 『머릿속의 장벽: 통일 이후 동·서독 사회문화 갈등』. 파주: 한울 아카데미.

김병로. 1994. 『주체사상의 내면화 실태』. 서울: 민족통일연구원.

———. 2000. 『북한사회의 종교성: 주체사상과 기독교의 종교양식 비교』. 서울: 통일연구원.

김재상. 2010. "통일 이후 동서독 간 갈등의 재조명: 2000년대 오스탈기 붐과 동독 이상화 현상을 보는 독일사회의 시각변화." 『뷔히너와 현대문학』 36.

김창권. 2010. "독일 통일 이후 구동독지역 인구이동 및 인구변화와 한반도 통일에 주는 정책적 시사점." 『경상논총』 28-1.

류성민. 2003. "주체사상과 종교." 『종교연구』 32.

린저, 루이제. 1988. 『루이제 린저의 북한 이야기』. 강규현 역. 서울: 형성사.

박승덕. 1993. "주체사상의 종교관." 북미주기독학자회 편. 『기독교와 주체사상』. 서울: 신앙과 지성사.

사회과학출판사. 1985. 『철학사전』. 평양: 사회과학출판사.

양민석 · 송태수. 2010. "독일 통일 20년-사회 · 문화적 통합의 성과와 시사점." 『한독사회과학논총』 20-4.

양영식 · 김경웅. 1991. "독일통일을 전후한 문화교류와 한반도 통일문제에의 시사점." 『문화예술논총』 3.

오경섭. 2012. 『주체사상의 구조와 정치적 기능의 변화』. 성남: 세종연구소.

윤진헌. 1986. 『김일성주체사상연구』. 서울: 형설출판사.

이범성. 2005. "독일교회의 민족통일운동에 대한 역사신학적 고찰: 에큐메니칼 관점에서." 『선교와 신학』 15.

이종석. 2000. 『현대북한의 이해』. 서울: 역사비평사.

장명봉 편. 2006. 『최신 북한법령집』. 서울: 연이프린텍.

전성우. 1993. "사회통합의 관점에서 본 독일통일 3년." 『통일문제연구』 20.

———. 1995. “동서독 통일과정의 사회학적 함의: ‘사회통합’의 관점을 중심으로.” 『경제와 사회』 26.

정대일. 2011. “북한의 종교정책 연구: 북한 국가종교의 성립 과정을 중심으로.” 『종교연구』 64.

정종훈. 2010. “독일교회에 비추어 본 한국교회의 남북통일을 위한 과제.” 『한국기독교신학논총』 68.

조갑제 · 정호승. 1990. 『김현희의 하나님: ‘주체의 신’에서 해방되어 인간을 되찾기까지』. 서울: 고시계.

주도홍. 1999. 『독일 통일에 기여한 독일 교회 이야기』. 서울: 기독교문서선교회.

최현종. 2011. 『한국 종교인구변동에 관한 연구』. 부천: 서울신학대학교출판부.

한국갤럽. 2015. 『한국인의 종교 1984~2014』. 서울: 한국갤럽.

Bourdieu, Pierre. 1991. “Genesis and Structure of the Religious Field.” *Comparative Social Research* 13.

Engelhardt, Klaus, Hermann von Loewenich and Peter Steinacker. 1997. *Fremde Heimat Kirche. Die dritte EKD-Erhebung über Kirchenmitgliedschaft*. Gütersloh: Gütersloher Verlaghaus.

Frank, Anja. 2010. “Young Eastern Germans and the Religious and Ideological Heritage oftheir Parents and Grandparents.” In: Esther Peperkamp and Małgorzata Rajtar(eds.). *Religion and the Secular in Eastern Germany, 1945 to the Present*. Leiden: Brill.

Hölscher, Lucian. 2001. “Secularization and Urbanization in the Nineteenth Century. An Interpretative Model.” In: Hugh McLeod(ed.). *European Religion in the Age of Great Cities 1830~1930*. London/New York: Routledge.

Holzapfel, Ingo. 2006. “The Role of Pastoral Work and Welfare Associations during the Division and Reunification of Germany, using the Example of Church Youth Work.” 『신학과 사회』 20.

Kaiser, Jochen-Christoph. 2003. “Organisierter Atheismus im 19. Jahrhundert.” In: Christel Gärtner, Detlef Pollack und Monika Wohlrab-Sahr(Hg.). *Atheismus und religiöse Indifferenz*. Opladen: Leske + Budrich.

Karstein, Uta. 2010. “Positions and Pathways of Families within the Religious Field of East Germany: Three Catholic Case Studies.” In: Esther

Peperkamp and Małgorzata Rajtar(eds.). *Religion and the Secular in Eastern Germany, 1945 to the Present*. Leiden: Brill.

Karstein Uta, Thomas Schmidt-Lux, Monika Wohlrab-Sahr and Mirko Punken. 2006. "Säkularisierung als Konflikt? Zur subjektiven Plausibilität des ostdeutschen Säkularisierungsprozesses." *Berliner Journal für Soziologie* 16.

Kirchenamt der EKD(Hg.). 2003. *Kirche-Horizont und Lebensrahmen. Weltsichten,Kirchenbindung, Lebensstile. Vierte EKD-Erhebung über Kirchenmitgliedschaft*. Hannover: Gemeinschaftswerk der Evangelischen Publizistik.

Klein, Matthäus. 1958. "Die Verantwortung des Wissenschaftlers bei der weltanschaulichenErziehung." Beitrag zur 10. Tagung des Präsidiums der Gesellschaft zur Verbreitungwissenschaftlicher Kenntnisse.

Mädicke, Horst. 1958. "Entwurf eines Schreibens des Präsidiums der Gesellschaft zur Verbreitung wissenschaftlicher Kenntnisse 'Über die naturwissenschaftlich-weltanschauliche Arbeit'." SAMPO DY30/IV2/9.03 23.

Matthes, Joachim. 1985. "Karl Mannheims 'Das Problem der Generationen', neu gelesen: Generationen-'Gruppen' oder 'gesellschaftliche Regelungen von Zeitlichkeit'." *Zeitschrift für Soziologie* 14.

Meulemann, Heiner. 1996. *Werte und Wertwandel. Zur Identität einer geteilten und wieder vereinten Nation*. Weinheim: Beltz Juventa.

__________. 1998. "Religiosität und Moralität nach der deutschen Vereinigung. Unterschiede und Entwicklungen in den alten und neuen Bundesländern 1990~1995." In: Günter Lüschen(Hg.). *Das Moralische in der Soziologie*, Opladen: Westdeutscher Verlag.

Norris, Pippa and Ronald Inglehart. 2011. *Sacred and Secular: Religion and Politics Worldwide*. 2nd ed. New York: Cambridge University Press.

Nowak, Kurt. 1996. "Staat ohne Kirche?: Überlegungen zur Entkirchung der evangelischen Bevölkerung im Staatsgebiet der DDR." In: Gert Kaiser und Ewald Frie(Hg.). *Christen, Staat und Gesellschaft in der DDR*. F.a.M: Campus.

Peperkamp, Esther. 2010. "Between Menschlichkeit and Missionsbefehl: God,

Work, and the World among Christians in Saxony." In: Esther Peperkamp and Małgorzata Rajtar(eds.). *Religion and the Secular in Eastern Germany, 1945 to the Present*. Leiden: Brill.

Peperkamp, Esther and Małgorzata Rajtar. 2010. "Introduction." In: Dies. *Religion and the Secular in Eastern Germany, 1945 to the Present*. Leiden: Brill.

Pollack, Detlef. 1994. *Kirche in der Organisationsgesellschaft: Zum Wandel der gesellschaftlichen Lage der evangelischen Kirchen in der DDR*. Stuttgart: Kohlhammer.

__________. 2000. "Religiös-kirchlicher Wandel in Ostdeutschland nach 1989." In: Joachim Matthes(Hg.). *Fremde Heimat Kirche-Erkundungsgänge. Beiträge und Kommentare zur dritten EKD-Untersuchung über Kirchenmitgliedschaft*. Gütersloh: Gütersloher Verlaghaus.

Pollack, Detlef and Gert Pickel. 1999. "Individualisierung und religiöser Wandel in der Bundesrepublik Deutschland." *Zeitschrift für Soziologie* 28.

Rajtar, Małgorzata. 2010. "Religious Socialization in a Secular Environment: Jehovah's Witnesses in Eastern Germany." In: Esther Peperkamp and Małgorzata Rajtar(eds.). *Religion and the Secular in Eastern Germany, 1945 to the Present*. Leiden: Brill.

Schmidt, Thomas and Monika Wohlrab-Sahr. 2003. "Still the Most Areligious Part of theWorld: Developments in the Religious Field in Eastern Germany since 1990." *International Journal of Practical Theology* 7.

Schmidt-Lux, Thomas. 2010. "Science as Religion: The Role of Scientism in the Secularization Process in East Germany." In: Esther Peperkamp and Małgorzata Rajtar(eds.). *Religion and the Secular in Eastern Germany, 1945 to the Present*. Leiden: Brill.

Smith, Christian(ed.). 2003. *The Secular Revolution: Power, Interests, and Conflict in the Secularization of American Public Life*. Berkeley: University of California Press.

Tischner, Wolfgang. 2001. *Katholische Kirche in der SBZ/DDR 1945~1951: Die Formierung einer Subgesellschaft im entstehenden sozialistischen Staat*. Paderborn: Schöningh.

Tomka, Miklos. 1991. "Secularization or Anomy? Interpreting Religious Change in Communist Societies." *Social Compass* 38.

Vukov, Nikolai. 2010. "Secular Rituals and Political Commemorations in the GDR, 1945~1956." In: Esther Peperkamp and Małgorzata Rajtar(eds.). *Religion and the Secular in Eastern Germany, 1945 to the Present*. Leiden: Brill.

Wappler, Kirstin. 2010. "The Limits of Politicization of the Schools in the GDR: The Catholic Eichsfeld Region and the Protestant Erzgebirge–a Comparison." In: Esther Peperkamp and Małgorzata Rajtar(eds.). *Religion and the Secular in Eastern Germany, 1945 to the Present*. Leiden: Brill.

Weber, Max. 1956. "Vom innern Beruf zum Wissenschaft." In: Johannes Winckelmann (Hg.). *Soziologie, Weltgeschichtliche Analysen, Politik*. 2. Aufl. Stuttgart: Alfred Kröner Verlag.

Wegener, Bernd and Stefan Liebig. 1993. "Eine Grid-Group-Analyse sozialer Gerechtigkeit. Die neuen und alten Bundesländer im Vergleich." *Kölner Zeitschrift für Soziologie und Sozialpsychologie* 45.

Wierling, Dorothee. 2002. *Geboren im Jahr Eins: Der Jahrgang 1949 in der DDR. Versuch einer Kollektivbiographie*. Berlin: Ch. Links Verlag.

Wohlrab-Sahr, Monika. 2002. "Säkularisierungsprozesse und kulturelle Generationen: Ähnlichkeiten und Unterschiede zwischen Westdeutschland, Ostdeutschland und den Niederlanden." In: G. Burkart and J. Wolf(Hg.). *Lebenszeiten: Erkundungen zur Soziologie der Generation*. Opladen: Leske + Budrich.

________________. 2009. "Atheist Convictions, Christian Beliefs or 'Keeping Things open'? Patterns of World Views among Three Generations in East German families." In: Ricca Edmondsonand Hans-Joachim von Kondratowitz(eds.). *Valuing Older People: A Humanist Approach to Aging*. Bristol: The Policy Press.

________________. 2010. "Conclusion: Dealing with Two Master's Commands–Explorations of the Complexities of Religious Life under a Dictatorial Regime." In: Esther Peperkamp and Małgorzata Rajtar(eds.). *Religion and the Secular in Eastern Germany, 1945 to the Present*. Leiden: Brill.

―――――――――. 2011. "'Forced' Secularity? On the Appropriation of Repressive Secularization." *Religion and Society in Central and Eastern Europe* 4(1).

―――――――――. 2012. "Erzwungene Säkularisierung oder forcierte Säkularität? Ein Beitrag zur Analyse der Wirkungen repressiver Religionspolitik." In: Anita Bagus(Hg.). *Erfahrung kultureller Räume im Wandel. Transformationsprozesse in ostdeutschen undosteuropäischen Regionen*. SFB 580 Mitteilungen.

Wohlrab-Sahr, Monika and Marian Burchardt. 2012. "Multiple Secularities: Toward a Cultural Sociology of Secular Modernities." *Comparative Sociology* 11.

Wohlrab-Sahr, Monika, Uta Karstein und Thomas Schmidt-Lux. 2009. *Forcierte Säkularität. Religiöser Wandel und Generationendynamik im Osten Deutschlands*. F.a.M.: Campus Verlag.

3부

오늘과 내일 사이에서

8장

제도화된 영성과 한국 종교 지형의 변화 : 가톨릭과 개신교를 중심으로

I. 들어가는 말

2005년의 인구 센서스 발표 이후 한국의 각 종교계 및 관련 학계는 한국 종교 지형의 변화의 원인을 찾기에 골몰해 왔다. 필자 또한 이러한 흐름 속에 나름대로 부족하나마 종교의 주변화, 축복형 종교에서 의미형 종교로 변화하는 추세를 통해 이러한 변화의 원인을 모색하는 연구 결과를 내놓은 바 있다(최현종, 2011). 이 장은 이러한 연구의 연장선상에서 한국 종교 지형의 변화를, '종교'와 대비되는 개념으로서의 '영성'의 발달을 얘기하는 서구의 연구 경향과 관련하여 생각해 보려는 시도이다.

영성 문제를 종교사회학적으로 살펴본 이전의 연구로는 송재룡, 전명수의 연구들을 들 수 있다. 송재룡의 연구는 영성으로의 전환을 탈근대 사회의 실존적 상황과 연결시켜 해명하면서, 종교와 영성 양자의 개념과 관계성을 설명하고, 새로이 등장한 영성사회학의 가능성과 한계를 지적하고 있다(송재룡, 2010: 135-162). 하지만 이러한 영성의 현상이 한국의 상황에서 어떻게 드러나고 역할을 하는지, 또한 이러한 영성의 유행이 어떻게 사회 속에서 정착하고 제도화할 수 있는지의 문제에 대해서는 언급하고 있지 않다. 한편, 전명수는 서구의 영성 운동이 갖는 탈세속화의 함의를 지적하면서, 기존의 개인주의적 영성 운동이 영성의 상품화를 통해 대중성과 사회성을 공유하려는 움직임으로까지 발전해 나가는 경향에 대해서 언급하고 있다(전명수, 2010: 55-79). 하지만 전명수의 연구 또한 개인주의적 영성을 넘어 제도적 종교 속에 어떻게 결합되는가의 문제와 이러한 영성의 경향이 한국 사회의 종교적 상황에

---

* 이 글은 「종교와 문화」 22(2012)에 게재된 것을 수정, 편집한 것임.

서 어떻게 영향을 미치는지에 대하여는 언급하고 있지 않다.

일반적으로 서구의 영성에 대한 연구 또한 앞서 언급한 송재룡, 전명수의 연구처럼 개인주의적 상황, 특히 신종교 운동(New Religious Movement)을 중심으로 이루어져 왔다. 이에 반해, 본 연구는 제도적 종교 안에서의 영성 추구라는 새로운 경향에 대해 주목하고, 이것이 한국의 경우 가톨릭과 결합되어 한국 종교 지형의 변화에 어떻게 영향을 미치고 있는지 생각해 보려 한다. 또한, 연구의 말미에서는 이러한 현상을 니클라스 루만(Niklas Luhmann)의 이론을 통해 간략하게나마 설명하고자 시도할 것이다.

II. 영성의 등장

루프(W. C. Roof)의 정의에 의하면 '영성'(spirituality)은 과거 제도적 종교의 교리 및 의례 중심의 형태에 반해 "의미, 그리고 실존적 전체성을 향한 인간적 탐구"를 의미한다(Roof, 2003: 138). 우쓰나우(R. Wuthnow) 또한 이러한 상황을 사람들이 형이상학에 대한 믿음을 잃고, 좀 더 세분된 지식과 실용적 지혜를 찾는 경향에 기인한다고 말하고 있다. 이러한 변화된 경향이 과거의 '제도적 종교'보다는 새로운 형태의 '종교적인 것'을 요구하였고, 이것이 '영성'이라는 형태로 나타나게 되었다는 것이다. 우스나우는 제도적 종교와 새롭게 나타난 영성을 구분하면서 '거주자'(dweller)와 '탐색자'(seeker)라는 대조적 개념을 통하여 그 차이를 설명하고 있는데(Wuthnow, 1998b: 3), 여기서 '거주자'가 기존의 잘 정립된 의례나 일상적 관행 속에서 질서와 의미를 발견하는 자라면, '탐색자'는 그 말 자체가 의미하는 바처럼, 의미 혹은 절대성의 여러 다양한 가능성에 대해 '개방성'을 갖고, 새로운 영적 가능성을 탐색하는 자를 의미한다(Roof, 2003: 138). 그리하여 종교적 · 영적 생활과 관련하여 전자는 정착된 삶을 사는 이의 이미지를, 후자는 여행자 혹은 방랑자의 이미지를 전해 준다.

미국의 경우 이미 1970년대 중반의 조사에서 10명의 미국인 중 8명 가량이 "개인이 교회와 독립적으로 자신의 종교적 신앙을 가져야 한다."는 데에 동의하는 것으로 나타났고, 비슷한 비율의 사람들이 "교회나 회당에 참석하지 않는다 하더라도 그는 좋은 크리스찬 혹은 유대교인일 수 있다."고 답하였다(Princeton Religion Research Center, 1978). 이러한 제도적 종교에 얽매이지 않은 종교인/영적 탐색자의 모습은 벨라(R. Bellah)의 '쉐일라이즘'(Sheilaism)이라는 표현 속에서도 잘 드러나고 있다.[1] 쉐일라이즘은 현대의 종교 생활에 있어서의 '표현적 개인주의' 혹은 '공리주의적 개인주의'의 경향을 잘 보여주는 것으로, 특정 종교의 입장보다는 자신의 개인적 필요에 따라 접촉할 수 있는 다양한 종교적 원천으로부터 필요한 것을 소비하는 경향을 의미한다. 이는 물론 종교만의 현상이라기보다는 사회 전반의 상대주의, 다원주의, 개인주의와 같은 경향이 반영된 것으로 볼 수 있다. 또한 '자아'—특히 '자아 실현'이나 '자아 표현'—, '창조성', '자발성'과 같은 심리학적 · 사회문화적 개념이 종교적 현상에 투영된 것으로도 보인다.[2] 이러한 현재의 경향들은 종교의 선택 혹은 소비에 영향을 미치고, 나아가 자신의 필요에 따라 종교를 가공하는 것으로 발전하기도 한다. 즉 기존의 패키지화된 경험이 아니라, 자신의 창조물로서의 경험적 생산물을 추구하는 경향이 종

---

1 종교 문제에 관하여 자기 자신의 내적 목소리를 좇아 행한, 심리 치료 중에 있는 한 젊은 간호원(Sheila Larson)을 묘사하기 위해 벨라 등이 사용한 용어. 종교의 개인화 경향을 단적으로 드러내는 표현으로 통용된다. 이와 관련하여서는 Bellah *et al.*(1985) 참조.

2 루프는 이러한 변화에 중요한 영향을 미친 요소로 개인주의적 에토스, 치료적 사고방식(therapeutic mentality), 증가하는 소비주의를 들고 있다(Roof, 2003: 142).

교에 있어서도 나타나는 것이다(Flory and Miller, 2007: 203).[3] 이러한 추구에 있어 중심에 위치한 것은 '신'이 아니라, 앞서 말한 바처럼 '자아'이다.[4] 따라서 자신이 소비하고자 하는 종교적 · 영적 재화가 소비 욕구에 적합하지 않을 때, 그들은 쉽게 다른 종교적 · 영적 재화 혹은 나아가 비종교적 재화로 소비를 변화시킬 수 있다. 이제 진리는 '교회'의 진리가 아니라, '나'의 진리가 되어야 하며, '나'의 진리가 되는 데는 '교리'보다 '경험'이 중요한 영향을 미친다. 이와 같은 상황에 대해 드루거스(Droogers)는 '영혼의 탐색'(soul-searching)이 '진리의 발견'(truth finding)보다 더 중요해진다고 말하기도 한다(Droogers, 2007: 93f.).

한 조사에 따르면 미국의 경우 '종교적'이라고 대답한 사람의 79%가 자신을 '영적'(spiritual)이라고도 규정하였지만, '종교적'이 아니라고 대답한 사람의 54%도 자신을 '영적'이라고 정의하였다(Roof, 2003: 145). 이는 '영성'에 대한 범위가 꼭 '종교'와 일치하지는 않으며, 보다 폭넓은 범위의 영역임을 보여준다고 할 수 있다. 이러한 비율—영적이지만, 종교적이라고 규정하지 않은—은 전체 조사 대상자로 보았을 때에는 약 14% 정도를 차지하였다. 그리고 이러한 '종교' 범주와 '영성'의 범주의 구분에 중요한 영향을 미치는 것이 바로 종교적 개인주의의 성향이다. 위의 조사에 의하면 종교적 개인주의는 '종교' 범주와는 부정적 상관을 보이는 데 반해, '영성'의 범주와는 긍정적 상관을 보여주고 있다.

그러나 드루거스에 의하면 이와 같은 개인주의화의 경향은 실제로는 2가지 상반된 방향으로 진행될 수 있다. 하나는 공적/사적 영역에서의 종교의 주변화(marginalization)이고, 또 하나는 실존적 불안정성의 야기

3 미국의 이머징 처치의 경우에도 이러한 경향이 일부 나타나는 것으로 볼 수 있다. 또한 이러한 경향은 단순한 소비자가 아니라, 어느 정도 가공을 행하는 '프로슈머'(Prosumer)라는 일반 사회적 개념과도 상통하는 것으로 볼 수 있다.

4 힐라스(P. Heelas)는 이와 관련 '거룩한 자아'(sacred self)라는 용어를 사용한다. 이와 관련하여서는 Heelas(1996) 참조.

에 따른 새로운 종교성으로의 발전이다(Droogers, 2007: 84). 자기 성취를 삶의 목적으로 만드는 주관성, 당대의 선택 경향을 좇게 만드는 불확실성은 단지 '지금 여기'에 집중하여, 과거의 전통이나 종말론적 희망의 자리를 앗아갈 수도 있지만, 때로는 일상생활을 지속적으로 스스로 통제하는 데 지친 현대인들로 하여금 거룩함에 대한 맹목적 복종을 통하여 위안을 얻도록 만들기도 한다. 결코 무시할 수 없는 이러한 현대의 종교적 추구 속에 종교 생활에서 조직화된 틀과 완전한 자유의 절묘한 조화—실제로는 쉽지 않은, 거의 불가능에 가까운—를 요구하는 것에 대한 답으로서 나타난 것이 현대적 의미의 '영성'의 추구 현상이라고 생각된다.

III. 영성과 제도적 종교의 결합

기능주의적 입장에 따르면 종교는 일종의 사회적 기반을 제공하는 역할을 한다. 영성의 출발이 개인주의와 자아의 우월에 있지만, 이것은 일반적인 과거의 종교적 현상처럼 제도화를 필요로 한다. 실제로 기독교 역사에 있어서의 여러 운동, 초기의 몬타누스 주의나, 중세의 초기 프란체스코파 운동이나 여러 천년왕국 운동들도 일종의 영성 운동으로 볼 수 있다. 하지만 이러한 영성 운동이 사회에 자리 잡고, 그것이 계승되기 위해서는 필연적으로 제도화의 과정을 거쳐야만 했고, 그 과정 속에서 어느 정도의 변화를 거쳐야만 했다.[5] 현대의 영성 운동들을 과거

5 바이어(Peter Beyer) 또한 현대의 영성적 운동을 어느 정도의 조직은 갖고 있지만, 대체적으로 참여의 성격이 일회적 · 우연적이며, 중앙의 권위 체계의 통제를 받지 않음을 특징으로 하는 종교적 운동(religious movement)의 성격을 지닌 것으로 파악한다. 바이어에 의하면 대개 종교적 운동은 모임의 기회, 축제 같은 것이 끝나면 각자의 정상적 생활로 돌아가며, 따라서 멤버십(구성원 자격)에 대한 규정 같은 것도 거의 없으며, 나아가 근

와는 단절된 현대의 특수한 상황으로만 보는 것은 문제가 있다. 실제로 현대의 영성 운동에 많은 영향을 미친 '신종교'들은 서구의 입장에서는 새로운 운동이지만, 사실은 이들의 많은 경우가 비서구의 '전통적' 종교와 연결되어 있기도 하다. 따라서 현재의 서구의 영성 운동을 전통적 종교와의 연장선, 혹은 유사한 이론적 종교의 틀—제도화와 관련된—에서 살펴보는 것은 나름대로의 유익을 전달해 줄 수 있는 시도라고 생각된다.

실제로 서구에 있어 '영성'과 옛 종교를 결합하려는 시도는 1960년대의 반문화에서 촉발된 '영성'의 제1세대가 지나면서, 그것을 어떻게 전승시키고 교육할 것인가 하는, 일면 '영성'의 제도화의 문제와 연결되어 나타난다. 즉 '자아 실현', '개인주의'의 입장에서는 영성이 종교보다 우위에 섰지만, 그것이 사회 안에 지속적으로 자리 잡기 위해서는 어느 정도의 제도화가 불가피하다. 고다드(Goddard)는 서구 사회에서 영성의 발전은 2개의 노선을 따라 진행된다고 설명하는데, 하나는 신적 존재에 대한 믿음으로 병합되는 것이고, 또 하나는 인간을 영적 속성을 지닌 존재로서 인정하는 방향으로 발전하는 것이다(Goddard, 1995: 808-815). 후자가 때로는 신적인 존재를 배격하고 개인의 자체적인 영적 성격을 강조하는 방향으로 나아가는 데 반해, 전자는 때로는 종교적 배경이 없는 '탐색자'의 성격을 띠기도 하지만, 때로는 기존의 '제도적' 종교에 대한 차별화된 접근의 방식을 띠기도 한다(Versteeg, 2007: 104f.).[6] 이러한 접근은 과거 전통의 파괴보다는 일종의 '해체'와 '재구성'을 통해, 옛 이름은 가지고 있지만 새로운 성격의 종교와 조우하며 이를 통해 그 안에

본적으로 조직을 거부하는 경우도 많다. 그러나 이러한 종교적 운동은 시간의 진행에 따라 어느 정도의 조직화, 제도화의 압력을 받게 되며, 이것은 역사상 존재했던 이전의 종교들의 제도화 경향과 다르지 않다고 설명하고 있다(Beyer, 2006: 110).

6 Versteeg 또한 이러한 제도적 종교 안의 영성적 경향을 1980년대 이후의 진보적 신앙의 쇠퇴와 연결시키기도 한다.

서 자신의 영적 욕구를 만족시킨다. 또한 기존의 종교는 이미 어느 정도의 제도적 터전을 지니고 있기에 제도화와 관련하여서는 여러 면에서 유리한 위치를 점할 수 있다.

현대의 문화적 상황은 너무나 많은 '거짓 신'들, 우상, 카리스마적 인물들을 만들어 내고 있는 실정이다. 물론 이러한 실정은 소비적 상업문화의 산물이기도 하다. 하지만 이러한 '거짓 신'들의 범람 속에서 어떻게 '참 신'을 가려낼 수 있을까? 이러한 질문은 영성의 범람 속에, 혹은 합리화된 종교의 추구 속에 잊혀졌던 옛 종교적 유산의 재발굴에 관심을 갖게 한다.

플로리(R. Flory)와 밀러(D. Miller)는 이와 같이 제도적 종교 안에서 새로운 영성을 찾는 집단을 크게 '재생자'(Reclaimer)와 '혁신자'(Innovator)의 2개의 집단으로 분류한다(Flory and Miller, 2007). 이 분류에서 '재생자'는 보다 과거의 전통을 그대로 수용하지만 이를 새롭게 소비하는 집단을, '혁신자'는 이에 대해 보다 현대적인 가공을 하는 집단을 가리킨다. 하지만 필자의 견해로는 이러한 구분보다는 이들 집단이 새로운 영성을 과거의 '제도적 종교'의 유산 속에서 찾고자 하는 공통적 경향이 더 중요하다고 생각한다.

플로리와 밀러가 제시한 제도적 종교 안에서 새로운 영성을 찾는 집단의 특징을 '재생자'를 중심으로 살펴보면 이들은 1) 의식 중시적 교회, 시각적 요소에의 매혹, 2) 기독교의 보다 광범위한 역사적 맥락에 주목, 3) 소규모 공동체에 대한 열망, 4) 바람직한 영적 식이요법(regimen)의 추구,[7] 5) 고정된 사회적 구조와 종교적 '절대성'에의 열망 등의 5가지를 들 수 있다(Flory and Miller, 2007: 204ff.).[8] 한 개종자는 인터뷰에서 말

7 여기서 영적 식이요법이란 주어진 것이기보다는 적극적 추구에 따라 만들어진 것이며, 성직자들은 영적인 문제의 멘토로서 이들 영적인 소비자들에게 이러한 식이요법을 제공하는 역할을 한다.

8 이에 반해 '혁신자'들은 1) 거룩함의 표현과 시각적 요소의 유행, 2) 작은 규모, 강한 몰입

하기를, "우리는 절대적 진리를 원한다. 우리는 그저 즐거운 유희를(entertained) 원하지 않는다. 우리는 도전 받기를 원한다. 우리는 거룩해지기를 원한다. 우리는 도덕적 삶에로 도전 받기를 원한다."고 그들의 필요를 표현하였다(Flory and Miller, 2007: 209). '즐거움'은 산업화 혹은 산업화 이후 사회에서 종교가 사회와 경쟁할 수 있는 재화가 아니다. 아프리카의 '나이트 클럽보다 재미있게 즐길 수 있는 교회'(콕스, 1998: 360)[9]는 그 사회가 발전함에 따라 의미가 약화된다. 중요한 것은 종교만이 제공할 수 있는 무언가 특별한 것이 필요하다. 현대에 있어 그것은 '영성'이라는 이름으로 표현되는 것처럼 보인다. 이들이 시각적, 의식적 요소를 중시하는 경향과 관련하여서는 "예수는 육신을 입어 이 땅에 오셨다. 지나친 성서 혹은 교리에의 집중은 이러한 성육신적, 혹은 감각적 경험을 무시한다."(Flory and Miller, 2007: 206)는 한 인터뷰 대상자의 언급에서 그 의미를 생각해 볼 수 있다.

플로리와 밀러의 연구는 이들이 왜 소위 '현대적' 기독교를 버리고, '전통적' 기독교로 갔는지를 잘 보여주고 있다.[10] 이러한 '전통적', '의식적'(liturgical) 예배에 참여한 사람들—주로 젊은 층의 학생이 많았는데—과의 인터뷰에 의하면, 그들은 '윌로우 크릭'(Willow Creek)식의 구도자 예배에 물려서, 혹은 '비냐드'(vineyard)류에 불편함을 느껴서 보다 의식적인 예배를 찾기 시작했다고 말하고 있다. 또한 그들은 "머리만이 아니라 가슴으로 신의 존재를 경험"하고 싶었는데, 이러한 경험은 "오순절적 경험과는 또 다른 형태의 경험적 신앙의 모습"을 의미한다. 성 바

의 추구, 3) 종교의 기성 형태에 대한 일반적 무관심, 4) 영성의 내적/외적 표현의 추구 등을 들고 있다. 하지만 앞서 제기한 전통에 대한 가공의 정도를 제외한다면 '재생자'와 의미 있는 차이는 강하게 나타나지 않는다.

9 원문은 아프리카 교회의 성장 이유 중 하나를 "나이트 클럽에서 값비싼 돈을 낭비하는 대신 교회에서 더 나은 음악에 맞추어 춤추며 고통과 좌절감을 발산할 수 있기 때문"이라고 말하고 있다.

10 아래의 구체적 사례들은 Flory and Miller(2007: 201-18)에서 인용.

나바 정교회에 참여한 한 여신도의 딸의 반응은 이러한 입장을 아주 잘 드러내 주고 있는데, 이 어린 딸은 그 의식적 예배 속에서 아주 자연스럽게, "엄마, 하나님이 여기 계셔."라고 반응하였다. 이들은 '거의 모든 활동을 지원하고 장려'하는 '메가처치'(mega-church)식의 교회가 아닌, 영적 체험과 공동체적 소속감을 느낄 수 있는 교회를 필요로 하였고 이러한 필요를 보다 '전통적'인 형태의 교회 속에서 충족시킬 수 있었다. 그들은 "값싼 은총과 안이한 영성을 파는 장사치들(hucksters)" (Wuthnow, 1998a: 43)에 대해서는 반감을 지닌 것으로 보였다. 이들은 소위 '현대적' 기독교가 제공하는 '종합세트' 혹은 '쇼핑몰'식의 소비를 원하지 않았다. 그것은 편리하기는 하지만 보다 본질적인, 혹은 '영적인' 무언가를 놓친 것처럼 느껴진다. 또한 직접적으로 경험되는 것을 원하지만, 그것은 오순절적 교회에서 느껴지는 것과는 다른 무언가를 의미한다.

필자는 이러한 영성의 추구를 '뜨거운'(hot) 영성이 아닌, '차가운' (cool) 영성이라고 표현해 본다.[11] 이분법적으로 나눌 수는 없겠지만 뜨거운 영성을 추구하던 집단이 주로 가지지 못한 자, 배우지 못한 자들의 집단이었다면, 이제 차가운 영성을 추구하는 집단은 가진 자, 배운 자들의 집단이다. 후자의 집단 또한 '경험적 영성'을 추구하는 것은 동일하지만, 그 양상은 전자의 집단과는 매우 다르다. 또한 새롭게 떠오르는 '이머징 처치'(emerging church)의 경우, 비슷한 영적 경험을 그들에게 제공할 수는 있지만, 보다 확고한 '기반'을 가지지 못한 것으로 여겨진다. 플로리와 밀러의 연구에서 한 인터뷰 대상자는 이머징 처치에 대

11 '뜨거운' 영성과 '차가운' 영성이라는 표현은 잘 알려진 맥루한(M. McLuhan)의 대중매체의 분류에 유비한 것이다. 맥루한의 분류에 대하여는 맥루한(1977) 참조. 또한 이러한 영성 문화의 차이는 사회학적으로는 브루디외(Broudieu)의 '아비튀스'(Habitus) 개념과도 연결될 수 있을 것으로 보인다. 하지만 영성 문화의 차이를 아비튀스 개념과 연결지어 논하는 것은 별도의 심도 깊은 논의와 검증을 필요로 하는 작업이다.

해 "핵심 개념(central concept)이 없다. 그것은 무엇을 잡아야할지 모르는 안개 속같이 모호한(nebulous) 형식에 불과하다."고 말하기도 하였다(Flory and Miller, 2007: 209). 앞에서 말한 바처럼 사회가 '변화하는 사회', '불확실성의 사회'의 양상을 띨수록 이들은 사회에서 얻을 수 없는 것을 종교를 통해 얻고자 하며, '종교적 절대성'을 추구하는 경향이 나타난다. 유동적이고 일회성의 문화 속에서 흔들리지 않는 뿌리를 찾고 싶은 경향이 나타나며, '전통적' 기독교의 영성이 이를 충족시켜 주는 것으로 보인다. 플로리와 밀러의 연구의 다른 인터뷰 대상자는 이러한 의식에의 참여를 통해 "수천년된 문화의 터치"를 느낄 수 있었다고 표현하기도 하였다(Flory and Miller, 2007: 207).

물론 플로리와 밀러가 제시한 집단들이 현대의 종교적, 혹은 영적 욕구 전체를 대변하는 것으로 말할 수는 없다. '윌로우 크릭'식의 메가처치, 오순절적 운동, 이머징 처치들은 각각 자신들의 종교적 · 영적 소비자 집단을 지닌다. 플로리와 밀러가 제시한 집단도 그중 하나의 경향을 나타낼 뿐이다. 하지만 앞서 언급한 현대의 사회적 · 종교적 추세, 그리고 개인의 소득과 교육 수준들을 고려한다면, 이러한 집단이 미래의 종교 시장에서 매우 유력한 시장 선도 세력으로 떠오를 가능성은 충분하다 할 수 있다.

IV. 영성과 한국 종교 지형의 변화

그렇다면 앞서 언급한 서구의 '영성'의 추구, 혹은 영성의 '제도적', '전통적' 종교와의 결합 현상은 한국의 종교 지형에서 어떤 의미를 지닐까?

필자는 이미 선행 연구에서 1980년대 이후 경제적, 사회적 안정화가 가져온 종교 지형에서의 변화를 잉글하트(R. Inglehart)의 가치변화 이론을 통하여 설명한 바 있다(최현종, 2011: 1장 및 3장 참조). 잉글하트에 의하면 경제적 성장은 '물질적 가치관'에서 '탈물질적 가치관'으로의 가치관 변화를 수반하며, 이러한 가치관의 변화는 종교적 욕구에 있어서도 영향을 미쳐, '축복형' 종교에서 '의미형' 종교로의 변화를 이끈다는 것이 필자의 주장이었다. 이러한 종교적 욕구의 변화가 표현되는 중요한 형태 중의 하나가 바로 '영성'의 추구로 보인다.

플로리와 밀러의 연구에서의 한 인터뷰 대상자도 하나의 '가치 전환'(a value shift)에 대하여 언급하는데, 지난 세대의 목회가 근대적 가치관, 즉 "얼마나 크고, 얼마나 지속될 것인가?"와 같은 것에 기초하였다면, 현 세대의 목회는 이와는 다른 무언가를 필요로 한다고 얘기한다. 예를 들어, 이전 세대의 사람들이 집을 '소유'하는 문제에 관심을 가졌다면, 이후의 세대들은 그보다는 '여가'의 문제에 더 많은 관심을 보이고 있다. 이들은 또한 관계적, 인격적 요소에 더욱 관심을 가지는 한편, 보다 제도적인 것에도 관심을 보인다(Flory and Miller, 2007: 212). 이러한 세대, 가치의 변화는 종교적인 면에도 중요하게 영향을 미칠 수 있는 것이다.

실제로 필자의 선행 연구에서 가톨릭으로 종교를 바꾼 사람 중 가톨릭을 선택한 이유로 가장 많이 언급한 것이 '종교적 성스러움'(62.6%)이었다(최현종, 2011: 53f.).[12] 이는 사회 봉사 이미지(46.5%)나 타 종교에 대한 열린 태도(34.2%)보다도 훨씬 높았다. 또한 대한민국의 주요 종교 중 가톨릭의 이미지 평가가 가장 좋았는데, 이러한 긍정적 이미지의 중요 이유로서 든 항목들 중 대표적인 것이 '경건함', '거룩함' 그리고 그와 관련된 '성직자의 이미지'였다(최현종, 2011: 95). 그와 함께 성남 지역의

12 선택 항목은 복수 응답이 가능하였다.

종교 인구 변화를 분당과 비분당 지역으로 나누어 행한 분석에 있어 두 지역 간에는 어느 정도 상이한 변동의 양상이 나타났는데, 이는 어느 정도 생활 수준이 종교 욕구, 나아가 종교의 선택에 있어 중요한 변수로 작용한다는 추측을 가능하게 만든다. 성남의 다른 지역, 혹은 수도권이나 전체 서울과 비교하여서도, 가톨릭이 가장 급격하게 증가한 지역이 바로 분당이었다.[13] 성남의 다른 지역에서는 가톨릭의 비율이 1995년 대비 3.5~6% 증가한 데 반해, 분당에서는 무려 6.3% 증가하였다. 이는 경기도 전체의 4.7%, 서울의 5.5%와 비교하여도 높게 나타난다. 반면 개신교 또한 분당(25.1%)이 다른 성남 지역(18.3~19.2%)보다 높게 나타나고 있지만, 감소 또한 4.4%로 다른 지역(2.4~3.0%)보다 높게 나타난다. 즉, 기존의 중산층 이상 인구의 많은 비율이 개신교를 믿었고 이 비율은 지금도 어느 정도는 유지되고 있지만, 많은 인구가 가톨릭으로 빠져 나가고 있는 것으로 추정할 수 있다. 그리고 여기에는 생활 수준의 향상에 따른 '의미형', 나아가 '영성적' 종교의 추구 경향이 영향을 미친 것으로 보인다.

물론 근래 한국 종교의 변화에는 이러한 종교의 '영성화'와 함께, '주변화' 현상도 크게 영향을 미친 것으로 보인다. '주변화'는 종교를 자신의 삶의 영역에서 덜 중요하게, 그리고 다른 영역과 분리하여 생각하는 경향을 말한다. 이러한 경향은 이미 갤럽 조사에서도 확인된 바 있다. 즉, 개인 생활 속에서 '종교가 중요하다.'고 평가한 비율은 1984년의 68%에서 1989년 66%, 1997년 62%, 2004년 56%를 거쳐 2014년 조사에서는 52%로 지속적으로 감소하였다(한국갤럽, 2015: 37). 필자는 이러한 종교의 '주변화' 현상을 이미 '내재적'(intrinsic) 종교성에 대한 '외재

13 이러한 지역적 차이는 고양시에서도 추정 가능하나, 고양시는 2005년 이전 조사에서는 분구가 이루어지지 않아 정확한 비교가 불가능하다. 성남시의 종교 인구 변동에 대하여는 최현종(2011: 29, 각주 8) 참조.

적'(extrinsic) 종교성의 증가와 연관지어 분석하기도 하였다. '내재적' 종교성과 '외재적' 종교성은 올포트(G. Allport)의 분석 개념으로서, 전자는 '종교 자체를 목적으로 하는 경향'을, 후자는 '종교를 다른 목표를 이루기 위한 도움의 수단으로서 생각하는 경향'을 말한다. 필자의 연구에 따르면 한국인의 종교 생활에서 종교 자체의 중요성이 감소함과 동시에, '본인의 종교적 욕구 만족'이나 '개인적 종교적 체험'과 같은 종교적 요소보다, '가족 및 주변 사람들의 종교', '다른 신자들과의 관계', '기타 생활과의 조화' 등 종교 생활에서 파생되는 요인들의 상대적 중요성이 점점 증가하고 있다는 것이다(최현종, 2011: 5장 참조). 이러한 경향은 가톨릭의 경우 전체 신자는 늘고 있지만, 소위 '냉담자'의 비율 또한 지속적으로 증가하고 있다는 데서 확인할 수 있다.

어쩌면 현재의 한국의 종교 지형은 양극화의 경향을 드러내고 있는지도 모른다. 즉, 더욱 열심히 영적인 것을 추구하는 자들과(영성화), 종교를 갖고는 있지만 중요하지 않게 생각하는 사람들(주변화)의 증가이다. 이러한 2가지 경향이 어떻게 서로 관련을 맺고, 또한 어떠한 변수들이 이러한 차이를 설명해 주는지, 그리고 이러한 2가지 경향을 꿰뚫는 현재 한국 사회의 경향은 어떤 것인지에 대하여는 좀 더 세밀한 분석이 필요할 것으로 보인다. 다만, 현재의 한국의 종교 시장은 이러한 다양한 경향성들이 병존하고 있으며, 이 중 일정 부분을 제도적 종교와 결합된 영성의 추구 경향이 차지하고 있으며, 이러한 경향은 증가하는 양상을 보이고 있다는 것이다.

이러한 한국에서의 '제도적' 영성의 추구 경향과 관련하여 언급할 수 있는 현상 중의 하나가 소위 '참여적 영성'(engaged spirituality)이다. 일반적으로 현대 서구의 영성의 추구 경향은 '개인주의'의 소산으로 여겨져 왔다. 이는 앞서의 논의에서도 어느 정도 언급된 바 있다. 그러나 최근의 분석에 의하면 서구의 영성 추구에 있어 또 다른 형태, 즉 '참여적 영성'이라고 말할 수 있는 부분이 대두되고 있다. '참여적 영성'의 특징은 내적으로는 경험적(experiential)이고, 외적으로 표현적(expressive)이라는 점이다.[14] 전자는 주로 예배를 통해 나타나고, 후자는 주변 환경 및 문화에 대한 종교적 참여를 통해 나타난다. 즉, 참여적 영성은 경험적이라는 면에서 일반적 영성의 특징을 공유하나, 또한 공동체와 타인에 대한 지향성을 소유한다는 면에서 기존의 개인주의적 지향성을 탈피한다. 이들은 자신이 속한 교회 지역(host)에 대한 아웃리치(social outreach)를 통해 "이 지역이 우리가 여기 있음을 기뻐할 수 있게" 만들기 위해 노력한다(Flory and Miller, 2007: 214).

물론 이러한 외적 '표현', '사회 봉사'의 측면은 개신교에도 많이 있어 왔다. 특히 개신교 도입 시기의 주요 활동은 의료, 교육 등을 통한 사회 참여를 통해 이루어져 왔다. 하지만 어느 순간부터 '사회 참여'라는 덕목은 한국에서는 가톨릭의 가장 대표적인 브랜드 중 하나로 자리 잡았다. 물론 이러한 '사회 참여'가 '영성적' 측면보다 가톨릭의 유입 요인으로 작용하는 면은 적다 할지라도, 이 두 요소가 결합될 때에 상당한 시너지 효과를 가져오는 것으로 보인다. 즉 '참여적 영성'이야말로 현재의 한국 종교 지형의 변화를 설명할 수 있는 가장 중요한 요인이라고 할 수 있다는 것이 필자의 생각이다.

---

14 이와 관련하여 '표현적 공동체주의'(expressive communalism)라는 말이 사용되기도 한다. 이와 관련하여서는 Flory and Miller(2007: 215ff.) 참조.

V. 니클라스 루만의 이론을 통한 영성운동과 한국의 종교 인구 변동 분석

영성의 유행이라는 이와 같은 사회 현상을 종교사회학적으로는 어떻게 설명할 수 있을까? 이에 대해 필자는 이 장을 마감하면서 독일의 사회학자 니클라스 루만의 이론을 통해 하나의 설명을 시도해 보고자 한다.[15] 루만에 따르면 현대 사회에 있어서 종교는 정치, 경제 등과 함께 하나의 기능 체계(function system)로서 존재한다. 그에 의하면 종교가 사회에서 '통합적 기능'을 수행한다는 기능주의자들의 분석은 사실에 부합되지 않는다. 또한 이러한 '통합적 기능'에 대한 주장은 현대에 있어서의 종교의 기능 상실에 대한 주장으로 이어지기도 한다. 이에 반해 루만은 종교의 '해석적' 기능을 주장한다. 즉, 우리가 살고 있는 사회에는 많은 '애매 모호한 것'(Ambiguität)이 존재하며, 이 문제를 해결하기 위해 중요한 역할을 하는 것이 '체계'(system)인데, 그중의 하나가 종교라는 것이다(Luhmann, 1982: 9-13). 특히 이와 같은 해석의 필요성은 루만에 의하면, '타인의 안녕과 비교하여 발생하는 상대적 불행', '다중적 의미의 사건', '지루함'(Langweile), '이성적으로 이해할 수 없는 것'(Wahnsinn) 등의 상황에 존재한다(Luhmann, 1982: 35f.).

또한 루만에게 있어 각 '체계'(system)를 이해하는 데 있어 핵심적인 요소는 '코드'이다.[16] 루만에 따르면 종교 체계의 코드는 '초월성/내재성'(Transzendez/Immanez)이다. 즉, '초월적' 존재와의 커뮤니케이션을 통하여 우리가 살고 있는 '내재적' 상황을 해석하는 것이 종교 체계가 갖

---

15 이하 루만과 관련된 서술은 Luhmann(1982, 1993, 2002)을 주로 참조하였다.

16 루만은 자신의 이론을 사이버네틱스(cybernetics)로부터 유추해 내는데, 컴퓨터에서 모든 프로그램이 0과 1의 디지털 코드에 기초하듯이, 사회의 모든 시스템도 이분법적 코드에 기초한 것으로 생각한다.

는 기능이다. 루만은 이러한 종교의 기능을 '수행'(Leistung, performance)과 구분하는데, '수행'은 다른 기능 체계도 할 수 있는 것을 종교 체계가 감당하는 것을 말한다. 종교가 갖는 문화적 역할, 도덕적 지도, 복지 문제에 대한 담당 등이 이에 해당하는 것으로 볼 수 있는데, 문제는 사회가 기능적으로 분화됨에 따라 이러한 수행에서의 종교의 역할은 각각의 체계에 넘겨지게 된다는 것이다.

루만의 영향을 받는 바이어(Peter Beyer)는 그 한 예로서 '해방신학'의 경우를 언급하고 있다. 그는 니카라과의 산디니스타 해방전선에 참여한 가톨릭 관계자들이 오히려 혁명이 성공하고 나서 그 종교적 의미를 상실하는 상황을 지적하고 있다. 즉, 저항 시기의 종교적 색채는 정치 체계가 안정되고 자리를 잡으면서, 더 이상 의미를 갖지 못하고, 저항에 함께 참여했던 종교계 인사들의 정치 참여는 비종교인과 똑같은 성격을 띤다는 것이다.[17] 해방신학의 경우 이외에도 종교는 현대에 있어서의 역할의 감소를 '수행'의 방식으로 진행하는 경우가 많지만, 이는 결국 한계를 지닐 수밖에 없다. 즉, 이러한 수행적 측면이 보조의 수단은 될 수 있을지언정 종교 체계 자체를 구분(분화)하는 '기능'이 될 수는 없는 것이다.

이러한 한계 상황에서 결국 종교가 돌아갈 수 있는 길은 그 중심 코드에 근거한 기능을 다하는 것이다. 그리고 그 중심에는 '초월성'의 요소가 있다. 물론 루만이 얘기하는 초월성은 단순한 '성스러움'이나 '신적인' 존재를 넘어서는 다양한 측면을 지닌다. 그럼에도 불구하고, 이러한 루만의 종교 이론은 현대 사회에 있어서의 영성의 부흥을 바라보는 하나의 중요한 이론적 도구가 될 수 있다.

그렇다면 이러한 입장에서 한국의 종교 상황은 어떻게 이해될 수 있을까? 한국의 개신교는 전통적으로 축복을 강조하였고, 이러한 강조는

17 바이어의 해방신학의 분석과 관련하여서는 Beyer(1994: 135-159) 참조.

1960년대 경제 개발에 뒤따른 사회 변동의 상황에서 개신교가 성장하는 중요한 요인으로 작용하였다(최현종, 2011: 83-86 참조). 하지만 사회 안정 혹은 기능적 분화가 어느 정도 이루어진 시점에서 이러한 문제는 더 이상 종교가 아닌 다른 사회 체계들에 의해 해결될 수 있다. 부의 문제는 경제 시스템에 의해, 진리의 발견 및 전달 문제는 각각 과학 시스템[18]과 교육 시스템에 의해, 질병의 문제는 의료 시스템에 의해, 노후생활의 문제는 복지 시스템에 의해 해결이 가능하다. 어떤 의미에서 과거 종교에 의존해야만 했던 '나머지 문제들'(Restprobleme, residual problems)은 이제 시스템에 의해 해결이 가능해지고, 그에 따라 종교에 있어서는 다시 현실의 축복이 아닌 우리의 내재적 삶의 영역의 의미를 제공하는 '기능'의 문제가 중요하게 대두된다. 이러한 변화가 최근의 한국 종교 지형의 변화에 영향을 미치는 것으로 생각할 수 있다. 즉, 개신교의 지나친 현세적 경향은 반대 급부로 그 초월성의 상실로 인식되고, 이는 많은 종교 소비자들로 하여금 내재적 영역을 해석할 힘을 상실한 종교로서 간주하게 만들 수 있는 것이다.

VI. 나가는 말

필자는 이 글을 통하여 현재의 한국 종교 지형의 변화의 원인을 '종교'와 대비되는 개념으로서의 '영성'의 발달을 얘기하는 서구의 연구 경향과 관련하여 생각해 보았다. '영성'을 얘기하면서도 본 연구는 신종교 운동이 아닌 제도적 종교 안에서 영성 추구의 경향을 중심으로 살펴보았고, 이를 한국의 경우 가톨릭과 연결하여 한국 종교 지형의 변화에

18 여기서 과학은 자연과학에 국한되지 않고, 근대적 의미의 모든 학문 체계를 포괄한다.

미친 영향을 생각해 보았다. 그리고 마지막으로 이를 루만의 '초월성/내재성' 코드와 '기능'과 '수행'의 관점에서 생각해 보았다.

서구 사회의 영성의 등장은 형이상학에 대한 믿음의 상실, 종교적 시장 상황, '자아'의 중요성 등의 다양한 요인과 결합되어 있지만, 한편으로는 이러한 영성이 사회에 자리 잡기 위하여 필연적으로 어느 정도의 제도화 과정을 거쳐야만 한다. 이러한 맥락에서 제도화된 종교들의 '영성적 재발견', 혹은 새로운 영성을 과거의 '제도적 종교'의 유산 속에서 찾고자 하는 시도는 중요한 의미를 갖고, 또 유리한 위치를 점하게 만든다. 이것은 서구의 기독교적 맥락에서는 소위 '현대적' 기독교에서 '전통적' 기독교로의 회귀 경향으로 나타나기도 하며, 이러한 경향은 경제적, 교육적 수준의 향상과 함께 '뜨거운' 영성에서 '차가운' 영성으로의 변화 경향과도 맞물려 있기도 하다.

이러한 '영성'과 '제도적' 종교의 결합은 한국에 있어서도 나타나는 것으로 보이며, 이러한 상황은 한국 사회의 전반적인 경제적, 교육적 수준의 향상과 궤를 같이 하는 것으로 보인다. 이는 '축복'이라는 현세적 가치가—루만적 의미에서— 시스템에 의해 해결되는 상황에서, 보다 종교의 '기능'에 가까운 '성스러움', '의미'의 추구 쪽으로 이동해 가는 것으로 해석할 수 있으며, 이러한 경향이 현재의 시점에 있어서는 가톨릭에 가장 유리하게 작용하는 것으로 보여진다.

종교의 본질—루만적 의미에서 코드—은 일정하나, 그 프로그램은 사회 변동에 따라 변화한다. 그리고 현대의 사회적 변화는 '영성의 제도화'라는 프로그램 방식에 유리하게 작용하는 것으로 보인다. 그것은 앞에서 살펴본 것처럼 서구의 경우에서도, 또한 2000년대의 한국 사회에서도 유사하게 작용하고 있는 것으로 보인다. 사회가 변화함에 따라 이러한 조건도 변화할 것이고, 그에 따라 종교 지형도 따라서 변화할 수 있다.

결정적인 것은 누가 그러한 사회 변화에, 혹은 사람들의—경제적 용어로 소비자의— 욕구를 잘 좇아가는가 하는 것이다. 이러한 종교에 대한 시장 경제적 상황 기술이 일부 종교인의 심기를 거스를지는 모르지만, 하버마스의 표현을 빌면 '체계에 의한 식민화'가 이루어진, 그리하여 종교가 시장 경제 시스템의 지배를 받는 현대 사회의 상황에서는 어쩔 수 없는 현실인지도 모르겠다.

참고문헌

맥루한, 마샬. 1977.『미이디어의 이해』. 박정규 역. 서울: 삼성출판사.

송재룡. 2010. "탈근대 사회의 성찰적 전환과 '영성사회학' 테제."『신학과 사회』 24.

전명수. 2010. "개인주의적 영성 운동과 세속화 논쟁."『담론 201』13.

최현종. 2011.『한국 종교인구변동에 관한 연구』. 부천: 서울신학대학교 출판부.

콕스, 하비. 1998.『영성 · 음악 · 여성』. 유지황 역. 서울: 동연.

한국갤럽. 2015.『한국인의 종교: 1984~2014』. 서울: 한국갤럽.

Bellah, Robert N., Richard Madsen, William M. Sullivan, Ann Swidler and Steven M. Tipton. 1985. *Habits of the Heart: Individualism and Commitment in American Life*. New York: Harper & Row.

Beyer, Peter. 1994. *Religion und Globalization*. London: SAGE Publications.

———. 2006. *Religions in Global Society*. London and New York: Routledge.

Droogers, André. 2007. "Beyond Secularisation versus Sacralisation: Lessons from a Study of the Dutch Case." In: Kieran Flanagan and Peter C. Jupp (eds.). *A Sociology of Spirituality*. Hampshire: Ashgate.

Flory, Richard W. and Donald E. Miller. 2007. "The Embodied Spirituality of the Post-Boomer Generations." In: Kieran Flanagan and Peter C. Jupp (eds.). *A Sociology of Spirituality*. Hampshire: Ashgate.

Goddard, N. C. 1995. "Spirituality as Integrative Energy: A Philosophical Analysis as Requisite Precursor to Holistic Practice." *Journal of Advanced Nursing* 22.

Heelas, Paul. 1996. *The New Age: Religion, Culture and Society in the Age of Postmodernity*. Oxford: Blackwell.

Luhmann, Niklas. 1982. *Funktion der Religion*. F.a.M.: Suhrkamp.

———. 1993. *Gesellschaftsstruktur und Semantik Bd.* 3. F.a.M.:

Suhrkamp.

———————. 2002. *Die Religion der Gesellschaft*. F.a.M.: Suhrkamp.

Princeton Religion Research Center. 1978. *The Unchurched American*. Princeton NJ: The Gallup Organization.

Roof, Wade Clark. 2003. "Religion and Spirituality: Toward an Integrated Analysis." In: Michele Dillon(ed.). *Handbook of the Sociology of Religion*. New York: Cambridge University Press.

Versteeg, Peter. 2007. "Spirituality on the Margin of the Church: Christian Spiritual Centres in the Netherlands." In: Kieran Flanagan and Peter C. Jupp(eds.). *A Sociology of Spirituality*. Hampshire: Ashgate.

Wuthnow, Robert. 1998a. "Morality, Spirituality and Democracy." *Society* 35.

———————. 1998b. *After Heaven: Spirituality in America Since 1950s*. Princeton, NJ: Princeton University Press.

9장

신 없는 사회와 하나님 나라 : 신 없는 사회가 더 행복할까?

I. 들어가는 말

종교[1]는 인간을 행복하게 만들까? 혹은 더 불행하게 만드는 것일까? 엄격한 신학적 논의를 벗어나 인간중심적인 관점에서 생각할 때, 결국 기독교에서 말하는 '하나님 나라'[2]란 인간이 가장 행복하게 살 수 있는 사회라고 생각할 수 있다. 물론 "행복이 무엇인가?", "어떻게 행복할 수 있는가?"는 대답하기 어려운 질문이고, 사람마다 특히 종교와의 관계성에서 볼 때 종교인과 비종교인의 대답이 다를 수 있다. 그러나 '하나님 나라'라는 기독교적 관념에는 인간의 행복이 기본적으로 전제되고 있음은 부인할 수 없는 사실이다. 본 연구는 이러한 맥락에서, "종교가 이 지상에서 얼마나 인간의 행복에 비추어 본 '하나님 나라'의 형성에 기여하고 있는지"를 고찰하는 것을 목적으로 한다. 역설적으로, 최근 미국의 사회학자 필 주커먼(Phil Zuckerman)은『신 없는 사회』라는 그의 저서를 통하여, 오히려 신을 믿지 않는 사회—주로 스칸디나비아 국가들—가 더 행복한 삶을 누리고 있음을 증명하고자 하였다. 이 장은 이러한 주커먼의 주장의 근거를 살펴보고, 이 주장의 사실 여부를 경험적 연구들을 통해 확인하고자 한다. 여기서 사용된 경험적 연구는 크게 두

---

* 이 글은『종교연구』76(2016)에 게재된 바 있음.

1 종교에 대한 정의는 학자에 따라 다양하고, 그 정의에 따라 연구 결과는 달라질 수밖에 없다. 본 연구에서는 일단 '종교'를 제도적인 것으로 한정하고, 따라서 루크만(Thomas Luckmann)이 제시한 바와 같은 '개인화된 종교'는 상당부분 본 연구의 분석에서 제외하였다.

2 '하나님 나라'는 일반적으로 기독교적 함의를 지닌 개념이다. 하지만 본 연구에서는 기독교적 함의를 넘어선 일반적인 의미를 지닌 것으로 사용하였다. 물론, 보다 종교중립적인 용어를 사용하는 것이 필요할 수 있지만, 한편으로는 본 연구의 지향점을 포괄적으로 잘 나타내 주고, 또 한편으로는 기독교적 함의에도 불구하고 그 의미를 전달하는 데에는 큰 문제가 없는 것으로 사료되어 이 용어를 사용하였다.

부류로 나눌 수 있는데, 하나는 종교와 '개인적 건강'에 대한 것이고, 또 하나는 종교와 '사회적 안전' 및 '참여'에 대한 것이다. 물론 이 두 가지의 지표가 인간의 행복 모두를 설명할 수는 없지만, 개인이 건강하고 사회가 안전할 때 행복의 기본적 바탕은 이루어진다고 생각할 수 있다. 그럼, 주커먼의 도발적(?)인 주장부터 먼저 살펴보자.

II. 필 주커먼의 '신 없는 사회'

주커먼이 『신 없는 사회』에서 주장하는 기본 명제는 "신 없는 사회가 더 행복하다."는 것이다. 그는 이러한 명제를 스칸디나비아 국가들의 사례를 통하여 증명하고자 시도한다. 여기서 유의해야 할 사항 중 하나는 주커먼이 '종교' 없는 사회가 아니라, '신' 없는 사회라고 명명한 사실이다. 스칸디나비아 국가들은 루터교의 많은 요소들이 문화에 깊게 배어 있고, 주커먼이 인터뷰한 많은 사람들은 종교는 믿지 않아도 그들의 가치관이 상당 부분 종교에 바탕을 두고 있다는 사실을 인정한다(주커먼, 2012: 145). 그들이 생각하는 종교는 일반적으로 개인적인 문제이고, 또 반드시 개인적인 문제여야 한다. 사회적인 측면, 혹은 공적인 측면에서는 종교의 부재가 사회에 방해가 되지 않는다고 주커먼이 인터뷰한 이들은 말한다(주커먼, 2012: 58). 즉, 어느 정도 (문화적 측면에서의) 종교의 기능 혹은 역할은 인정하지만, 그들이 신 혹은 초월적 존재를 인정하는 것은 아니다. 많은 사람들이 '죽음 이후에는 아무 것도 없다.'고 생각하면서도(주커먼, 2012: 113) 죽음을 편안하게 받아들이고 있고, '인생에는 아무런 의미가 없다.'고 믿지만 여전히 도덕을 지키며 만족스러운 삶을 살고 있다(주커먼, 2012: 17f.).

'신'의 존재를 인정하지 않지만, 그들은 많은 '신'을 믿는 국가보다 훨씬 평등하며, 또 평화로운 사회를 구성하고 있다. 그들 사회에도 소수의 사람들이 너무 많은 것을 갖고 있는 경우는 있지만, 너무 적게 가진 사람은 훨씬 더 소수이다(주커먼, 2012: 194). 세계평화지수의 순위에서 노르웨이는 1위, 덴마크는 3위, 스웨덴은 7위를 차지하는 데 반해, 주커먼의 조국이자 서구 사회 중 가장 종교적 열기가 높다고 하는 미국의 순위는 96위에 불과하다(주커먼, 2012: 194). 주커먼은 책의 말미에서, 이러한 상황을 통해 볼 때 "과연 종교가 인간의 삶에 꼭 필요한 것인가?"하는 질문을 던지면서, 신을 믿는 것이 꼭 좋은 사회의 필요조건은 아니라고 주장한다.

> **(스칸디나비아) 나라에서는 대부분의 사람들이 하느님을 별로 믿지 않고, 종교가 내세우는 초자연적 주장들이 문자 그대로 진실일 거라고 받아들이지도 않고, 교회에도 잘 안 나가고, 대체로 세속주의적인 분위기 속에서 살아가고 있다. 그 사회에서 죽음은 단순히 자연 현상으로 차분하게 받아들여지며, 삶의 궁극적인 의미란 그저 개인이 만들어 가는 것에 불과하다. 이처럼 종교에 무심한 사회가 존재한다는 사실은, 비록 신앙이 널리 퍼져 있기는 해도 그것이 인간의 선천적인 특징은 아님을 암시한다. 또한 종교가 건강하고, 평화롭고, 부유하고, 속속들이 선한 사회의 필수 요소가 아니라는 의미도 내포하고 있다(주커먼, 2012: 304).**

정말로 신 없는 사회가 더 행복한 사회일까? 이 주장의 진위를 따져 보기 이전에 필자는 먼저 주커먼의 기본 명제를 새롭게 진술할 필요가 있다고 생각한다. 즉, '신 없는 사회'이기 때문에 더 '행복한 사회'가 된 것이 아니라, 그들이 행복하다고 느끼기 때문에 신을 찾지 않는 사회가 된 것은 아닐까, 인과관계의 방향이 주커먼이 진술한 것과는 오히려 반대의 방향으로 작용한 것은 아닐까하는 것이다. 주커먼이 진술한 스칸디나비아 사회는 다르게 말하면, '신 없는 사회'가 아니라, '신이 필요 없는 사회'가 되어 버린 것이다. 주커먼 자신도 그의 책에서, "안전에 확신이 없으면 종교에 더 가까워지는 경향이 있다."거나(주커먼, 2012: 192), "살기가 힘들 때 사람들은 종교에서 위안을 구한다."는(주커먼, 2012: 193) 등의 진술을 한다. 따라서 '신 없는 사회'가 더 행복한 것이 아니라, '행복한 사회'라 '신 없는 사회'가 되었다고 기술하는 편이 더 적절할 것이다.

그렇다면 종교와 행복에 관해, 경험적 연구들은 어떤 사실을 제시할까? 종교와 사회적 상황에 관한 부분은 본 글의 Ⅳ에서 좀 더 상세하게 탐구할 것이다. 먼저 종교와 개인의 건강에 관한 연구들을 통해 종교가 개인의 신체적, 정신적 안녕에 미치는 영향부터 살펴보자.

Ⅲ. 종교와 개인의 (정신)건강

종교는 심리적 과정을 통하여 신체적 건강에도 중요한 영향을 미치는 것으로 여러 연구 결과들이 제시하고 있지만(Koenig, King and Carson, 2012 참고), 본 연구에서는 우울증이나 자살과 같은 정신적 건강에 미치는 영향을 중심으로 기술하고자 한다. 종교와 정신 건강의 관계 연구에 사용되는 척도 중 영적 건강 척도(Spiritual Well-Being Scale: SWB)가 있는데, 이는 종교적 건강 척도(Religious Well-Being Scale: RWB)와 실존적 건강 척도(Existential Well-Being Scale: EWB)의 2개의 하위척도로 구성된다. 대개 영적으로 건강할수록 불안 수준은 낮게 나타나며(Kaczorowski, 1989), 더 많은 희망을 갖는 등 건강한 정신적 지표를 드러내 준다(Mickley, Soeken and Belcher, 1992).

그러나 종교가 항상 정신 건강에 긍정적 영향만을 미치는 것은 아니다. 쾨니히(Harold G. Koenig)에 의하면, 정신질환자의 25~39% 정도가 종교적 망상을 지닌 것으로 나타난다(Koenig, 2009). 쾨니히 등이 2000년 이후 종교와 신경증 환자 간의 관계에 대한 54개의 연구를 메타 조사한 결과에 의하면, 종교인이 더 낮은 신경증 수치를 나타내는 부정적 관계가 26%로 나타났지만, 종교인이 더 높은 신경증 수치를 보이는 긍정적 관계를 나타낸 연구도 9%나 있었으며, 특별한 관계를 드러내지 않은 '관계없음'의 연구가 62%로 가장 높게 나타났다(Koenig, King and Carson, 2012: 70).

종교와 정신 건강의 정도를 연구하는 방법 중의 하나는 '종교적 대처'(religious coping)의 연구이다. 통상 징벌, 버려짐, 악령의 힘 등으로 사건을 설명하는 경향을 부정적 종교적 대처로, 영적인 연결성, 용서, 신과의 협력, 종교적 관점에서 사건의 재평가 등을 보이는 경향을 긍정적 종교적 대처로 정의한다. 일반적으로, 공적 종교 참여 및 긍정적 종교 대처는 우울증 증후와 부정적 상관을 보이지만, 부정적 종교 대처는 긍정적 상관, 즉 더 많은 우울증의 경향을 나타낸다(Bosworth *et al*., 2003). 하지만 이러한 경향은 성과 종교성의 정도에 따라 달라지는데, 종교성이 낮은 여성에게서는 종교적 대처가 우울증과 관련되지만, 좀 더 종교성이 높은 여성에게서는 오히려 우울증을 낮추는 결과를 보여준다. 반면 남성에게서는 종교적 대처와 우울증은 유의미한 관련성을 보이지 않았다(Braam *et al*., 2007).

또한 칼톤 등에 의하면(Carleton *et al*., 2008), 종교적 대처와 우울증의 관계는 스트레스 정도와도 연결되는데, 스트레스가 높은 상황보다 낮은 상황에서 특히 우울증으로부터 보호하는 역할을 종교적 대처가 한다는 연구 결과를 제시한다. 일반적으로 종교성은 우울, 불안, 식욕저하 등의 상황적 고통 지표와 부정적 상관을 보이는데, 이는 상황에 대한 높은 통제의식 및 주변의 사회적 지지로써 설명된다(Jang and Johnson, 2005). 이 연구를 성별로 정교화한 모델에서는 종교성 지표 중 조직적 종교 활동 지표만 여성에게서 고통 상태 지표와 부정적 상관을, 즉 조직적인 종교 활동에 참가하는 여성이 이러한 부정적 고통 증세를 덜 나타냄을 알려 준다. 그러나 이와 같은 종교적 대처의 효과는 종교적 환경 및 종교성 정도에 따라 달라지는데, 종교성이 강한 사람들에게는 종교가 이와 같이 개선 효과를 나타내 보이지만 심리학자와 같은 직업, 유럽인들과 같은 세속적 지향의 사람들에게서는 종교적 대처가 정신건강을 오히려 악화하는 결과를 초래한다는 연구 결과도 있다(Koenig, King and Carson, 2012: 103). 유럽의 경우 대개 종교적 헌신이 사회적으로 덜 바람직하게 받아들여지고 있으며, 이러한 경향은 종교적 위로를 추구하기 위해서 사회적으로 더 큰 부담을 필요로 하게 하는 것으로 보인다(Koenig, King and Carson, 2012: 120). 한편, 심판자, 악령의 힘 등으로 신을 설명하는 부정적 종교적 대처의 경향은 일반적으로 생에 대한 낮은 만족도와 관련되며, 반면에 긍정적인 신-중심 대처와 삶의 만족도는 긍정적 관계를 보이는 것으로 나타난다(Tarakeshwar *et al*., 2003).

정신질환의 회복과 관련해서도 종교적 대처는 긍정적인 효과가 있다는 결과가 많다. 우울증 환자의 경우 48% 정도가 증상으로부터 회복하는 데 있어 신앙에 의존하는 경향을 보였으며(Brown *et al*., 2007), 외상후 장애(PTSD: Post-Traumatic Stress Disorder) 환자들 중에서도 자신의 외상을 종교적 프레임으로 기술하는 종교적 대처 방안을 채택한 환자들이 비종교인에 비해 처음에는 더 안 좋은 상태를 나타내지만, 시간이 지날수록 더 나은 상태를 보여주었다(Exline *et al*., 2004). 이 연구에 따르면, 종교에 대한 긍정적 언급은 환자의 긍정적 변화를 예언하는 중요한 지표이다. 올포트(Gordon W. Allport)를 따라서 내재적 종교성과 외재적 종교성으로 구분한 연구에서는,[3] 내재적 종교성을 지닌 환자들이 보다 낙관주의적 성향을 보이며, 외상 후의 회복과 긍정적 관계를 보이는 것으로 나타났다(Park, Cohen and Herb, 1990). 또한 만성 정신질환자의 경우, 증상이 악화되었음에도 증가된 종교성을 보이는 이들이 감소된 종교성을 보이는 이들에 비해 짧은 입원 기간을 보인다는 연구 결과도 있다(Tepper *et al*., 2001).

종교성은 일반적으로 긍정적인 종교적 대처를 예언해 주며, 이는 많은 사회적 지원과 희망을 제공해 준다. 머피와 존슨은 사별 유가족들이 얼마나 자신들이 경험한 상황에서 의미를 발견하게 되는지의 정도를 예언하는 데 있어, 지원 그룹에 대한 참여 빈도와 긍정적인 종교적 대처가 유의미한 영향을 미친다는 결과를 밝혀냈다(Murphy and Johnson, 2003). 그러나 긍정적 종교 대처와는 달리, 부정적 종교 대처는 사회적 지원과 오히려 부정적 상관을 갖는다는, 즉 사회적 지원을 감소시킨다는 연구 결과도 나타난다(Ai *et al*., 2007). 또한, 개인의 종교적 믿음은 질병 상황에서 의미와 희망을 불어넣어 주는 데 긍정적으로 작용하지만, 종교적 공동체로부터는 소외되어 있다는 느낌을 표명하는 환자들도 많았다(Bussema and Bussema, 2000). 발보니 등의 연구에 의하면, 조사한 암 환자의 47%가 그들의 영적 필요를 종교적 공동체에 의해 지원받지 못하거나, 최소한도로 지원받고 있다고 응답하였다(Balboni *et al*., 2007). 사회적 지원과는 별개로 종교적 대처가 암 환자에 미치는 일반적 효과는, 낮은 수준의 부정적 종교적 대처는 종교적 헌신(commitment)을 통해 불안이 감소되는 효과를 보이지만, 높은 수준의 부정적 대처에서는 오히려 불안을 증대하는 결과도 나타났다(Zwingmann *et al*., 2008).

종교성 혹은 영성과 관련하여 주목받는 연구 분야 중의 하나는 자살

3 올포트는 종교를 다른 목표를 이루기 위한 도움의 수단으로서 생각하는 경향을 '외재적' 종교성으로, 종교 자체를 목적으로 하는 경향을 '내재적' 종교성으로 구분하였다(Allport, 1966: 447-57 참조).

과의 관계성이다. 일반적으로 종교는 자살을 예방하는 데 효과가 있는 것으로 제시되는데, 더빅 등에 의하면 종교는 자살에 대한 생각과 부정적 상관을 보이는 것으로, 즉 종교성이 높을수록 자살을 생각하는 빈도가 낮은 것으로 나타난다(Dervic *et al.*, 2006). 쾨니히 등은 종교성과 자살에 대한 2000년 이전의 71개의 연구들을 메타 분석하였는데, 이에 따르면 분석된 연구의 83%에 해당하는 59개의 연구가 부정적 상관, 즉 종교성이 높을수록 자살에 관한 생각이나 시도를 하는 비율이 낮다는 결과를 제시하였다. 반면 유의미한 관계를 제시하지 못한 연구는 10개, 혼합적 결과를 보고한 연구는 2개에 불과했다(Koenig, King and Carson, 2012: 180). 이는 세계 70개국의 비교 연구에서도 부분적으로 확인되는데, 직접적인 예방 효과는 아니어도 종교성은 자살에 대한 부정적인 태도와 연관되는 것으로 나타난다(Koenig, King and Carson, 2012: 181).

종교가 자살을 예방하는 효과의 일부는 종교적인 사람들에게 제공되는 좀 더 나은 사회적 지원 획득에 의해 설명되고 있다(Koenig, King and Carson, 2012: 179). 일반적으로 종교성과 외로움의 척도 사이에는 부정적 상관이 있는 것으로, 즉 종교성이 높은 사람들이 외로움을 느끼는 비율이 적은 것으로 나타나며(Lauder, Mummery and Sharkey, 2006), 이러한 요인이 자살을 방지하는 데 도움을 주는 것으로 해석된다. 신앙 종파의 요인은 전반적으로는 중요하게 작용하지는 않는 것으로 나타나지만, 미국의 경우 가톨릭, 몰몬, 침례교의 신자들이 자살에 대한 보다 낮은 위험성을 갖는다는 보고가 있고(Koenig, King and Carson, 2012: 180), 몰몬의 경우 유타 지역 청년 남성을 대상으로 한 연구에서, 높은 종교성이 자살률을 감소시킨다는 연구 결과도 나타난다(Hilton *et al.*, 2002). 이러한 종파별 영향의 차이는 종파의 소위 정통성 정도와 관련된 것으로 보인다. 그리닝과 슈토펠베인은 이러한 정통성 지표가 가장 강력한 자살 위험 방지 척도로 나오는 연구 결과를 제시하고 있다

(Greening and Stoppelbein, 2002). 일부 연구는 종교성과 영성, 혹은 공적 종교성과 사적 종교성의 영향을 나누어서 제시하고 있는데, 논네메이커 등의 연구는 공적 종교성이 아닌 사적 종교성이 자살에 대한 생각, 자살의 시도와 부정적 관련, 즉 자살 예방의 효과가 있는 것으로 제시하고 있으며(Nonnemaker *et al*., 2003), 레이식 등은 캐나다인들을 대상으로 한 연구에서, 영적 가치의 중요성 지표가 자살에 대한 생각에는 유의미한 영향을 미치지 못하지만, 자살 시도에는 의미 있는 영향을 미친다는 결과를 제시하였다(Rasic *et al*., 2009). 쾨니히 등은 종합적으로 141개의 연구 사례를 개관하고, 이 중 높은 종교성에서 낮은 자살 사고와 행동을 발견한 연구가 106개(75%), 관계를 발견하지 못한 연구가 27개, 긍정적 관계, 오히려 종교가 자살을 촉진한다는 연구가 4개라고 정리하여 보고하고 있다(Koenig, King and Carson, 2012: 190).

정신 건강에 대한 모든 증세들을 개관하지는 못했지만 우울증, 정신 질환으로부터의 회복, 자살 등에 미치는 영향을 볼 때, 전반적으로는 종교성이 정신 건강에 도움이 된다고 말할 수 있다. 물론 종교적 대처 방안을 긍정적 혹은 부정적으로 형성하는가, 전체 사회 혹은 주변의 종교적 환경은 어떠한가, 종교 자체의 성격은 어떠한가 등에 따라 이러한 종교의 영향은 달라질 수 있지만 종교는 긍정적 사고방식, 사회적 지원 등의 매개를 통하여 정신 건강에 긍정적 영향을 미치는 것이 분명하다. 다른 정신 건강의 지표나 신체적 건강에 미치는 영향 등도 함께 고려해야겠지만, 일단 위에 제시한 자료들로부터는 개인적 정신 건강에 관한 한 종교가 행복한 삶에 긍정적 영향을 미친다고 말할 수 있다.

IV. 종교와 사회적 안전 그리고 참여

"종교가 더 행복한 삶을 누리게 하는가?"라는 질문과 관련하여 두 번째 살펴볼 주제는 종교와 '사회적 안전' 그리고 '참여'와의 관계이다. 먼저, 종교와 사회적 안전의 주제를 집중적으로 파헤친 대표적인 학자는 로날드 잉글하트(Ronald Inglehart)이다. 그는 현대 사회에 있어서의 종교적 영향력의 감소를 설명하는 소위 유럽중심의 '세속화' 이론과, 전 세계적으로 나타나는 종교의 부흥이라는 일견 모순된 상황을 개관하고, 종교와 '실존적 안전감'(existential security)의 관계를 통하여 이를 설명하고 있다. 그의 견해를 요약하면, 향상된 안전감은 종교에 대한 필요를 감소시키고(Norris and Inglehart, 2011: 53), 따라서 '실존적 안전감'이 높은 나라에서는 종교의 쇠퇴가, 반대로 안전감이 낮은 나라에서는 종교의 부흥이 나타난다는 것이다. 잉글하트는 그의 동료 피파 노리스(Pippa Norris)와 함께 그들이 행한 수차례의 '세계 가치관 조사'(World Value Survey: WVS) 자료와 그 밖의 각종 통계자료를 이용하여 이를 증명하고자 시도한다. 노리스와 잉글하트에 따르면 단순한 경제적 발전보다는 교육, 보건, 최소안전망 등 인간적(human) 발전이 사회적 안전감에 중요하게 작용한다. 그 대표적인 예가 미국과 아일랜드이다. 이들 국가는 경제적으로는 발전한 국가군에 속하지만 안전감은 그리 높지 않아, 경제적으로 발전한 국가군 중 상대적으로 높은 종교적 참여 수준을 유지하고 있다.

1981~2001년 사이의 세계 가치관 조사 자료를 토대로 세계 국가를 농경국가, 산업국가, 후기 산업국가로 나누어 분석한 결과에 따르면 종교적 열정은 일반적으로 산업 발전 정도에 반비례한다. 주 1회 이상 종교행위에 참여하는 비율이 농경국가는 44%인 데 반해, 산업국가는

1/4, 후기 산업국가는 1/5 수준에 그치고 있다(Norris and Inglehart, 2011: 57). 매일 정기적으로 기도하는 비율도 농경국가는 1/2 이상을 차지하는 데 반해 산업국가는 1/3, 후기 산업국가는 1/4 수준에 머물렀으며, 산업국가와 후기 산업국가 인구의 2/3 가량이 신에 대한 믿음은 있지만 환생, 천국과 지옥, 영혼의 존재 등에 대해서는 회의적인 견해를 보였다(Norris and Inglehart, 2011: 59). 이러한 결과는 갤럽 국제 밀레니엄 조사(Gallup International Millenium Survey)를 비롯한 다른 연구에서도 확인되는 바이다. 성, 연령, 소득 수준 등 사회 경제적 요인의 영향도 국가의 산업 발전 수준에 따라 다르게 나타나는데, 이러한 요인은 농경국가보다 산업화국가에서 더 종교성의 첨예한 차이를 드러내 주는 요인으로 작용한다(Norris and Inglehart, 2011: 69). 하지만 전반적으로는 기본적 사회/국가의 유형이 개인의 사회 경제적 차이보다 더 중요한 요소로서 작용한다.

앞서 언급한 바처럼 한 사회의 평등 정도는 사회 구성원의 안전감에 중요한 영향을 미치고, 이를 통하여 종교성에 영향을 주는 것으로 보인다. GINI 계수와 같은 평등 계수의 차이는 일상적 기도 횟수 등으로 측정한 개인의 종교성 차이를 설명해 주는 중요 요인으로 작용하였다(Norris and Inglehart, 2011: 107). 또한 높은 수준의 복지 지출은 교회 출석과 강한 부정적 상관을 보인다는 연구 결과도 보인다(Gill and Lundgaarde, 2004: 399). 후기 산업국가 내에서도 기도 횟수를 통한 측정의 경우, 보다 가난한 자들이 부자보다 2배 정도 종교적인 것으로 나타난다(Norris and Inglehart, 2011: 108).

경제적 발전 정도와 별도로 인간의 사회적 안전감에 중요하게 작용하며, 또한 사회적 참여의 중요한 바탕이 되는 요소가 소위 '사회적 자본'이다. 퍼트넘(Robert Putnam)에 따르면 사회적 자본은 개인들 간의 연결에 따른 사회적 연결망과 그로부터 발생하는 상호성 및 신뢰성의 규범을 의미한다(Putnam, 2000: 19). 이는 구조적 현상과 문화적 현상을 함께 포함하는데, 이러한 사회적 자본이 민주적 시민의식의 발달, 정부의 활동 등에 중요한 영향을 미치는 것으로 퍼트넘은 설명한다. 퍼트넘이 연구한 미국의 경우 전통적으로 종교가 이러한 사회적 자본의 발달에 중요한 기여를 해왔고, 세속화의 진행은 그에 따른 공동체 활동을 잠식하고 있다고 얘기되어 왔다. 로톨로(Thomas Rotolo)는 이와 같은 주장을 1974~94년간의 사회종합조사(General Social Survey) 자료를 활용하여 검증하고자 시도하였다. 그에 따르면 교회 관련 집단, 노동조합, 자선기관 같은 몇몇 조직들은 멤버십이 감소한 것으로 나타났다. 그러나 여타 다른 기관들은 안정적인 멤버십을 유지하였으며 취미 활동 집단, 문학 동아리 등은 오히려 증가하는 추세를 보였다. 결국 공동체 활동은 일반적인 감소가 아니라, 다양한 부문에 걸쳐 서로 다른 추세를 보이는 것으로 결론지을 수 있다(Rotolo, 1999: 199-212).

로톨로의 연구와 유사한 결과들이 다른 연구들에서도 일관되게 나타난다. 노리스와 잉글하트는 세계 각국에서 노동운동은 감소하였으나 새로운 사회운동은 증가하고 있다는 결과를 제시하고 있으며(Norris and Inglehart, 2011: 183), 홀(Peter Hall)은 영국 사회에서 교회의 대중성은 쇠퇴하고 있지만 환경운동단체, 자선단체 등의 활동은 여전히 활발하거나 확대되고 있다는 결과를 제시하였다(Hall, 1999: 417-461). 이러한 연구 결과들은 퍼트넘의 입장과는 달리, 교회 성도의 감소 혹은 세속화가 공동체 활동의 감소와 광범위한 시민활동의 감소를 가져온다고 보기는 어렵다는 결론으로 연결된다. 우쓰나우(Robert Wuthnow)는 미국의 경우 주류 개신교(mainline Protestant) 교파의 소속은 중요한 목표 달성, 자원봉사 및 시민활동의 격려, 정치적 참여 등을 촉진하는 특정한 사회적 연계망, 규범, 관계들을 생성하지만, 복음주의 교회의 소속은 그러한 효과를 갖지 않는다는 교단의 성격에 따른 차이를 설명한다(Wuthnow,

2002: 669-675).

노리스와 잉글하트는 1990년대 초반과 1999~2001 '세계 가치관 조사' 자료를 통해, 세계적으로 종교 조직에의 참여는 인간 및 정치 발달 수준의 향상과 함께 증가하여 왔다고 언급한다(Norris and Inglehart, 2011: 186). 특히, 신앙 기반 조직은 저학력 종교인의 공동체 참여의 중요한 통로였으며, 종교별로는 개신교와 힌두교에서 가장 두드러졌다. 종교적 참여는 또한 비종교 공동체 조직에의 참여와도 긍정적 상관을 갖는데(Norris and Inglehart, 2011: 188), 특히 자선단체와 매우 높은 상관을 보인다. 예를 들어, 매주 정기적으로 종교 행사에 참여하는 사람의 15%가 사회복지기관에서 자원봉사를 하는 데 반해서, 정기적으로 참여하지 않는 사람은 그 비율이 9%에 그치는 것으로 나타났다. 하지만 다른 유형의 사회단체, 즉 직능단체나 스포츠 클럽 같은 단체의 참여는 종교적 참여와 높은 상관을 보이지 않았다. 또한, 노조가입은 이들의 연구에서 유일하게 종교적 참여와 부정적 상관을 보이는 것으로 나타났다(Norris and Inglehart, 2011: 191).

공동체 참여와 달리 정치적 이슈의 논의에 대해서는 교회 출석이 평균보다 통계적으로 유의미한 수준에서 낮게 나타났다. 사회적 신뢰의 수준도 오히려 교회 참석자들이 낮게 나타났는데, 이는 일반적인 사회적 자본의 이론의 예상에는 어긋나는 것이라고 할 수 있다. 특히 좀 더 과격한 형태의 정치적 항거에는 매우 적은 참여도를 나타내었다. 그러나 교회 출석이 아닌 소속 여부로 보면 종교는 이들 지표와 긍정적 상관을 보였다(Norris and Inglehart, 2011: 192).

결론적으로 세속화가 사회적 자본 혹은 시민 참여를 약화시킨다는 주장은 명확하게 입증하기는 어려운 것으로 보인다. 전반적으로 탈산업 사회에서는 교회를 비롯하여 노동조합이나 정당조직에의 참여는 줄어들고 있지만 다른 형태의 활동이 이를 보충하면서, 참여 양상이 변화하고 있는 것으로 보인다.

V. 한국의 상황

그렇다면 한국의 상황은 어떨까? 여기서는 종교와 개인 삶의 만족도, 사회 발전에 대한 기여 평가 등에 관한 2014년 "SSK 종교와 사회 진보 팀의 조사 결과", 역시 2014년 한국갤럽의 5차 "한국인의 종교" 의식 조사 결과 등을 토대로 이에 대해 생각해 보고자 한다.

먼저 2014년 "SSK 종교와 사회 진보" 팀의 조사 결과에 따르면, 한국인들은 사회 진보에 대한 종교의 기여를 부정적으로 평가하는 것으로 드러났다(〈표 1〉 참조).[4] 이 조사에 따르면 3점 평균의 5점 척도로 실시한 사회 진보의 각 항목에 대한 기여 평가에서 종교는 도덕적 삶(2.76), 부정부패 감소(2.60), 교육 발전(2.70), 행복한 삶(3.86; 역척도) 등에서 평균에 못 미치는 부정적 평가를 받았다(최현종, 2015: 111). 종교별로 나누어 평가한 민주화의 경우에도 가톨릭(3.40), 불교(3.09) 등은 평균보다 어느 정도 높은 평가를 받았지만, 개신교(2.89)는 부정적 평가를 받았다(최현종, 2015: 114). 이와 같은 결과는 약간의 논의를 필요로 하기는 하지만, 전반적으로는 종교와 사회의 발전의 관계에 대한 부정적 상관을 보여주며 어느 정도는 주커먼의 논지에도 상응하는, 즉 종교가 사회 구성원의 행복에 기여하는 바가 크지 않은 것으로 해석할 수 있다.

---

4 조사는 2014.3.27.~4.2.의 1주일간 수도권에 거주하는 20~60세의 성인 남녀를 대상으로 온라인상에서 실시되었다. 표본 추출은 2005년 인구 센서스의 연령, 지역, 종교 비율에 따라 할당되었으며, 표본수는 총 1,070명이었다.

표 1 종교 유형별 종교의 사회 진보에 대한 기여 평가 비교

종교 유형	전체	불교인	개신교인	가톨릭교인	비종교인
도덕적 삶	2.76	2.92	3.39	3.28	2.23
부정부패 감소	2.60	2.73	3.21	3.04	2.13
행복한 삶	3.86	3.87	3.23	3.73	4.21
인격형성	2.99	3.04	3.63	3.40	2.54
교육 발전	2.70	2.75	3.28	3.06	2.30
복지 발전	2.92	2.94	3.39	3.15	2.61

주 : 행복한 삶은 역척도
출처 : 최현종(2015: 111).

하지만 전반적으로 부정적인 평가에도 불구하고, 종교인은 비종교인에 비해 상대적으로 사회 진보에 있어서의 종교의 역할을 긍정적으로 바라보았다(〈표 2〉 참조). 종교 유형별로도 평가에 있어 차이를 보이는데, 그 순서는 개신교>가톨릭>불교의 순으로 나타났다. 즉, 개신교인이 사회 진보에 대한 종교의 역할을 가장 긍정적으로, 불교인이 상대적으로 부정적으로 평가하였다. 이와 같은 개신교인의 긍정적 평가는 종교의 중요도와 어느 정도 상관을 보이는 것으로 생각된다. 즉, 개신교인이 일반적으로 종교를 자신의 삶에 있어 보다 중요한 요인으로 생각하는 경향이 있고(최현종, 2011: 119), 종교를 중요하게 생각하는 사람일수록 사회 진보에 있어 종교의 역할을 긍정적으로 평가하기 때문에(최현종, 2015: 110), 개신교의 긍정적 평가의 상당 부분은 이러한 연관 관계의 산물로 생각할 수 있다. 실제로, 〈표 2〉에 나타난 개신교의 긍정적 평가의 유의미한 차이는 종교의 중요도를 새로운 변수로 투입하였을 때는 상당 부분 감소되는 것으로 나타난다(최현종, 2015: 110). 그럼에도 불구하고 몇몇 경우에 있어서는 여전히 개신교의 긍정적 평가가 지속되기 때문에, 이와 같은 개신교 변수의 특수성에 대하여는 좀 더

표 2 종교 유형에 따른 종교의 사회 진보에 대한 기여 평가

변 수	도덕적 삶	부정부패 감소	행복한 삶	인격 형성	교육 발전	복지 발전
(상수)	2.521***	2.209***	4.121***	2.491***	2.248***	2.602***
성	−.113	−.088	.049	−.023	−.020	−.018
연령	.111***	.174***	−.071**	.167***	.146***	.100***
신문 유형	.257***	.180**	−.108	.182**	.174**	.145**
종교 유형						
개신교	.472***	.470***	−.655***	.585***	.547***	.427***
가톨릭	.435***	.373**	−.177	.431***	.388***	.240**
무종교	−.643***	−.536***	.289***	−.423***	−.367***	−.312***
$R^2_{adj.}$	.226	.219	.177	.209	.189	.113

주 : 1) N=1,013; * < p=.05, ** < p=.01, *** < p=.001.
2) 성=여성, 신문 유형=진보, 종교 유형=불교 기준.
3) 행복한 삶은 역척도.
출처 : 최현종(2015: 109).

면밀한 연구가 필요할 것으로 생각한다.

위에 언급한 내용들이 종교와 사회 진보의 결과를 다룬다는 면에서 본 연구의 Ⅳ의 논의와 관련된다면, 종교인의 '가구 경제 상태에 대한 만족도'는 개인적 측면을 다룬다는 면에서, 내용상으로는 상이하지만, Ⅲ의 주제와 연결된다고 볼 수 있다. 종교 유형에 따른 가구의 경제적 만족도를 다룬 Model 1의 회귀분석에 따르면, 개신교나 가톨릭의 종교를 갖고 있는 이들은 종교를 갖지 않은 이들에 비해서 경제적 만족도가 높은 것으로 나타났다(〈표 3〉 참조). 신앙강도의 변수를 포함한 Model 2의 경우는 종교인들만을 대상으로 한 관계로 종교를 갖지 않은 이들이 제외되었지만, 신앙강도의 영향에 대한 베타값(표준화 계수)이 .187 (p=.001)에 달할 정도로 경제적 만족도에 중요하게 작용하는 것으로 나타났다(〈표 4〉 참조). 다만, 신앙강도의 변수가 투입되고 종교를 갖지 않은 이들이 제외됨에 따라, 종교 유형 간의 유의미한 차이는 사라졌다. Model 2에서 주목할 만한 또 한 가지 사실은 실제의 소득이 경제적 만

족도에 유의미한 영향을 미치지 못한다는 점이다. 이러한 결과는 Model 1에서는 유의미한 수준(p=.038)의 영향을 보여줬던 소득 요인이 Model 2에서는 유의미한 영향을 보이지 못했다는 분석 결과와 함께 1) 경제적 만족도는 실제 소득과는 다른 요인, 아마도 심리적 요인이 중요하게 작용하며, 2) 이러한 작용은 종교인들에게 더 강하게 나타남을 추정해 볼 수 있게 해 준다. 이러한 결과 및 추정과 관련해서는 나가는 말에서 다시 한 번 생각해 보고자 한다.

표 3 종교 유형에 따른 가구의 경제적 만족도 비교(Model 1)

구분	비표준화 계수		표준화 계수	t	유의확률
	B	표준오차	베타		
(상수)	1.126	.109		10.337	.000
성	−.038	.047	−.022	−.825	.410
연령**	−.070	.020	−.094	−3.449	.001
신문 유형**	.122	.049	.069	2.510	.012
소득*	.044	.021	.066	2.079	.038
계층귀속***	.514	.036	.449	14.140	.000
종교 유형					
불교	.099	.065	.044	1.515	.130
개신교*	.151	.059	.075	2.548	.011
가톨릭**	.191	.073	.075	2.611	.009

주 : 1) $R^2_{adj.}$=.262, N=1,013 ; * < p=.05, ** < p=.01, *** < p=.001.
2) 성=여성, 신문 유형=진보, 종교 유형=비종교인 기준.

한국갤럽의 조사에서 종교가 개인의 삶에 미치는 영향을 분석하는데 이용할 수 있는 변수들은 '종교와 삶의 질', '생활 만족도', '삶과 죽음에 대한 태도' 등이다. 갤럽의 자료는 원자료를 이용할 수 없는 관계로, 단순히 긍정/부정 응답의 비율만을 분석하였다. 먼저, "종교를 믿는 것은 개인 삶의 질 향상에 도움을 준다."는 항목에 대하여는 종교인들의 긍정 비율(긍정 : 부정=75 : 4, 모르겠다는 응답이 21%)이 비종교인의 긍정 비

표 4 신앙 강도에 따른 가구의 경제적 만족도 비교(Model 2)

구분	비표준화 계수		표준화 계수	t	유의확률
	B	표준오차	베타		
(상수)	.709	.169		4.205	.000
성	−.019	.060	−.011	−.308	.758
연령*	−.068	.026	−.095	−2.600	.010
신문 유형*	.147	.065	.082	2.251	.025
소득	.027	.027	.042	1.000	.318
계층귀속***	.523	.048	.461	10.952	.000
종교 유형					
개신교	−.041	.072	−.024	−.574	.566
가톨릭	.074	.081	.038	.918	.359
신앙 강도***	.180	.036	.187	5.023	.000

주 : 1) $R^2_{adj.}$=.300, N=558; * < p=.05, ** < p=.01, *** < p=.001.
2) 성=여성, 신문 유형=진보, 종교 유형=불교 기준.

율(긍정 : 부정=43 : 20, 모르겠다 38%)보다 상당히 높게 나타났다(한국갤럽, 2015: 174). 종교인 중 가장 높은 긍정률을 보인 것은 역시 개신교인(긍정 : 부정=84 : 4, 모르겠다 12%)들로 가톨릭교인(긍정 : 부정=73 : 5, 모르겠다 22%)이나 불교인(긍정 : 부정=67 : 5, 모르겠다 28%)들보다 꽤 높게 나타났다(〈표 5〉 참조). 이러한 종교 유형별 평가의 차이는 앞에서 언급한 종교가 사회 진보에 미치는 영향에 대한 "종교와 사회 진보" 팀의 조사결과(〈표 2〉)에 상응하는 것으로도 볼 수 있다. 즉 '개인 삶의 질'이든, '사회 진보'든 종교의 역할에 대하여 종교인들이 비종교인에 비해 보다 긍정적으로 평가하며, 이는 개신교 > 가톨릭 > 불교의 순으로 나타났다.

표 5 종교의 삶의 질 향상의 기여에 대한 응답 (단위 : %)

구분	그렇다	아니다	모르겠다
불교	67	28	5
개신교	84	12	4
가톨릭	73	22	5
비종교인	43	38	20

출처 : 한국갤럽(2015: 39).

하지만 실제로 느끼는 행복감과 관련하여서는 종교인과 비종교인이 큰 차이를 보이지 않았다. '매우 행복하다'와 '어느 정도 행복하다'를 합친 긍정적 응답의 비율은 종교인과 비종교인 모두 85%로 차이를 보이지 않았다(한국갤럽, 2015: 236). 다만 개신교인의 경우 긍정적 응답의 비율이 90%로 비종교인에 비해 어느 정도 높게 나타났다. 살림살이 형편, 다른 사람들과의 관계, 결혼 및 이성관계, 건강 상태, 직업 및 하는 일, 전반적인 개인생활 등 구체적인 각 항목별 삶의 만족도에 대한 질문에서도 종교인은 비종교인과 거의 차이를 보이지 않았다. 〈표 6〉은 각 항목들에 대한 종교인과 비종교인의 만족도를 100점 만점으로 환산하여 제시하고 있다.

표 6 종교별 현재의 삶의 만족도 (단위 : %)

구분	살림살이	대인관계	결혼/이성 관계	건강 상태	직 업	전반적인 개인생활
불교	62	70	65	63	63	64
개신교	61	69	66	68	65	67
가톨릭	60	69	63	66	62	64
비종교인	61	68	65	68	63	65

출처 : 한국갤럽(2015: 81).

인생의 의미/무의미에 대한 응답에서도 종교인과 비종교인은 큰 차이를 보이지 않았다. "우리 인생이 얼마나 의미가 있다고 생각하십니까?"라는 질문에 대하여 종교인은 92%가, 비종교인은 89%가 긍정적으로 대답하였다(한국갤럽, 2015: 237). 다만 여기서도 개신교인의 긍정적 응답의 비율이 95%로 가장 높았으며, 가톨릭교인 92%, 불교인은 88%로 비종교인보다도 낮게 나타났다(〈표 7〉 참조).

표 7 종교와 인생의 의미 (단위 : %)

구 분	매우 의미 있다	어느 정도 의미 있다	의미 있다(계)
불교	13	75	88
개신교	24	71	95
가톨릭	20	72	92
비종교인	18	71	89

출처 : 한국갤럽(2015: 62).

VI. 나가는 말

본 연구는 종교는 "인간을 행복하게 만들까? 혹은 더 불행하게 만드는 것일까?" 라는 문제를 탐구하는 것을 목적으로 하였다. 이 질문은 최근 필 주커먼이 『신 없는 사회』라는 그의 저서를 통하여, "오히려 신을 믿지 않는 사회가 더 행복한 삶을 누리고 있다."는 주장을 폄으로써 새롭게 부각되었다. 본 연구에서는 이러한 주커먼의 주장의 근거를 살펴보고 이 주장의 사실 여부를 경험적 연구들을 통해, 구체적으로 종교와 '개인의 정신 건강', 종교와 '사회적 안전' 및 '참여' 그리고 마지막으로는 한국 사회를 대상으로 한 연구들을 통하여 생각해 보았다.

본문에서 제시된 결과들을 정리해 보면, 먼저 종교는 개인의 정신 건강에는 긍정적인 영향을 미친다고 할 수 있다. 이는 우울증이나 자살을 비롯한 전반적인 정신 건강에 관한 연구에서 잘 드러난다. 물론, 종교가 망상 혹은 신경증에 미치는 부정적 영향에 대한 연구 결과들도 있고, 종교적 대처 방안을 긍정적 혹은 부정적으로 형성하는가, 전체 사회 혹은 주변의 종교적 환경은 어떠한가, 종교 자체의 성격은 어떠한가 등에 따라 이러한 종교의 영향은 달라질 수 있지만, 대체로 연구 결과들은 종교가 긍정적 사고방식, 사회적 지원 등의 매개를 통하여 정신 건강에 긍정적 영향을 미친다고 보고하고 있다.

이에 반해 두 번째로 살펴본 종교와 사회적 안전 및 참여의 관계는, 부정적인 상관 혹은 의미 있는 영향을 미치지 못하는 것으로 볼 수 있다. 사회적 안전에 대한 집중적인 연구를 하고 있는 노리스와 잉글하트에 따르면, 향상된 안전감은 종교에 대한 필요를 감소시키고, 따라서 '실존적 안전감'이 높은 나라에서는 종교의 쇠퇴가, 반대로 안전감이 낮은 나라에서는 종교의 부흥이 나타난다. 이들이 연구한 사회적 안전의 요인은 단순한 경제적 발전보다는 교육, 보건, 최소안전망, 사회적 자본 등이 중요하게 작용한다. 사회적 참여와 관련해서는 미국과 유럽의 경우에는, 환경운동단체나 자선단체 등 다양한 단체들이 종교단체의 활동을 대신하고 있으며, 결론적으로 세속화가 사회적 자본 혹은 시민참여를 약화시킨다는 주장은 명확하게 입증하기는 어려운 것으로 보인다. 하지만 여전히 저학력 종교인의 경우에는 신앙 기반 조직이 공동체 참여에 중요한 통로로 작용하고 있었다.

한국 사회에 대한 연구에 있어 위 주제들과 관련한 종교의 역할은 단정적으로 규정하기가 쉽지 않다. "종교와 사회 진보" 팀 조사 결과에서 나타난 종교의 사회 진보에 대한 역할의 부정적 평가나, 한국갤럽 자료에서 실제로 느끼는 행복감, 삶의 만족도, 인생의 의미 평가 등에 있어서 종교가 유의미하게 작용하지 않았다는 점에서 볼 때는 한국 사회의 발전과 개인의 행복에 대한 종교의 역할은 그다지 크지 않다고 말할 수 있다. 그럼에도 불구하고 종교인들은 사회 발전과 삶의 질에 대한 종교의 역할을 중요하게 생각하였고, 이는 특히 개신교의 경우에 두드러졌다. 또한 종교 유형과 신앙 강도는 실제 소득과는 별개로 경제적 만족도에 유의미하게 작용하였다. 이러한 결과들을 일관되게 해석하는 것은 쉽지 않지만, 종교가 실제의 삶을 바꾸지는 못하더라도 그 삶의 현실에 대한 해석에는—긍정적으로 해석하도록— 어느 정도 영향을 미치는 것으로 보인다. 이는 또한, 앞서 살펴본 개인의 정신 건강에 대한 종교의 효과에도 상당 부분 작용하는 것으로 생각할 수 있다.

결국 종교는 인간을 행복하게 만들까? 혹은 더 불행하게 만드는 것일까? 이 문제에 대해 단정적인 대답을 내리는 것은 쉽지 않다. 결국 종교에 따라, 개인의 성향에 따라, 또한 사회적 환경에 따라 그 답은 다를 수 있기 때문이다. 그럼에도 불구하고 본 연구의 결과들을 종합하여 볼 때, 다음과 같은 잠정적인 결론을 내릴 수 있다. 1) 종교는 개인의 삶의 만족도를 어느 정도 높여 주는 것으로 보인다. 하지만 이것은 실제적인 현실의 변화가 아닌 현실에 대한 해석에서 기인한 것으로 보인다. 2) 사회의 진보, 노리스와 잉글하트의 용어로 '사회적 안전'의 증가는—앞의 주커먼의 명제와 관련하여 언급했던 바와 같이— 종교에 대한 필요를 상당 부분 감소시키는 것으로 보인다. 관련하여서, 사회적 참여의 방식도 비종교적인 방식으로 어느 정도 대체되는 것으로 보인다.

결국 종교는 인간의 행복에 어느 정도 기여하지만, 보다 행복해진 사회는 종교에 대한 필요를 감소시키는 모순적인 상황에 직면하게 된다. 이러한 현실은 잉글하트의 '탈물질주의화' 개념을 통하여 분석한 한국 사회의 종교사회학적 상황에서도 어느 정도 확인된 바 있다.[5] 종교가

5 이는 1960~80년대의 종교에 대한 욕구와 현재 시점에서의 이러한 욕구의 변화를 통하여

행복을 기준으로 한 '하나님 나라'의 도래에 기여하지만, 도래한 하나님 나라에서 종교는 필요 없는 것일까? 과연 풍요로운 미래 사회—물론 미래 사회에 대한 다른 예측도 가능하겠지만—에서 종교는 살아남을 수 있을까? 혹은 살아남기 위해 어떤 모습으로 변모하게 될까? 이는 앞으로의 종교 연구의 매우 중요한 화두이며, 또한 모든 (제도적) 종교가 당면하고, 해결해야 할 과제이기도 할 것이다.

확인할 수 있다(최현종, 2011: 29-37 참조).

참고문헌

주커먼, 필. 2012. 『신 없는 사회』. 김승욱 옮김. 서울: 마음산책.

최현종. 2011. 『한국 종교인구 변동에 관한 연구』. 부천: 서울신학대학교출판부.

———. 2015. "사회진보와 종교의 역할." 『담론 201』 18(1): 101-120.

한국갤럽. 2015. 『한국인의 종교 1984~2014』. 서울: 한국갤럽.

Ai, A. L., C. L. Park, B. Huang, W. Rogers and T. N. Tice. 2007. "Psychological Mediation of Religious Coping Styles: A Study of Short-Term Psychological Distress of Following Cardiac Surgery." *Personality and Social Psychology Bulletin* 33(6): 867-882.

Allport, Gordon W. 1966. "Religious Context of Prejudice." *Journal for the Scientific Study of Religion* 5: 447-457.

Balboni, T. A., L. C. Vanderwerker, S. D. Block, M. E. Paulk, C. S. Lathan, J. R. Peteet, *et al*. 2007. "Religiousness and Spiritual Support among Advanced Cancer Patients and Associations with End-of-Life Treatment Preferences and Quality of Life." *Journal of Clinical Oncology* 25(5): 555-560.

Bosworth, H. B., K.-S. Park, D. R. McQuoid, J. C. Hays and D. C. Steffens. 2003. "The Impact of Religious Practice and Religious Coping on Geriatric Depression." *International Journal of Geriatric Psychiatry* 18: 905-914.

Braam, A. W., D. J. Deeg, J. L. Poppelaars, A. T. Beekman and W. van Tilburg. 2007. "Prayer and Depressive Symptoms in a Period of Secularization: Patterns among Older Adults in the Netherlands." *American Journal of Geriatric Psychiatry* 15(4): 273-281.

Brown, R. P., C. D. Barnes and N. J. Campbell. 2007. "Fundamentalism and Forgiveness." *Personality and Individual Differences* 43(6): 1437-1447.

Bussema, K. E. and E. F. Bussema. 2000. "Is There a Balm in Gilead? The

Implications of Faith in Coping with a Psychiatric Disability." *Psychiatric Rehabilitation Journal* 24(2): 117-124.

Carleton, R. A., P. Esparza, P. J. Thaxter and K. E. Grant. 2008. "Stress, Religious Coping Resources and Depressive Symptoms in an Urban Adolescent Sample." *Journal for the Scientific Study of Religion* 47(1): 113-121.

Dervic, K. M., M. E. Grunebaum, A. K. Burke, J. J. Mann and M. A. Oquendo. 2006. "Protective Factors against Suicidal Behaviors in Depressed Adults Reporting Childhood Abuse." *Journal of Nervous and Mental Disease* 194(12): 971-974.

Exline, J. J., R. F. Baumeister, B. J. Bushman, W. K. Campbell and E. J. Finkel. 2004. "Too Proud to Let Go: Narcissistic Entitlement as a Barrier to Forgiveness." *Journal of Personality and Social Psychology* 87(6): 894-912.

Gill, Anthony and Erik Lundgaarde. 2004. "State Welfare Spending and Religiosity: A Cross-National Analysis." *Rationality and Society* 16(4): 399-436.

Greening, L. and L. Stoppelbein. 2002. "Religiosity, Attributional Style and Social Supports as Psychological Buffers for African American and White Adolescent's Perceived Risk for Suicide." *Suicide and Life-Threatening Behavior* 32(4): 404-417.

Hall, Peter. 1999. "Social Capital in Britain." *British Journal of Political Science* 29(3): 417-461.

Hilton, S. C., G. W. Fellingham and J. L. Lyon. 2002. "Suicide Rates and Religious Commitment in Young Adult Males in Utah." *American Journal of Epidemiology* 155(5): 413-419.

Jang, S. J. and B. R. Johnson. 2005. "Gender, Religiosity and Reactions to Strain among African Americans." *Sociological Quarterly* 46(2): 323-357.

Kaczorowski, J. M. 1989. "Spiritual Well-Being and Anxiety in Adults Dignosed with Cancer." *Hospice Journal* 5: 105-116.

Koenig, Harold G. 2009. "Research on Religion, Spirituality and Mental Health: A Review." *Canadian Journal of Psychiatry* 54(5): 283-291.

Koenig, Harold G., Dana E. King and Verna B. Carson. 2012. *Handbook of*

Religion and Health. 2nd ed. Oxford: Oxford University Press.

Lauder, W., K. Mummery and S. Sharkey. 2006. "Social Capital Age and Religiosity in People Who Are Lonely." *Journal of Clinical Nursing* 15(3): 334-340.

Mickley, J. F., K. Soeken and A. Belcher. 1992. "Spiritual Well-Being, Religiousness and Hope among Women with Breast Cancer." *Image Journal of Nursing Scholarship* 24: 267-272.

Murphy, S. A. and L. C. Johnson. 2003. "Finding Meaning in a Child's Violent Death: A Five-Year Perspective Analysis of Parents' Personal Narratives and Empirical Data." *Death Studies* 27(5): 381-404.

Nonnemaker, J. M., C. A. McNeely and R. W. Blum. 2003. "Public and Private Domains of Religiosity and Adolescent Health Risk Behaviors: Evidence fromthe National Longitudinal Study of Adolescent Health." *Social Science and Medicine* 57(11): 2049-2054.

Norris, Pippa and Ronald Inglehart. 2011. *Sacred and Secular: Religion and Politics Worldwide*. 2nd ed. Cambridge: Cambridge University Press.

Park, C. L., L. H. Cohen and L. Herb. 1990. "Intrinsic Religiousness and Religious Coping as Life Stress Moderators for Catholics vs. Protestants." *Journal of Personality and Social Psychology* 59: 562-574.

Putnam, Robert D. 2000. *Bowling Alone: The Collapse and Revival of American Community*. New York: Simon & Schuster.

Rasic, D. T., S. L. Belik, B. Elias, L. Y. Katz, M. Enns and J. Sareen. 2009. "Spirituality, Religion and Suicidal Behavior in a Nationally Representative Sample." *Journal of Affective Disorders* 114-1(3): 32-40.

Rotolo, Thomas. 1999. "Trends in Voluntary Association Participation." *Nonprofit and Voluntary Sector Quarterly* 28(2): 199-212.

Tarakeshwar, N., K. I. Pargament and A. Mahoney. 2003. "Initial Development of a Measure of Religious Coping among Hindus." *Journal of Community Psychology* 31(6): 607-628.

Tepper, L., S. A. Rogers, E. M. Coleman and H. N. Malony. 2001. "The Prevalence of Religious Coping among Persons with Persistent Mental Illness." *Lancet* 19: 660-665.

Wuthnow, Robert. 2002. "Religious Involvement and Status-bridging Social

Capital." *Journal for the Scientific Study of Religion* 41(4): 669–684.

Zwingmann, C., C. Muller, J. Korber and S. Murken. 2008. "Religious Commitment, Religious Coping and Anxiety: A Study in German Patients with Breast Cancer." *European Journal of Cancer Care* 17(4): 361–370.

10장

종교사회학적/기독교적 관점에서 바라본 울리히 벡의 '자기만의 신'

Ⅰ. 들어가는 말

Ⅱ. 울리히 벡과 위험사회, 그리고 세계시민주의

Ⅲ. '자기만의 신'의 개요

Ⅳ. '자기만의 신'에 대한 종교사회학적/기독교적 고찰

Ⅴ. 나가는 말

I. 들어가는 말

이 장은 서평에 가깝다. 그럼에도 현대의 중요한 사회학자 울리히 벡(Ulrich Beck)의 종교에 대한 서술을 기독교적 관점에서 살펴본다는 것은 나름대로 의미를 지닌 것으로 여겨진다. 이 글에서는 먼저 저자 울리히 벡 및 그가 주장한 '위험사회'와 '세계시민주의'에 대하여 살펴보고, 이후 벡의 종교사회학적 저서인 『자기만의 신』의 내용을 소개하고, 그에 대해 종교사회학 및 기독교적 입장에서 고찰해 보고자 한다.

II. 울리히 벡과 위험사회, 그리고 세계시민주의

울리히 벡은 현대 독일을 대표하는 사회학자이다. 그는 1944년 포메른의 슈톨프(Stolp)[1]에서 태어나서 하노버에서 성장했으며, 프라이부르크 대학과 뮌헨 대학에서 수학 후 뮌헨 대학에서 박사학위(1972)와 교수자격(1979)을 취득하고, 이후 뮌스터(1979~1981)와 밤베르크(1981~1992) 대학을 거쳐 1992년 이후 모교인 뮌헨 대학의 교수로 재직하다가, 2015년 1월 1일에 타계하였다. 벡이 그 이름을 전 세계에 알린 것은 1986년 그의 책 『위험사회: 새로운 근대(성)를 향하여』(*Risikogesellschaft: Auf dem Weg in eine andere Moderne*)[2]를 통하여 '위험사회'의 개념을 들고 나오면서부터이다. 그에 따르면 전통적 근대 산업 사회의 구조는 붕괴되었고,

---

* 이 글은 『종교와 사회』 2(2014)에 게재된 바 있음.

1 현재는 폴란드 영토, 폴란드명은 Słupsk.

2 한국어 번역은 홍성태 옮김으로 2006년 '새물결'에서 출판되었다.

현재의 세계화는 원자력 노출, 환경오염, 실업 등과 같은 모든 계급의 사람들과 관련된 위험(Risiko, 영 risk), 과학과 기술의 발전이나 사회 발전으로부터 발생하는 위험을 만들어 내고 있다는 것이다. 이러한 위험은 공간적으로나 시간적으로, 혹은 사회적으로 국한되지 않는 특성을 지닌다. 벡의 유명한 표현에 따르면, "빈곤은 위계적이지만, 스모그는 민주적"이다(벡, 2006: 77). 오늘날의 위험은 모든 국가와 사회 계급에 영향을 미치며, 개인적 차원을 넘어 전 지구적 차원의 결과를 발생시킨다. 나아가 이러한 위험은 분명히 인지되지도 않으며, 그 발생지 혹은 산업시설에 묶이지 않고, 개인적으로 피할 수도 없다. 이러한 맥락에서 경제적 부를 어느 정도 희생할지라도 위험을 사전에 철저히 봉쇄하는 것이 필요하다는 주장이 제기되며, 벡은 비슷한 입장에 서 있던 기든스(Anthony Giddens)와 함께 '성찰적 근대화'의 개념을 발전시킨다. 즉, 벡은 칸트의 유명한 명제적 표현을 빌어, "사회적 합리성 없는 과학적 합리성은 공허하고, 과학적 합리성 없는 사회적 합리성은 맹목적이다."라고 표현한다(벡, 2006: 9). 이제 우리는, 우리가 살아가는 상황과 환경에 대하여 끊임없이 생각하고, 돌아보아야만 하는 시대에 살고 있는 것이다.

이러한 위험사회의 개념은 이후 문제의 해결이 일국중심의 사고에 의해서는 불가능하다는 반성에서 '세계시민주의'(Cosmopolitanism)의 개념으로 발전하게 된다. 이러한 벡의 입장은 '국가 사회'를 기본적인 분석단위로 삼는 기존의 이론들에 대한 비판으로부터 시작하는데, 그에 따르면 이러한 '국가적 관점'은 "정치적, 경제적 그리고 문화적 행위와 그들의 (의도된 혹은 의도하지 않은) 결과에 국경이 없음을 파악하지 못한다."(Beck, 2006: 18). 실제로 '국가주의'의 입장은 기후 온난화나 국제적 테러리즘과 같은 문제들을 대처하는 데 거의 도움이 되지 못한다. 이러한 국가 수준을 넘어서서 사고하고 행동할 때, 개별 국가 수준에서는 해결 불가능한 것으로 보였던 문제들에 대한 협력이 가능하다는 것이 벡의 주장이다. 하지만 이러한 '세계시민주의'는 '지구화'와는 다르다. 지구화가 개인과 상관없이 '저기 밖에서' 일어나는 일이라면, 세계시민주의는 개개인의 가장 깊은 내면에서 진행되어야 하는 현상이다. 즉, 이는 개인의 의지와 무관하게 낯선 이들과 대면하게 되면서 국가와 민족과 종교의 명확한 경계가 점차 희미해짐을 뜻한다. 이 글에서 소개하는 '자기만의 신'은 이러한 세계시민주의의 입장에서 어떻게 현 사회가 당면한 다종교 간의 갈등과 공존의 문제, 나아가 세계시민사회를 이룩하는 데 필요한 여러 가지 문제를 해결할 수 있는지를 제시하고 있다.

III. '자기만의 신'의 개요

울리히 벡의 '자기만의 신'은 총 6장으로 구성되어 있다. 이 중 1장은 서론의 성격을 지닌 것으로 벡 자신이 '자기만의 신'이라는 개념을 갖게 된 경위와, '자기만의 신'이라는 개념에 대해 소개한다. 이후 벡은 5개 장에 걸쳐 현대 세계의 종교사회학적 문제를 개괄하고, 이에 대한 여러 모형을 검토해 나가면서 최종적으로 자신의 모델, 즉 '자기만의 신'이라는 모델이 기여할 수 있는 바를 설명한다.

20세기 중반 이후 종교사회학의 담론은 세속화 이론에 의해 주도되어 왔다. 그러나 최근 이러한 세속화 담론은 유럽을 제외한 세계의 많은 지역에서 오히려 종교가 부흥하는 현상을 통해 반박되어 왔다. 특히 이슬람과 오순절 성격의 기독교의 세계적 부흥은 더 이상 세속화가 아닌 탈세속화, 재종교화가 오히려 세계의 주도적 현상임을 보여주고 있다. 하지만 종교의 부흥은 현대 세계에 여러 가지 문제점을 던져 주고 있는 것도 사실이다. 특히, 세계화에 따른 종교 간 갈등과 공존의 문제는 현대의 중요한 문제가 되고 있고, 세계의 많은 분쟁이 종교 문제와 직/간접으로 연결되어 있는 것이 현실이다. 벡은 이와 같은 글로벌 사회의 문제를 해결하기 위해서는 '세계 시민적 관용'이 필요하며, 이를 위해 '자기만의 신' 형태의 종교가 기여할 수 있다고 이 책을 통하여 역설하고 있다(2장).

벡은 이러한 논의를 종교의 정의와 종교의 본질적 특성에 대한 탐구로부터 시작한다(3장). 벡은 2장에서 중요한 종교의 핵심 특성으로서 '경계 혼합', '경계 극복', '경계 설정'의 기능을 들고 있다. 그에 따르면 종교는 한편으로 '인간 및 문화 사이의 경계를 해소하고 동시에 새롭게 경계를 구성'(81)하는 기능을 지닌다. 그러나 이전의 종족적, 민족적, 계급적 장애물을 극복케 하는 대신 다른 한편으로 올바른 신앙 vs. 그릇된 신앙 혹은 불신자의 경계를 새롭게 설정하기도 한다. 새로운 경계 설정의 기능은 특히 유일신 종교에서 두드러지는데, 이는 세계를 종교의 기준에 따라 양분하는 결과를 빚기도 한다. 그러나 이러한 '종교'의 새로운 경계 설정 시스템은 '종교적인 것'과는 어느 정도 무관한, 제도적 '종교'의 특징이라고 볼 수 있다. 그 때문에 여기서 '종교적인 것'만을 구하는 '자기만의 신'의 역할을 찾을 수 있다고 벡은 주장한다. 그리고 이에 따라 '개인화'(내적 측면)와 '세계시민화'(외적 측면)가 함께 가는 성찰적 현대화[3] 시기의 새로운 종교가 가능하게 된다.

벡은 책의 3장 결론 부분에서 이와 같은 시대의 변화와 종교 간의 관계를 10대 핵심 테제로 정리하고 있다(121-29). 이를 열거하면 다음과 같다.

3 앞서 언급한 바처럼 위험과 불확실성으로 특징지어지는 현대에서 이러한 것들을 낳는 환경과 상황을 고려하면서 행해지는 현대화를 의미하며, 이는 산업 사회의 고전적 근대화와 구분되는 근대화의 두 번째 시기로 일컬어진다.

1. 근대화의 급격한 진행에 따른 제반 생활영역에서의 불안은 종교적 신앙의 확산으로 연결된다.
2. 그러나 이러한 신앙은 제도화된 종교의 교리로부터 점점 멀어지고, 종교와 종교적인 것 혹은 신앙 사이에 균열이 발생한다.
3. 종교의 개인화는 사회 계급의 개인화, 가족의 개인화와 같은 사회 일반적 현상의 하나로 볼 수 있다.
4. 제도종교와 신앙운동의 분리는 논쟁을 통해 서로의 재생산을 도울 수 있다.
5. 유럽의 맥락에서 교회는 신자를 잃지만(마치 전통적 노조와 정당 등을 떠나는 것처럼), 인간의 사고와 행위는 종교적으로 재주술화하는 역설이 발생한다.
6. 종교의 개인화는 종교의 사생활화(사사화)로 이해되지만, 그것이 필연은 아니다.
7. 신앙의 개인화는 신앙의 정당화에 대한 논쟁을 야기한다. 즉 "종교적 진리를 어디서 구할 것인가?"의 문제가 교회와 개인이라는 두 축을 둘러싸고 발생한다. 일반적으로 현대인들은 개인 외부에서 종교적 진리를 구하지는 않지만, 이러한 종교적 '진리'와 주관적 추구는 한편으로 제도적 종교의 산물로 볼 수 있다.
8. 신앙의 개인화는 표준화와는 다르며, 순수하게 개인의 정서적 경험을 통하여 신적인 존재에 다가가는 신학적 최소주의로 이해할 수 있다.
9. 신앙의 개인화는 기독교 전통 자체에서 유래하며,[4] 벡의 표현을 빌면 '자기만의 신'은 '과학적 종교'를 대신하는 '예술적 종교'[5]이다.
10. 21세기의 종교는 근대성을 비판적으로 보는 행위자로, 특히 세계시민적 현대화의 행위자로 기능할 수 있다.

이러한 벡의 '자기만의 신' 개념은 결국 '제도적 종교'와는 다른 경계 설정의 기능을 갖는다. 즉, 전통적 종교에서는 '이거냐 저거냐'하는 경

4 벡에 따르면 이는 신앙의 자유와 관련되며, 특히 루터의 종교개혁 이후 존 로크의 관용 모델에서 두드러진다. 이러한 개인화는 서구 사회에서 개인화 제1단계에 해당하며, 복지국가의 발전에 따른 개인화, 즉 제2단계의 제도화된 개인화 혹은 성찰적 개인화와 구별된다. 이에 대하여는 140-71 참조.

5 '예술적 종교'를 설명하기는 쉽지 않은데, 벡의 표현을 빌리면 이는 세속화된 세계에 대해 종교적 느낌, 성스러운 후광을 느끼게 해 주는 훈련장의 역할을 한다.

계 체제가 중요했다면, '자기만의 신'은 '이도 저도 다'의 혼종 체제이다. 여기에는 불신자, 절대적 진리, 위계, 이교도, 이단 등이 존재하지 않는다. '종교적 초월성을 찾아 나선 유목민'(174)이라는 벡의 개념은 종교와 구분된 영성에 대한 묘사에서 '구도자'(seeker)라는 표현을 사용한 우쓰나우(Robert Wuthnow)의 표현과도 상응하는 것으로, 유목민 혹은 구도자에게는 더 이상 기존의 경계는 의미를 갖지 못한다(Wuthnow, 1998: 3). 이는 종교를 통해 얻고자 하는 것에도 영향을 미치는데, 그들에게 중요한 것은 '축복받은 사람이 가는 천국'이 아니라, '지금 여기서 당장 이루어지는 자아실현'의 성격을 지닌다(176).[6] 그러나 이러한 종교적 양태는 모든 것을 결정해 버리는 반근대적 근본주의의 형태(기독교 근본주의이든 이슬람 근본주의이든)[7]나 아무런 방향도 제시하지 않는 탈근대적 세속적 상대주의와는 구분되는 성찰적 성격을 지닌다.

벡은 앞서 언급한 세계의 종교적 갈등과 관련, 이를 다룰 수 있는 다섯 가지 방안, 즉 1) 부작용 모델, 2) 시장 모델, 3) 종교 중립적 입헌국가 모델, 4) 보편적 세계윤리 모델, 5) 방법론적 개종의 모델들을 5장에서 검토한다. 벡의 입장은 부작용 모델로 볼 수 있기에, 여기서는 두 번째 모델인 시장 모델부터 검토를 시작해 보려 한다.

2) 시장 모델은 종교 선택 및 종교 갈등의 조정을 철저하게 시장 원리에 맡기는 형태이다. 이는 미국의 일군의 종교사회학자들, 특히 로드니 스타크(Rodney Stark)에 의해 강력히 주창되는 모델인데,[8] 벡에 따르면

---

6 이러한 '자아실현' 중심의 종교에 대하여는 최현종(2012: 139f.) 참조. 위의 글은 이러한 자아실현의 경향을 서구 사회의 영성의 유행 혹은 개인주의적 종교와 연결시키는데, 이는 벡의 입장과 궤를 같이 하는 것으로 볼 수 있다.

7 벡은 현재 세계적으로 유행하고 있는 근본주의 체제에 대해서 "다양한 종교가 상품으로 제공되는 종교 시장에서는 메시지가 강력할수록 공급자에게 유리"(232)하며, 이러한 강성의 종교 상품에 대한 선호가 현재의 근본주의의 융성으로 이어지고 있다고 설명한다.

8 로드니 스타크의 책으로는 『미국 종교 시장에서의 승자와 패자(1776~2005) : 미국 교회사 · 교단사에 대한 종교사회학적 접근』(2009)이 국내에 소개되어 있고, 이러한 입장의 개설서로는 유광식의 『종교시장의 이해』(2014)가 있다.

이 모델에서 신은 상품화되고, 이를 통해 '종교의 화염'을 끌 수는 있지만 이와 함께 그 종교성마저 상실될 위험이 존재한다.

3) 종교 중립적 입헌국가 모델은 하버마스(Jürgen Habermas)의 모델을 국민국가 수준에서 전 지구적 수준으로 이동, 확장시킨 것이다.[9] 그러나 세계국가가 없는 현재의 시점에서 이것은 실제적으로 불가능한 모델이라고 벡은 평가한다.

4) 보편적 세계윤리 모델은 한스 큉(Hans Küng)의 모델로서, 세계종교의 최소한의 공통 분모 속에서 윤리적 공통점을 추출하는 것을 의미한다. 그러나 벡은 이러한 보편주의는 각각의 종교가 갖는 유일성의 가치를 파괴하는 것으로, 차이의 가치를 강조/포함하는 세계시민주의보다 바람직하지 못하다고 평가한다.

5) 방법론적 개종의 모델은 벡에 의하면 마하트마 간디(Mahatma Gandhi)의 모델로서 타 문화 혹은 타 종교의 눈을 통해 자신의 문화와 종교를 바라보고, 이를 통해 자신과 타 문화(종교)에 대한 이해를 심화시키는 것을 의미한다. 그러나 벡에 의하면 이러한 방법론적 개종이 반드시 평화적으로 사용된다는 보장은 없다. 방법론적 개종은 (최근의 이슬람 테러 사태와 같이) 폭력적으로도 이용될 수 있다.

결국, 벡의 입장은 1) 부작용 모델에 가깝다. 여기서 부작용은 '의도하지 않은 결과'의 의미를 지닌 것으로, 부정적일 수도 있지만 (여기에 논의되는 경우를 포함하여) 긍정적인 결과를 야기하는 경우도 많이 있다. '자기만의 신'의 확산에 따른 부작용은 다음의 과정을 포함한다. 즉, 일반적으로 부정적으로 평가될 수 있는 신앙의 '비순결'에는 타자의 종교성이 포함되며, 이는 순결 논리에 따른 복수의 단일문화주의(벡의 표현

9 그러나 최근의 하버마스의 입장은 세속적 종교 중립성에서 종교를 포함하는 종교 중립성으로 변화하였다. 이에 대하여는 본 글의 4장 "'자기만의 신'에 대한 종교사회학적/기독교적 고찰" 부문의 논의를 참조하라.

은 다문화주의)를 극복할 수 있게 해 준다. 이러한 종교적 혼종 형태는 탈식민지 문화에서는 '고유한' 종교적 요소와 '외래적' 요소의 공존을, 서구적 맥락에서는 '세속적 종교'와 '종교적 세속성'의 혼종을 의미하기도 하는데, 어쨌든 이와 같은 부작용은 세계의 종교적 갈등을 극복하는 데 기여할 수 있다. 나아가, 혹은 이와 함께 개인적 종교는 또한 제도적 종교가 종교와 도덕을 동일시함에 따라 나타나는 비도덕적 행위들을 극복할 수 있다. 벡은 종교의 이름으로 폭력을 휘두르는 빈 라덴(Osama Bin Laden)과 개인의 양심의 목소리(이것이 개인적 종교의 목소리이다.)를 통해 저항한 소로(Henry David Thoreau)의 경우를 대조하면서 이것이 현대의 이분법적 '적'과 '동지'의 구조를 극복할 수 있는 방법이라고 제시한다.

표 1 글로벌 시대의 종교적 갈등의 해결 모델들

모델명	주창자	주요 내용	비판(장점)
부작용 모델	울리히 벡	타자의 종교성을 포함하는 개인화된 신앙 형태	복수의 단일문화주의, 제도적 종교의 비도덕적 행위들 극복
시장 모델	로드니 스타크	종교 선택 및 종교 갈등의 조정을 철저하게 시장원리에 맡김	신이 상품화되고, 종교성마저 상실될 위험
종교 중립적 입헌국가 모델	위르겐 하버마스	종교 중립적 국가 모델을 국민국가 수준에서 전 지구적 수준으로 확장시킨 것	세계국가가 없는 현재의 시점에서 실제적으로 불가능
보편적 세계윤리 모델	한스 큉	세계종교의 최소한의 공통분모 속에서 윤리적 공통점을 추출	종교가 갖는 유일성의 가치를 파괴
방법론적 개종 모델	마하트마 간디	타 문화 혹은 타 종교의 눈을 통해 자신의 문화와 종교를 바라보고, 이를 통해 자신과 타 문화(종교)에 대한 이해를 심화	폭력적으로도 이용될 수 있음

글로벌 시민사회에서 이와 같은 종교의 (부)작용을 제시한 벡은 책의 마지막 장에서 자신이 주창하는 세계시민주의를 '우리는 모두 똑같다.'는 식의 보편주의와 구분하면서 자신의 논의를 정리한다. 벡에 의하면 현재의 많은 세계의 문제들은 (모두에게 자기의 것을 강요하는) 바로 이러한 '보편주의의 충돌'에서 기인한다. 또한 세계시민주의를 질서의 붕괴라고 보는 시각도 있지만, 이는 국민국가질서가 해체되고 새로운 질서가 등장하는 것이라고 벡은 주장한다. 결론적으로 벡은, 한편으로는 (현대화에 따라 종교는 쇠퇴할 것이라는) 이전의 세속화 이론의 입장과는 정반대로 글로벌 위험사회에서 종교는 현대화의 주역이라고 말하면서, 또 한편으로는 종교와 관련하여 '서로 충돌하는 층위'와 '실용적 만남이 가능한 협동의 층위'를 구별하는 것이 필요하다고 역설한다. "타종교의 신학에 대해서는 불관용적이면서도 공통의 안전을 위해서는 창조적으로 협동할 수 있다."(263)는 것이 세계화에 따른 종교 간 갈등에 대한 벡의 해결책이라고 할 수 있다.

IV. '자기만의 신'에 대한 종교사회학적/기독교적 고찰

벡의『자기만의 신』에 나타난 핵심 테제 중 많은 부분은 사실 이미 많은 종교사회학자들을 통하여 다루어진 것들이다. 벡 스스로도 언급한 바처럼, 이는 트뢸치(Ernst Troeltsch)의 종교 유형 중 '신비주의'로 거슬러 올라갈 수 있으며(Troeltsch, 1912), 제도적 종교와 개인 종교의 구분은 짐멜의 '종교'(Religion)와 '종교성'(Religiosität, 영 religiosity)에 영향을 받은 것으로 볼 수 있다(Simmel, 1912). 특히, 이러한 독일의 종교사회학의 전통에서 현대적으로 제도적 종교와 개인 종교를 구분한 것은 루크만(Thomas Luckmann)의 『보이지 않는 종교』(*The Invisible Religion*)에 나타난 종교의 개인화/사사화 모델인데(루크만, 1982), 앞서 언급된 종교 간 갈등 극복을 위한 다섯 가지 모델 중 벡이 취한 '부작용' 모델은, 평소 벡이 자주 사용하는 '부작용'의 의미를 강조하기 위한 것이지만, 실제로는 (루크만의) 이러한 '개인화' 모델이라고도 칭할 수 있다.

루크만의 모델에 의하면 현대의 사회구조는 세속화되어 있지만, 개인의 종교성은 여전히 유지되고 있다. 현대의 종교적 변화의 핵심에는 종교의 사사화(privatization)와 제도적 종교, 즉 교회의 신학적 해석에 대한 독점적 역할의 상실이 자리 잡고 있다. 이제 사회의 기본적 가치체계는 더 이상 제도적 종교의 독점물이 아니며, 세속적 · 비종교적 체계와 경쟁하게 되었다. 이러한 상황에서 개인은 선택을 해야 하는데, 이러한 종교성은 더 이상 공적이지 않으며, 사적 · 개인적으로 정착하게 된다. 그리고 이러한 신앙 형태는 개인의 자율성을 존중하며, 공식적인 혹은 제도적 종교와는 구분되는 양상을 지닌다. 이러한 루크만의 입장은 데이비(Grace Davie)의 '소속이 없는 믿음'(believing without belonging)이라는 표현이나, 현대 사회의 '대안종교'(alternative religion)에 대한 논의로 이어지며,[10] 벡의 '자기만의 신' 개념도 이러한 연장선상에서 생각할 수 있다. 그러나 이러한 종교의 개인화 모델을 '세계시민적 현대화'와 연결시키고, 그에 따르는 문제를 해결하는 주요한 방법으로 제시한 것은 벡의 공헌이라고 할 수 있다.

일단 종교의 개인화와 관련하여서는 (벡의 책에도 언급된) 폴락(Detlef Pollack)의 연구에도 나타나는 것이지만, 아직까지는 개인화된 종교의 모습이 제도적 종교와 뚜렷하게 구분되어 나타나지는 않는다. 폴락은 이러한 개인화의 주장이 어느 정도 과장되어 있다고 얘기하면서, 종교적 소비자는 사회적으로 인정되고, 개인적 네트워크가 중요하게 작용

10 루크만의 개인적 종교 모델에 대한 보다 자세한 내용은 최현종(2013: 100-02) 참조.

하는 종교를 선택하는 경향이 있으며, 개인화와 다원화의 경향에도 불구하고 종교 지형에 있어서의 변화는 그렇게 크지 않다고 주장한다(Pollack and Pickel, 1999). 즉, 종교 변화의 실제적인 모습은 제도적 종교와 단절된 완전히 개인화된 '자기만의 신'보다는 제도적 종교 안에서의 보다 개인화된 형태를 띤다고 볼 수 있다. 물론 이러한 현대적인 종교의 모습이 벡이 주장한 '자기만의 신'의 형태로까지 발전할 수도 있겠지만, 아직까지는 완전한 제도적 종교와의 단절에 대해서는 의문을 제기할 수밖에 없다.

그럼에도 불구하고, 글로벌 시민사회에서의 종교 간 갈등의 극복이라는 면에서 벡의 주장은 많은 부분에서 우리에게 시사점을 제공한다. 특히, 산업사회와는 달리 소비사회에서는 종교가 정체성을 표현하는 중요한 수단이 되며, 종교적 다양성은 다양한 문화를 통합하고, 세계를 경험하는 긍정적 통로가 될 수 있다는 보우마(Gary D. Bouma)와 링(Rod Ling)의 언급(2009)[11]은 이러한 벡의 주장이 갖는 의미를 더욱 생각하게 해 준다. 즉, 현대의 국가들이 종교를 배제하는 보다 '자유주의적' 입장에서, '종교적 지향성'을 인정하는 입장으로 변화한다고 할 때,[12] 구체적으로 이러한 방향을 실현할 수 있는 모델을 제공한다는 입장에서 벡의 논의는 의미가 있다고 볼 수 있다. 벡이 본서에서 '종교 중립적 입헌주의' 모델의 주창자로 제시했던 하버마스 또한 그의 최근 저작에서는, 종교가 민주주의적 담론에서 정당한 대화 상대자가 될 수 있으며, "종교로부터 배울 준비가 되어 있어야 한다."고 그 방향을 약간 선회하고 있다(Habermas, 2006: 17). 하버마스는 또한 (후에 교황 베네딕토 16세가 된) 라칭거(Josepf Ratzinger) 추기경과의 대화에서도, '공공의식을 근대화'하려면 "세속적 멘탈리티 못지않게 종교적 멘탈리티를 흡수하고, 이를 성

---

11 이와 유사한 입장은 더욱 상세하게 아래에 기술할 카스텔(2008)에서 제시되고 있다.

12 이에 대하여는 최현종(2014) 참조.

찰적으로 변형시켜야 한다."고 주장하며, 이러한 입장을 견지한다(하버마스 · 라칭거, 2009: 52).

벡이 제시한 종교의 글로벌 시민사회 형성에의 기여는 다종교 상황의 한국 사회에도 유사하게 적용될 수 있다. 최근 한국 사회는 종교 간 갈등 문제가 대두되면서, 종교 간 평화 공존이 중요한 당면 과제로 대두되고 있다. 특히, 이명박 정부의 종교 편향 시비 이래, '공무원 종교차별 금지' 조항을 둘러싼 논란, 2012년 불교계의 가칭 '종교평화법' 추진과 '종자연' 사태로 불리는 일련의 사태들은 종교 간 갈등의 극복이 한국 사회의 중요한 문제임을 보여준다.[13] 따라서 종교 간 갈등 극복에 대한 벡의 제안은 한국 사회 내의 이러한 문제 해결을 위해서도 중요한 시사점을 제공해 줄 수 있다. 다만, 기독교인으로서 '진리' 대신 '평화'라는 벡의 우선순위를 받아들이기는 쉽지 않다. 즉, 종교적 '진리'를 무엇보다 우선시하는 현재의 대다수 기독교적 관점과 '진리'보다 '평화'라는 벡의 관점이 조화를 이루기는 쉽지 않은 것으로 보인다. 그럼에도 이것이 곧 신학적 타협을 의미하지는 않는다는 마지막 부문의 언급(263)은 되새겨볼 가치가 있을 것으로 보인다. 즉, '서로 충돌하는 층위'와 '실용적 만남이 가능한 협동의 층위'를 구별하고, '신학에 대해서는 불관용적'이지만, '공통의 안전을 위해서는 창조적으로 협동'할 수 있다는 주장은 기독교의 입장에서도 지혜롭게 수용되었을 때, 다종교 사회의 긴장을 극복할 수 있는 의미 있는 대안을 제공할 수 있을 것으로 보인다.

논의를 마침에 있어, 마지막으로 벡이 제안하고 있는 '세계시민주의'는 과연 현실적인가라는 문제를 제기해 본다. 현대 사회의 정치적, 경제적, 문화적 세계화는 여기서 다시 상세히 언급할 필요가 없는 우리가 익히 잘 알고 있는 사실이다. 또한 벡이 주장하는 위험사회가 글로벌한 수준에서 도래하고, 이에 대처하기 위해서는 글로벌 거버넌스(Global

13 '종교 차별 금지', '종교평화법' 및 '종자연' 사태에 관해서는 본서의 6장 참조.

Governance)와 세계시민주의가 필요하다는 입장에 대해서도 반대할 수 없다. 그러나 필요와 현실, 당위와 실제 사이에는 건너기 쉽지 않은 여러 층위들이 존재한다. 21세기의 현대적 사회의 변화를 집중적으로 연구한 카스텔(Manuel Castells)도 이러한 세계화의 흐름과 함께 더욱 강하게 등장하는 '정체성 권력', 즉 지역감정의 존재, 민족주의의 창궐, 근본주의의 등장 등을 심도 있게 분석하고 있다. 국민국가가 이전의 지역단위의 통치를 극복하고, 하나의 통합된 사회로 등장하는 것도 쉽지 않았고, 지금도 여전히 이러한 문제는 잔존한다. 또한 국민국가의 등장에는 '타자', 즉 적대적 국가의 존재가 중요하게 작용했다는 주장도 있다.[14] 즉, 벡의 '세계시민주의'가 현실적으로 나타나기 위해서는 먼저 가시적인 '세계시민사회'의 등장이 필수적인데, 이러한 가시화까지는 아직 갈 길이 먼 것으로 보인다.

V. 나가는 말

본 글은 울리히 벡의 최근 종교 관련 저서인 『자기만의 신』을 소개하고, 이에 대해 종교사회학적/기독교적 입장에서 살펴보았다. 울리히 벡의 '자기만의 신' 개념은 트뢸치, 짐멜, 루크만의 전통을 잇고 있으며, 나아가 현 세계의 다종교 사이의 평화 공존과 세계시민주의를 형성하는 데 기여할 수 있다는 의미를 지니고 있다. 그러나 '진리'보다 '평화'를 주장하는 벡의 입장은 일면으로는 기독교의 입장과 충돌할 수 있고, '세계시민사회'의 구성이 아직은 도달하기 먼 도정에 있다는 점은 약점으

14 이는 필킹턴(Andrew Pilkington)의 주장이다. 이에 대하여는 Pilkington(2002) 참조. 이러한 맥락에서 글로벌 시민사회가 온전히 형성되기 위해서는 외계인의 침략이 필수적이라는 농담도 나온다.

로 지적된다. 하지만 이러한 약점에도 불구하고, '신학에 대해서는 불관용적'이지만, '공통의 안전을 위해서는 창조적으로 협동'할 수 있다는 주장은 세계의 종교 사이의 갈등뿐 아니라, 현재 한국 사회의 종교 간 갈등을 해소하는 데에도 상당히 기여를 할 수 있다고 생각된다.

참고문헌

루크만, 토마스. 1982.『보이지 않는 종교』. 이원규 역. 서울: 기독교문사.

벡, 울리히. 2006.『위험사회: 새로운 근대(성)를 향하여』 홍성태 옮김. 서울: 새물결.

———. 2013.『자기만의 신: 우리에게 아직 신이 존재할 수 있는가?』 홍찬숙 옮김. 서울: 도서출판 길.

스타크, 로드니. 2009.『미국 종교 시장에서의 승자와 패자(1776~2005) : 미국 교회사 · 교단사에 대한 종교사회학적 접근』. 김태식 역. 서로사랑.

유광식. 2014.『종교시장의 이해』. 서울: 다산출판사.

최현종. 2012. "제도화된 영성과 한국 종교 지형의 변화: 가톨릭과 개신교를 중심으로."『종교와 문화』 22.

———. 2013. "세속화." 김성건 외.『21세기 종교사회학』. 서울: 다산출판사.

———. 2014. "다종교 사회의 긴장과 공존: 공적 영역에서의 종교."『종교와 문화』 26.

카스텔, 마뉴엘. 2008.『정체성 권력』. 정병순 옮김. 서울: 한울 아카데미.

하버마스, 위르겐 · 요제프 라칭거. 2009.『대화–하버마스 대 라칭 추기경』. 윤종석 옮김. 서울: 새물결.

Beck, Ulrich. 2006. *Cosmopolitan Vision*. Cambridge: Polity.

Bouma Gary D. and Rod Ling. 2009. "Religious Diversity." In: Peter E. Clarke(ed.). *The Oxford Handbook of the Sociology of Religion*. New York: Oxford University Press.

Habermas, Jürgen. 2006. "Religion in the Public Spehre." *European Journal of Philosophy* 14.

Pilkington, Andrew. 2002. "Cultural Representations and Changing Ethnic Identitiesin a Global Age." In: M. Holborn(ed.). *Developments in Sociology*. Ormskirk: Causeway Press.

Pollack, Detlef und Gert Pickel. 1999. "Individualisierung und Religiöser

Wandel in der Bundesrepublik Deutschland." *Zeitschrift für Soziologie* 28.

Simmel, Georg. 1912. *Die Religion*. F.a.M.: Suhrkamp Verlag.

Troeltsch, Ernst. 1912. *Die Soziallehren der christlichen Kirchen und Gruppen*. Tübingen: Mohr Verlag.

Wuthnow, Robert. 1998. *After Heaven: Spirituality in America Since 1950s*. Princeton, NJ: Princeton University Press.

부록

통계와 함께하는 우리 시대 목회

Ⅰ. 청년 목회 : 취업과 결혼 문제를 중심으로

Ⅱ. 청소년과 주일학교

Ⅲ. 선교를 위한 기본적 이해 : 세계 종교 인구의 변화

I. 청년 목회 : 취업과 결혼 문제를 중심으로

젊은 층의 등돌림은 기독교계의 중요한 문제라고 할 수 있고, 그렇기에 이에 대한 교계의 관심과 노력 또한 매우 필요한 상황이다. 이 글에서는 꼭 젊은 층의 문제로 국한되지는 않지만, 그럼에도 젊은 층에서 가장 두드러진 몇 가지 통계를 살펴보고, 그에 대한 목회적 방안을 생각해 보려고 한다.

1. 일자리의 양극화

청년기의 가장 중요한 과제라면 취업과 결혼을 들 수 있다. 늘 용돈을 타고, 부모님의 눈치를 봐야 했던 길고 긴 경제적 의존의 터널을 지나서 자신의 힘으로 돈을 벌고 마음대로 사고 싶은 것을 살 수 있을 때 그리고 오히려 거꾸로 부모님에게 용돈을 드릴 수 있게 되었을 때, 그 뿌듯함을 어찌 말로 할 수 있으랴? 하지만 요즘의 현실은 학업의 끝이 경제적 독립이 아니라 또 다른 의존의 시작이 되어 가고 있다. 아니 학생 시절에는 그래도 학생이라는 핑계를 댈 수 있었다. 졸업을 하였음에도 취직을 못 하고 부모님께 손을 벌려야 할 때, 그리고 그 눈칫밥의 끝이 보이지 않을 때 과연 그 마음이 어떠하랴?

하지만 통계청에 따르면 지난해 일자리 증가수는 41만 5000개로 지난 2004년(41만 8000개) 이후 7년만에 최대치를 기록했다. 그 결과 고용률도 2010년 70.1%에서 2011년 70.5%로 0.4%포인트 상승했고 실업률은 4.0%에서 3.6%로 하락했다. 물론 실업률의 허구성은 어느 사회를

* 이 글은 『목회와 신학』 2012년 5~7월호에 실린 글들을 수정한 것임.

막론하고 끊임없이 지적되어 왔다. 실업에 대한 국제노동기구(ILO)의 정의는 “일이 없고, 2주일 내로 일을 시작할 수 있으며, 지난 1개월 동안 구직을 시도한 사람들”을 가리킬 때 사용된다. 하지만 이러한 정의는 ‘실망 실업자’(일자리를 못 구해서 포기한 사람들), 비자발적 시간제 근로자와 같은 사람들을 포함하지 않고 있다.

하지만 문제는 실업률이나 고용률 자체에만 있지 않다. 최근 현대경제연구원이 통계청 경제활동 부가조사 마이크로 데이터를 이용하여 추산한 자료에 의하면, 일자리 자체의 증가 혹은 감소와는 별도로 일자리의 양극화 문제가 중요한 문제로 지적되었다. 즉, 상위임금 일자리와 하위임금 일자리는 늘어나는 데 비하여, 중간임금 일자리는 줄어들고 있다는 것이다. 해당 연도 임금을 기준으로 분석하였을 때, 2001년과 비교하여 상위임금 일자리(80~100%)와 하위임금 일자리(0~20%)는 각각 101만 1천개, 105만 3천개가 늘어난 데 반하여(중상위임금 일자리(60~80%)도 94만 7천개로 비교적 많이 증가하였다), 중하위임금(20~40%)과 중간임금(40~60%) 일자리는 각각 32만 5천개, 60만 5천개 증가하는 데 그쳤다(다음의 [그림 1] 참조). 그리고 전체 일자리 비중에 있어서도 상위 일자리 비중이 37.9%로, 중간 일자리 비중(35.4%)보다도 높았다. 다르게 말하면 현재 대한민국의 양극화는 일정 부분 소득의 원천인 일자리 자체의 양극화에 기인한다고 말할 수 있는 것이다. 그리고 이러한 일자리 양극화의 가장 큰 피해자 중의 하나가 바로 이 땅의 젊은이들인 것이다.

처음 일자리를 갖는 청년들이 상위임금의 일자리를 갖는 것은 일부 전문직을 제외하고는 거의 불가능한 일이다. 그렇기 때문에 어느 정도 소득이 보장된, 그리고 혹 처음에는 낮은 소득에서 시작한다고 할지라도 시간을 두고 소득을 향상시킬 수 있는 중간임금 일자리의 부족은 청년들을 실업 혹은 하위임금 일자리의 선택이라는 양자택일의 상황으로

그림 1 2001~2011년 일자리 계층별 고용 증감

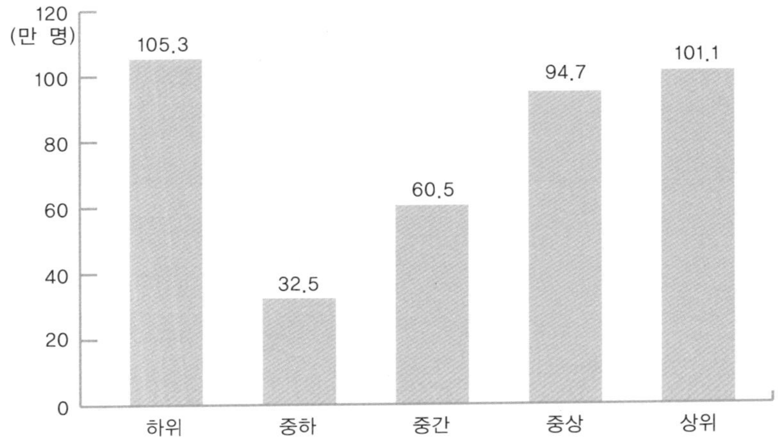

출처 : 조선일보 2012.1.21. 보도자료.

몰아갈 수 있다. 하위임금 근로자가 상위임금 근로자로 바로 상승하는 것은 거의 불가능하기 때문에, 그 중간에 중간임금 일자리가 많아야만 어느 정도 점차적인 신분 상승이 가능한 것이다. 하지만 중간임금 일자리의 감소는 이러한 기회 자체를 박탈해 버린다. 중간 일자리 비중의 감소는 중산층 비중의 감소뿐만 아니라, 신분 상승의 기회 자체를 앗아가 버리는 것이다. 우리가 양극화와 그에 따르는 폐해에 대해 많이 얘기하지만, 근본적으로 소득을 제공하는 일자리의 창출, 그리고 일자리의 양극화 해소가 없이는 이러한 양극화 문제의 해소는 요원하다.

예로부터 "가난 구제는 나라도 못한다."는 말이 있다. 그렇다면 이와 같은 양극화의 심화, 일자리의 양극화 문제에 대하여 교회는 어떤 목회적 대안을 제시할 수 있을까? 가장 근본적인 것은 물론 일자리를, 특히 중간임금의 일자리를 창출하는 것이다. 하지만 나라도 못하는 일을 교회가 할 수는 없다. 물론 이러한 일자리 창출의 분위기를 조성해 나가고, 또한 교회 안의 기업가들에게 이러한 인식을 제고시키는 것은 필요할 것이다. 하지만 보다 직접적으로 할 수 있는 일은 이러한 문제에 당면한 교회 안의 젊은이들에게 필요한 적절한 대책을 제시해 주는 것이다. 위의 통계 작업에 참여한 연구소의 한 연구위원은 하나의 대책으로서 "중간 일자리에 필요한 숙련 기술 습득을 위한 각종 교육 프로그램을 활성화하고, 멘토링 시스템을 도입해 개별 수준과 역량에 맞는 교육훈련을 실시하도록 해야 한다."고 제시했다. 물론 교회가 직업 훈련을 하는 곳은 아니다. 하지만 교회 안의 풍부한 인력을 이용한 멘토링 시스템으로 실업 혹은 저소득 일자리로 고통 받는 교회 안의 젊은이들에게 어느 정도의 도움을 줄 수는 있지 않을까? 그리고 나아가 몇 개의 교회가 연합하여 구체적인 교육 프로그램을 만드는 것은 불가능할까?

위의 대책이 주로 교회 안의 인력과 네트워킹을 통해 이루어지는 것이라면, 목회자가 해야 할 보다 '목회적'인 임무도 존재한다. 물론 위와 같은 일을 계획하고, 진행할 수 있도록 동기를 부여하는 것도 목회자의 역할일 수 있다. 하지만 그와 함께 이러한 절망적인 상황에 처한 젊은이들을 위로하고, 이들에게 용기를 부여하는 것은 말 그대로 '목회', 독일어로 'Seelsorge'(단어의 본래적 의미는 영혼의 돌봄)의 본래적 영역일 수 있다. 결국 취업을 하는 것은 당사자의 일이다. 그러나 그 과정에서 많은 상처를 받고 때로는 절망할 때, 그 마음을 돌보고 다시 시작할 수 있는 용기를 주는 것은 목회자의 중요한 사역의 영역일 수 있다. 그리고 이러한 위로는 단순히 '잘 될거야.'라는 막연한 낙관론이 아닌, 그들의 상황을 분명히 이해하고, 또한 그 마음의 아픔을 함께할 수 있을 때 가능할 것이다. 이 땅의 많은 젊은이들과 그들을 돌보는 목회자들이여, 주 안에서 힘을 내자. 화이팅!

2. 늦어지는 결혼, 혼자 사는 가족

이제 청년이 당면하는 두 번째 문제, 즉 결혼을 하고 가족을 구성하는 것과 관련된 문제를 살펴볼 차례다. 최근 많은 언론에서도 보도한 바처럼 결혼의 연령이 늦어지고 있는 추세이다. 한국인구학회가 통계청의 의뢰로 작성한 '2010 인구주택 총조사 전수결과 심층분석을 위한 연구'를 보면 남성의 초혼 연령은 1990년 27.9세에서 2010년 31.8세로 3.9세나 늦춰졌다. 여성이 첫 결혼을 하는 나이도 같은 기간 24.8세에서 28.9세로 4.1세 많아졌다. 서울시 여성가족재단이 발표한 '2011 통계로 보는 서울 여성'에 따르면, 서울 여성 평균 초혼 연령은 29.82세로 전국 평균보다 조금 더 높다. 이 연구서는 2011년에는 여성의 초혼 연령이 처음으로 30세를 넘을 것이라고 예측하기도 했다. 이제 더 이상 30세 미혼 여성을 노처녀라고 부를 수 없는 실정인 것이다.

그림 2 초혼 연령 변동 (단위 : 세)

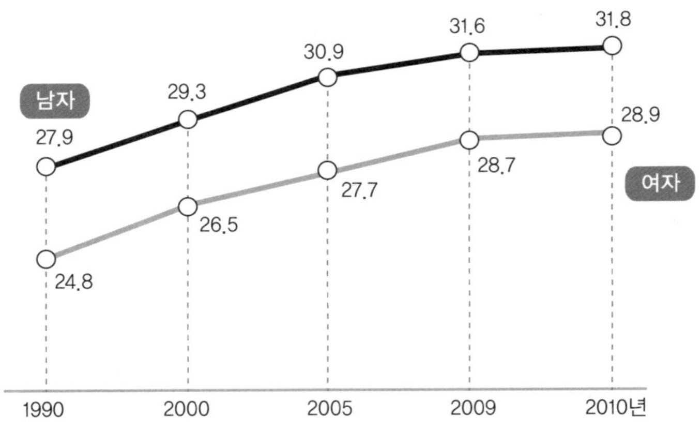

출처 : 한국인구학회, 통계청.

처음 결혼하는 나이가 늦어짐에 따라 연령별 미혼 비율 역시 증가했다. 25~29세 여성 중 결혼하지 않은 이들은 1995년 당시 28.5%였는데, 2010년엔 3명 중 2명꼴인 67.8%로 늘었다. 30~34세 미혼 여성은 1995년엔 6.2%로 소수였지만 2010년엔 28.5%로 거의 5배 가까이나 늘었다. 남성의 경우, 예전에는 상대적으로 결혼이 늦었다고 보았던 30~34세의 미혼 비율이 1995년 18.6%에서 2010년 49.8%로 급증했다. 또한 35~39세 남성은 같은 기간 6.1%에서 26.9%로 증가했다.

표 1 35세 이상 남녀 미혼율 변동 (단위 : %)

	남자				여자			
	1995	2000	2005	2010	1995	2000	2005	2010
35~39세	6.1	10.2	18.1	26.9	3.1	4.3	7.3	12.4
40~44세	2.6	4.5	8.8	14.8	1.8	2.5	3.5	5.9
45~49세	1.2	2.2	4.6	8.2	1.1	1.6	2.3	3.3

출처 : 한국인구학회, 통계청.

그나마 40세 이상 여성 미혼율은 상대적으로 적게 증가하였다. 40~44세 여성의 경우는 1995년 1.8%에서 2005년 5.9%로, 같은 기간 45~49세는 1.1%에서 3.3%로 늘어났다. 하지만 남성의 경우는 상황이 다르다. 40~44세 남성 중 미혼인 이들이 1995년엔 2.6%에 불과했으나 2010년엔 14.8%로 크게 증가하여, 40대 초·중반 남성 7명 중 1명이 노총각의 신세를 면치 못하였다. 45~49세 중 독신인 비율 역시 1995년 1.2%에서 2010년 8.2%로 급증했다. 결혼을 하지 않은 (혹은 못한) 층도 남녀가 서로 달라서 남자의 경우 저학력, 미취업자 층에서 미혼 비율이 높은 반면에, 여자는 오히려 고학력층에서 결혼하지 않은 비율이 상대적으로 높았다. 위의 연구 보고서는 과거와는 달리 "미혼이 최근 들어 여성보다 오히려 남성에게 더 큰 사회 문제가 되고 있다."고 지적하고 있다.

이러한 미혼 남녀 비율의 증가는 가구당 가족 구성원수에도 영향을 미친 것으로 나타났다. 작년에 서울시가 발표한 '통계로 보는 서울시민 생활상 변화'에 따르면 1980년 이후 지난 30년 동안 서울의 가구당 평균 가족 구성원수는 4.47명에서 2.7명으로 줄어들었다. 더욱이 1인 가구의 비율이 24.4%로 4인 가구 비율 23.1%보다 더 높게 나타났다. 서울의 경우에 한정한다면 이제 더 이상 부모와 자녀 2명이 표준 가족의 모델이 아닌 셈이다.

그림 3 1980~2010년 서울 가구당 평균 가구원수 (단위 : 명)

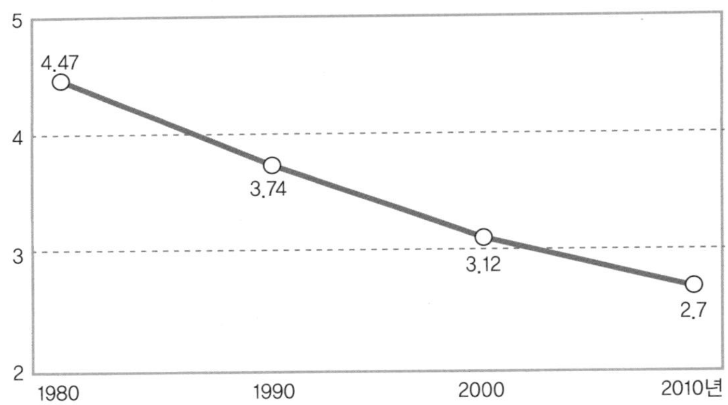

출처 : 서울특별시청.

이러한 결혼 연령의 변화, 가족 구성원수의 변화는 목회에 어떤 영향을 미칠까? 이러한 변화는 단순히 결혼을 하고 자녀를 낳는 것이 성경적 원리라는 당위적 설명을 뛰어넘는 의미를 갖는다. 20세기에 많은 성장을 기록한 세계 종교는 이슬람과 오순절 운동의 성격을 띤 기독교, 혹은 보다 넓은 의미에서 '복음주의' 기독교가 유이하다. 이들이 다른 종교에 비해 많은 성장을 기록한 비결은 무엇일까? 놀랍게도 그 이유는

'개종'이 아닌 '다출산'이었다. 산업화 이후에 서구 사회가 '저출산' 사회로 변한 데 반해 이슬람 지역은 그리고 나아가 서구로 이주한 이슬람인들은 여전히 높은 출산 비율을 유지하고 있고, 이것이 20세기 이슬람의 약진의 중요한 요소로 나타나고 있다. 또한 미국 사회의 분석에 의하면 복음주의적 기독교가, 흔히 '주류'(mainline)라 부르는 자유주의적 성격의 기독교의 쇠퇴에도 불구하고 여전히 성장을 거듭하고 있는 중요 원인 중 하나는 바로 많은 출산과 이를 통한 신앙의 유전에 있었다. 즉 자유주의 기독교가 자녀를 적게 낳고 신앙을 자녀들의 개인적 선택에 맡기는 데 반해, 복음주의 성격을 띤 기독교인들은 많은 자녀를 낳고 이들에게 신앙을 물려준 것이 지난 100년 동안의 이들 서로 다른 성격의 기독교의 성쇠를 결정한 중요 원인이라는 것이다. 우리는 흔히 교회에서 "전도를 많이 못 하면 애라도 많이 낳으라."는 우스갯 소리를 하곤 하지만, 실제로 장기적으로 보면 자녀를 많이 낳아 올바른 신앙인으로 키우는 것이 기독교의 성장에 기여할 수 있는 보다 확실한 방법인 것이다.

하지만 현재의 한국 사회 가족 구성의 추이를 보면 이러한 보다 확실한 교회 성장의 방법이 위협받고 있다고 말할 수 있다. 결혼은 점점 늦어지고, 이에 따라 출산율도 점점 낮아지고 있다. 기독교의 성장을 위해서는, 나아가 건강한 한국 사회의 발전을 위해서는 범기독교적인 결혼 장려 운동, 자녀 갖기 운동이라도 필요한 실정이다. 더욱이 여성이 아닌 남성의 미혼율 증가가 사회의 중요한 문제로 등장하고 있는 현실에서, 여전히 많은 미혼 여성 자원(?)을 보유한 교회야말로 이러한 문제를 해결할 중요한 주체가 될 수 있지 않을까? 이제 미혼 남녀의 결혼은 목회의 부차적 과제가 아닌 전도만큼 중요한 과제가 되어야 한다. 그리고 이 과제가 중요한 만큼 교회 내에서, 혹은 교회 간의 연합을 통해 이 문제의 해결을 위한 구체적인 프로그램의 진행—단순히 목회자가 개인적 상담에서 이를 권고하고 장려하는 것을 넘어선—도 필요한 실정이다. 과거 교회는 '연애당'이라는 비판을 받아 왔다. 하지만 이제 교회는 다시 건전한 의미에서 '연애당'이 되어야 한다. 이성교제에 대한 건전한 윤리 교육과 아울러 교회를 통한 활발한 '연애'가 이루어진다면, 이는 앞서 언급한 바처럼 한국 교회의 발전과 한국 사회 전체의 발전에도 중요한 기여를 할 것이다.

물론 이와 함께 앞서 언급된 남녀의 미혼 사유의 차이도 충분히 고려되어야 할 것이다. 남자의 경우 결혼의 지체가 취업 및 소득과 관련이 있는 만큼, 앞서 언급한 일자리 문제의 해결이 결혼 문제의 해결에 있어서도 중요한 선결 과제가 될 수 있다. 그러나 여기에는 또한 남자가 가정의 경제적 문제를 책임져야 한다는, 혹은 남성 배우자가 여성 배우자에 비해 보다 높은 소득, 혹은 보다 높은 지위를 지녀야 한다는 전통적 · 가부장적 사고방식이 깔려 있다. 이러한 사고방식은 고학력의 여성들의 결혼이 늦어지는 데에도 일정 부분 영향을 미치는 것으로 보인다. 현재의 지면이 이러한 사고방식의 옳고 그름을 논의하는 장소는 될 수 없다. 다만, 사회의 변화 혹은 현실적 상황에 따라 사고방식은 충분히 바뀔 수 있고, 또 바뀌는 것이 필요하다고 생각한다. 남성 배우자보다 여성 배우자가 가정의 경제적 책임을 더 많이 지고, 더 높은 지위에 있으면 안 되는가? 남성 배우자가 가사 일의 더 많은 부분을 책임지면 안 되는가? 이미 현실적 상황은 많이 바뀌고 있음에도 불구하고, 여전히 지속되는 가부장적 가족관의 지속이 이러한 상황을 부정적으로 보게 만들고, 또한 이를 통해 부분적이나마 가족의 구성을 막고 있다면, 교회가 이러한 가치관을 바꾸는 데 앞장설 수는 없을까? 남녀 배우자 관계의 중요한 성경적 모델 중 하나는 창세기에 나오는 '돕는 배필'이다. 하지만 그 '돕는' 방식은 시대에 따라 바뀔 수 있지 않을까? 이 시대에 맞는, 그러나 성경에 어긋나지 않는 새로운 가족관 · 배우자관의 형성과 교육도 현재의 결혼 문제를 해결하는 데 매우 중요한 요소로 보여진다.

II. 청소년과 주일학교

Ⅰ에서는 청년층과 관련된 몇 가지 통계, 즉 일자리와 결혼과 관련된 사항들을 다루었다. 새로운 통계치를 소개하기 전에 Ⅰ에 소개한 결혼과 관련된 사항 중 남자의 경우 저학력 · 미취업자 층, 여자의 경우 고학력층에서 결혼하지 않은(혹은 못한) 비율이 상대적으로 높다는 것에 대한 구체적인 자료를 잠시 소개할까 한다. 서울시 발표에 따르면 2010년 서울의 40~49세 고졸 이하 남성 중 미혼자 비율은 18.7%로 대졸 이상 미혼자 비율(9.8%)의 배에 달한다. 이 수치는 대학원 졸업 학력 이상의 경우는 더욱 낮아져 5.3%가 미혼인 것으로 나타났다. 즉 고졸 이하의 남성의 미혼 비율은 대학원 졸업 이상의 남성보다 3.5배 정도 높은 것이다. 반면 35~44세 여성의 경우 대학원 졸업자의 미혼 비율이 23.9%로 가장 높았고, 대학교 졸업자는 16.8%, 고졸 이하는 12.2%로 점점 낮아졌다. Ⅰ에서 소개한 대로 남성이 가계를 책임져야 한다는 생각, 남성이 여성보다 학력이나 지위가 높아야 한다는 사고방식에 대한 재고가 필요한 시점이라고 할 수 있다.

이제 여기에서는 조금 연령을 낮추어서 청소년, 혹은 주일학교와 관련된 몇 가지 통계를 소개할까 한다. 교회마다 주일학교, 중·고등부 인원이 줄고, 또 입시와 여가의 틈바구니에서 담당 교역자를 비롯한 많은 목회자들이 고생을 하고 있는 것으로 알고 있다. 2015년 조사한 인구센서스 결과에서도 10~19세의 개신교 비율은 20.4%(2005년)에서 22.1%로 증가했다. 하지만, 1995년의 22.5%에 비해서는 0.4% 감소

했으며, 청소년 인구 자체의 감소는 절대 인원수에 있어서 그 감소를 더욱 체감하게 만들고 있다. 초등학교에 해당되는 내용이긴 하지만, 통계청과 교육과학기술부 자료를 토대로 한 서울시 발표에 따르면 2011년의 서울 초등학생 수는 53만 5,948명으로, 1965년(56만 4,779명) 이래 최저치를 기록했다. 이 수치는 1982년의 118만 3,735명의 절반에도 미치지 못하는 수치이다. 즉 절대 인원수가 급감하는데다 상대적 비율도 감소하여서 그 체감 폭은 더욱 클 수밖에 없다는 것이다. 0~9세의 개신교 인구도 0.6% 증가하는 결과를 나타내고 있지만(2005: 19.9% → 2015: 20.4%), 절대 인구의 감소는 이 연령층의 개신교 인구도 실제로는 줄어드는 양상으로 이어지게 만들고 있다.

이러한 개신교 유·청소년 인구의 감소에 대해 교회는 어떻게 대처할 수 있을까? 아래에 소개하는 통계치들이 이에 대한 직접적인 해결 방안을 제시할 수는 없을 것으로 보인다. 하지만 우리 시대의 청소년들이 처한 상황을 좀 더 이해할 수 있게 해 줌으로써 그에 대한 대안을 마련하는 데 어느 정도 도움을 줄 수는 있을 것으로 보인다.

먼저 소개할 내용은 초중고생의 여가 시간에 대한 통계이다. 이 내용은 이미 여러 언론에도 소개되어, 특히 초등학생의 여가 시간의 부족과 관련하여 많은 이들의 주목을 받은 바 있다. 한국청소년정책연구원의 발표에 따르면, 서울지역 초중고생의 평균 여가시간은 평일에는 초등학생 195.6분, 중학생 241.2분, 고등학생 195.2분이었고, 휴일의 경우에는 초등학생 442.5분, 중학생이 487.3분, 고등학생이 405.1분으로 나타났다. 여기서 흥미로운 것은 앞서 언급한 대로 초등학생의 여가시간이다. 초등학생의 여가시간은 중학생보다도 오히려 적었고, 고등학생과도 평일의 경우에는 거의 차이가 없었다. 한국청소년정책연구원은 이러한 결과가 정규수업시간은 적지만 그만큼 학원, 방과후학습 등 과

외 활동이 많아 대학입시 준비생만큼 바쁜 일상을 보내기 때문이라고 해석하고 있다. 더욱이 여가시간에도 대부분의 시간은 운동이나 취미 활동이 아닌 공부를 위해 재투자되었다. 초등학생들은 하루 평균 208.1분의 여가를 공부를 위해 사용한다고 답했고, 중학생과 고등학생의 여가 중 공부시간도 각각 평균 193분, 196분으로 나타났다(이 경우에는 평일과 휴일을 합쳐진 결과로 보인다). 반면 초등학생의 하루 평균 운동시간은 69.9분이었으며 중학생(51.1분)과 고등학생(43.3분)은 그보다 낮았다. 사실상 여가시간도 정말 '여가활동'을 위해 사용하지는 못하고 있는 실정이라고 할 수 있다.

위에 언급한 통계와 관련된, 그리고 더욱 심각한 문제 중의 하나가 청소년들의 게임 중독 현상이다. 그리고 우리를 더욱 고민하게 만드는 것은 이러한 게임 중독 현상이 계층 문제, 즉 소득 격차와 연관되어 있다는 사실이다. 앞서의 초중고생들의 여가시간의 통계에 있어서도 여가시간에 소득 수준이 영향을 미친다는 결과가 포함되어 있다. 즉 저소득층 학생의 평일 평균 여가는 평균 229.2분으로 일반 가정의 학생보다 약 15분가량 길었지만, 부모와 함께 시간을 보내는 주말에는 반대로 일반학생의 여가(451.5분)가 저소득층 학생(445.9분)보다 더 길었다. 큰 차이는 아니지만 약간은 길어진 평일의 여가시간을 저소득층 아이들은 무엇을 하면서 보낼까? 그에 대한 부분적 답이 게임 중독과 관련된 통계에 담겨 있다.

한국정보화진흥원이 발표한 '2010 인터넷 중독 실태조사'에 따르면 월소득 100만 원 미만인 가정의 인터넷 중독률은 11.1%로, 500만 원 이상인 가정(6.6%)보다 두 배 가까이 높았다. 또한 한부모 가정의 인터넷 고위험 사용자 비율은 6%로, 부모가 다 있는 가정(2.8%)보다 두 배 이상 높은 것으로 나타났다. 이러한 차이에 대해 한 전문가는 "게임 중

독은 '정보 격차'가 아니라 '관리 격차' 때문에 일어나는 것"이라고 말하고 있다. 즉, 저소득층, 더욱이 한부모 가정의 아이들은 많은 여가시간에 방치되어 있고, 그들이 방치되어 있는 여가시간 속에서 쉽게 할 수 있는 활동은 컴퓨터를 친구 삼아 집에서 혼자 게임에 빠져드는 것뿐이라는 것이다. 더욱이 이들은 중독에 빠지지 않도록 관리하고 관심을 보이는 사람이 옆에 없기 때문에 쉽게 인터넷 중독에 빠지게 된다. 현재 우리나라에서는 저소득층도 컴퓨터를 가지고 있고 인터넷에도 쉽게 접속할 수 있다. 정부가 2000년부터 시작한 저소득층 자녀 교육정보화지원사업은 지난해까지 19만 6,000명에게 컴퓨터를 보급하고 통신비를 지원했다. 하지만 컴퓨터를 제대로 사용하도록 관리하고 지켜봐 줄 부모가 곁에 없는 상황에서 이러한 지원은 또 다른 문제를 야기하고 있는 것이다.

이러한 상황에 대해 교회는 무엇을 할 수 있을까? 일단 2가지의 방향에서 활동이 가능할 것으로 보인다. 첫 번째는 공부와 관련된 과외활동 시간이나 여가시간 중 공부에 재투자되는 시간을 흡수하는 방안이다. 방과 후 공부방이나 교회에서 실시하는 영어 교육 등이 이러한 부류에 포함될 수 있을 것으로 보인다. 그러나 이러한 활동들이 교회 밖의 시설(학원 등)에 비해 뚜렷한 장점을 지니지 않는다면, 성과를 거두기는 쉽지 않을 것으로 보인다. 현재로서는 교회 안의 공부와 관련된 활동은 주로 저소득층을 대상으로, 무료 혹은 저렴한 비용으로 실시한다는 장점만을 보유한 실정이다. 두 번째로 생각해 볼 수 있는 방향은 이들의 진정한 의미의 '여가활동' 시간을 흡수하는 것이다. 앞에서도 언급한 것처럼 청소년들이 공부 이외에 가장 많은 시간을 보내는 것은 컴퓨터와 관련된 활동이다. 이들을 건전한 여가활동으로 이끌 수 있도록 교회에서 조직하고 흡수한다면 청소년들에게도, 또한 나아가 그들이 주역이 되는 한국 사회에도 바람직한 결과를 낳을 수 있지 않을까 생각한다.

이러한 대안들과 관련하여 생각해야 할 중요한 것 중 하나가 바로 공동체성의 회복이라는 문제이다. 미국의 사회학자 로버트 퍼트넘(Robert Putnam)은 『나 홀로 볼링』(*Bowling Alone*)이라는 재미있는 제목이 붙은 책에서 미디어의 발달, 특히 TV로 인한 미국 사회의 사회적 자본의 쇠퇴, 공동체성의 문제를 지적한 바 있다. 현재의 시점에서 개인이 컴퓨터 앞에서 보내는 시간은 이러한 공동체성의 붕괴를 더욱 심화시키고 있는 것 같다. 교회가 이들을 위해 프로그램을 제공함으로써 이러한 사회적 문제를 해결하는 데 기여할 수 있지 않을까? 이것은 단순한 '여가 활동'을 넘어, 공부와 관련된 활동에도 적용될 수 있는 사항이다. 즉, 경쟁 체제 속에 서로를 싸워 이겨야 할 대상이 아니라, 공부에 있어서도 서로 협조하고, 함께 답을 찾아가는 공동체의 중요성을 강조하는 특성화된 교육 활동을 도입함으로써 교회만의 특성을 살릴 수 있을 것으로 보인다. 그리고 이러한 프로그램을 시행함에 있어 재정적 · 인적 자원이 부족한 교회의 경우에는 일정한 지역 내의 교회들이 서로 협력하여 지역 사회를 위해 봉사하는 모습을 보인다면 더욱 큰 효과를 거둘 수 있지 않을까 생각한다. 어떤 활동을 하는가도 중요하지만, 그것이 얼마나 차별화되고 또한 얼마나 의미를 갖는가가 중요하다. 물론, 이러한 활동이 직접적으로 교인을 증가시킨다는 보장은 없다. 이를 위해서는 또 다른 매개 장치가 필요할 것으로 보이지만, 꼭 교인이 늘어나지 않는다 할지라도 교회가 지역 사회, 나아가 한국 사회에 의미 있는 활동의 장이 된다면 그것만으로도 충분히 의의가 있지 않을까?(물론 교인도 늘어난다면 더욱 좋겠지만 말이다.)

여기서 소개하고자 하는 청소년과 관련된 또 하나의 통계는 청소년의 성관계 경험과 관련된 것이다. 한국여성정책연구원이 최근 발표한 연구 결과에 따르면 전체 중·고생 중 성관계 경험이 있는 학생은 3.6%였다. 이는 2010년 여성가족부 조사 결과인 3.2%보다 0.4%포인트 늘어난 것이다(하지만 대부분의 연구 결과가 표본조사이고, 0.4%라는 수치는 표본오차 범위 내에 있기 때문에, 이 결과가 실제로 성관계 경험이 증가한 것이라고 말하기는 어렵다). 고교생만 살펴볼 때에는 성관계 경험 비율은 5.3%에서 6.1%로 늘었다. 성관계 경험을 가진 청소년의 비율은 특히 고등학교 1~2학년 사이에 급증하는 것으로 나타났다. 즉 중학생의 성관계 경험 비율이 0.6~1.2%에 그친 반면, 고 1은 3%, 고 2는 8.6%까지 뛰어올랐다. 이 결과에 따르면 우리나라 고등학교 2학년 이상 학생 11명 중 1명 정도는 성관계 경험이 있는 것으로 볼 수 있는 것이다. 하지만 성과 관련된 사실을 숨기려는 특성상 실제로 성 경험을 한 비율은 설문 조사 결과보다 훨씬 높을 것으로 생각된다.

이러한 성관계 경험의 비율은 고교 특성, 성별, 지역, 소득 수준에 따라 어느 정도 차이를 보였다. 고교생 중 일반계고 학생의 성 경험 비율이 3.9%에 그친 데 비해 전문계고 학생의 성 경험은 10.9%에 달했다. 또 남학생(4.5%)이 여학생(2.5%)보다, 대도시 청소년(3.8%)이 읍 · 면 거주 청소년(2.5%)보다 성 경험 비율이 높았다. 특히 성관계 경험 비율은 가정형편이 어렵거나 한부모 가정의 청소년일수록 높은 것으로 나타났다. 양친과 모두 함께 사는 청소년의 성 경험 비율이 3.2%인 데 비해 편모 슬하 청소년은 3.9%, 편부 슬하는 6.5%, 부모와 동거하지 않는 청소년은 11.1%가 성 경험이 있었다. 성관계 경험과 소득을 포함한 가정 상황과의 상관관계는 이 문제가 '관리 격차'로 인한 또 하나의 문제임을 보여주고 있다.

사회가 변화함에 따라 전통적인 잣대로만 현재의 상황을 판단할 수는 없다. 혼전 성관계, 혹은 청소년의 성 문제도 여기에 포함될 수 있을 것이다(최근 필자는 대중교통을 이용하다가 광고용 모니터를 통하여 본 한 영화의 예고편에 미혼 남녀의 관계를 요약한 문구 중에 '33번의 잠자리'라는 문구가 포함된 것을 보고 시대가 정말 많이 변했구나 하는 것을 실감한 바 있다.). 하지만 앞의 청소년의 성관계 경험과 관련해서 우리가 주목해 볼 사실 중의 하나는 그 수치의 증가가 시대의 변화뿐 아니라, '관리 격차'와 연관되어 있다는 사실이다. 그리고 여기에 교회의 사명이 있을 수 있다. 여가시간에 방치된 청소년, 인터넷 게임에 방치된 청소년, 성관계 경험에 방치된 청소년, 그들을 관리하고 이끌어 줄 사명이 교회에 있다. 그들이 방치된 혼자가 아니라 함께하는 공동체의 일원이라는 사실, 그들에게 자신의 존재 의미와 장래에 대한 꿈을 심어 줄 의무가 교회에 있다. 교회는 이들 청소년을 위해, 그들의 일상, 단지 1주일 중의 하루, 예배드리는 한두 시간뿐 아니라 그들의 삶 자체로 들어가 함께할 필요가 있는 것이다. (조사된 바는 아니지만) 교회 안의 아이들이 교회 밖의 아이들보다 성 문제, 혹은 인터넷 중독 문제에서 안전할까? 위에 언급된 사회학적 지표들을 통제한다면(즉 같은 소득 수준, 같은 가정형편 등의 아이들을 대상으로 조사한다면), 반드시 안전하리라는 확신을 가질 수 없는 것이 현재의 상황인 것 같다. 이제 아이들이 주일 예배에 참석하는 것만으로, 부서의 출석 인원이 줄지 않았다는 것만으로 만족해서는 안 될 것 같다. 그리고 이들의 삶 속으로 파고들기 위해서는 단지 교육부서 담당자의 수고뿐 아니라, 교회 전체의 재정적 · 인적 자원이 필수적이다. 또한 앞서 말한 것처럼 지역 교회 간의 협력도 필요할 것이다. 청소년은 한국 사회의 미래일 뿐 아니라, 대한민국 교회의 미래이기도 하다. 그들이 없다면 한국 교회의 미래도 없다. 방치된 아이들을 위한 '관리', 아니 '돌봄'과 나아가 '인도함'이 절실한 상황이다.

III. 선교를 위한 기본적 이해 : 세계 종교 인구의 변화

필자가 학기 초에 수업을 시작할 때면 수강생들에게 장차 무엇을 하고 싶으냐고 곧잘 묻곤 한다. 그러면 신학생들 중 꽤 많은 인원이 선교사로 나가겠다고 얘기를 하고, 또 그중의 많은 비율이 아프리카 대륙을 자신의 선교 대상지로 얘기하곤 한다. 독자 여러분은 아프리카의 기독교인 비율이 우리나라보다 높다는 사실을 알고 있는가? 물론 그중 많은 비율은 아프리카 독립교회 소속으로 우리가 흔히 생각하는 기독교와는 조금 다른 색깔을 하고 있다. 그럼에도 불구하고 아프리카 전체의 기독교인 비율이 40%를 넘는다는 사실(통계에 따라 약간씩 다르다.)은 많은 사람에게 충격적일 것이다. 이는 가톨릭과 개신교를 합한 우리나라의 기독교인 비율 30%(2005년 인구 센서스 결과에 의하면 개신교인 비율은 18.3%, 가톨릭 비율은 11.0%이다)를 상회한다. 우리는 대한민국이 세계에 유례가 없는 기독교 성장 국가라고 생각할지 모르지만, 나이지리아는 1900년대 1%에서 1970년대 44%로 우리보다 더 놀라운 증가율을 기록하였다(물론 나이지리아의 기독교 인구 중 가장 많은 비율을 차지하는 집단은 성공회로, 우리와는 성격이 조금 틀린 것은 사실이다.).

우리가 기독교를 보는 시각은 어쩌면 '우물 안 개구리'의 시각인지 모른다. 전 세계에서 기독교가 차지하는 비율은 얼마나 되며, 어떻게 변하고 있을까? 이 코너가 대부분 국내의 통계를 소개하고 있지만, 한 번쯤은 전 세계로 눈을 돌려 세계의 흐름 속에서 우리의 위치를 살펴보는 것도 좋을 듯하다. 그리고 이것은 어쩌면 세계 2위의 선교대국으로서 우리나라의 위치에 있어 필수적인 것인지도 모른다. 참고로 요즘 표절 시비가 세간의 화두가 되고 있기에, 여기에 소개하는 대부분의 자료는 필립 젠킨스(Philip Jenkins)의 책 『신의 미래』(*The Next Christendom*)에 의존하고 있음을 밝혀 둔다(부분적으로는 이원규 교수님의 『힘내라, 한국교회』에 나온 자료도 인용하였다). 젠킨스의 책은 국내에도 출간되어 있기에 직접 구해서 읽어 보는 것도 좋을 듯하다.

우리나라 사람들은 늘 순위 매기기를 좋아하기에 기독교가 세계에서 몇 번째 위치를 차지하고 있는지 살펴보는 것으로 시작하자. 기독교의 순위는 가톨릭과 개신교(혹은 동방정교까지)를 합쳐서 생각하느냐, 나누어서 생각하느냐에 따라 다르다. 일단 모두 합쳐서 생각한다면 2005년 기준으로 기독교가 1위, 이슬람이 2위다. 기독교인은 세계 인구의 33%로 21억 명 정도가 기독교를 믿고 있으며, 그중 가톨릭이 11억, 개신교가 4억 4천만 정도이다(이에 대한 좀 더 자세한 설명은 뒤에 나온다.). 이슬람은 21%로 13억 명 정도의 신자를 갖고 있다. 그 다음이 힌두교 14%(약 9억 명), 불교 6%(약 3억 8천만 명)의 순이며, 종교를 갖고 있지 않은 사람도 15%(약 10억 명) 정도 되고 있다.

그렇다면 이들 기독교인은 각 대륙에 어떻게 다르게 분포하고 있을까? 우리는 대개 기독교하면 서구의 종교라고 생각한다. 하지만 통계에 의하면 더 이상 기독교는 서구의 종교가 아니며, 이러한 추세는 더 강화될 것으로 예측된다. 역시 2005년 기준으로 보면 아직도 기독교인이 제일 많은 대륙은 유럽이다. 유럽의 기독교인은 5억 3천만 명 정도이다. 그러나 그 다음 순위에 위치한 라틴 아메리카의 기독교인도 5억 1천만 명에 달해 거의 차이를 보이지 않는다. 그리고 그 다음이 아프리카 3억 9천만 명, 아시아 3억 4천만 명 정도이다. 북아메리카는 그 다음으로 약 2억 3천만 명이다. 더욱 놀라운 것은 앞으로의 추세인데, 현재 가장 빠른 비율로 기독교인이 증가하고 있는 대륙은 바로 앞에서 언급한 아프리카이다. 전문가들의 예상에 의하면 아프리카의 기독교인 인구는 앞으로 30년 안에 2배가 될 것이라고 한다.

이와 같은 추세를 감안할 때, 앞으로 어떤 나라들이 주요한 기독교 국가로 자리잡게 될까? 젠킨스가 '국제종교자유 연례보고서'와 'CIA 세계 국가 정보'를 토대로 작성한 예상이 아래의 〈표 2〉와 같다. 얼마나 여러분들의 예상과 일치하는가? 미국이 여전히 최대의 기독교 국가라는 점은 익히 예상할 수 있는 것이겠지만 필리핀, 나아가 나이지리아, 콩고민주공화국, 에티오피아 같은 아프리카 국가들이 세계 10대 기독교 국가에 어깨를 나란히 하리라고 예상한 독자들이 얼마나 될까? 현재 나이지리아와 콩고민주공화국에서 매년 세례를 받는 사람은 유럽의 국가들보다 훨씬 더 많다. 그리고 이들의 37%가 성인들이다. 가톨릭의 경우 2005년 기준 교황 투표권을 가진 추기경의 40% 이상이 제3세계 국가 출신이고, 이 때문에 머지않아 제3세계 출신 교황, 나아가 언젠가는 흑인 교황까지도 나타날 수 있다고 예상하고 있다. 세계에서 가장 큰 가톨릭 신학교는 유럽이 아닌 나이지리아에 있는 비가드 메모리얼 신

표 2 2025년과 2050년의 최대 기독교 국가 (단위 : 명)

국가	2000년	2025년	2050년
미국	2억 2천500만	2억 7천만	3억 3천만
브라질	1억 6천400만	1억 9천만	1억 9천500만
멕시코	9천500만	1억 2천700만	1억 4천500만
필리핀	7천700만	1억 1천600만	1억 4천500만
나이지리아	5천만	8천300만	1억 2천300만
콩고민주공화국	3천400만	7천만	1억 2천100만
에티오피아	3천600만	6천500만	7천900만
러시아	9천만(?)	8천500만	8천만
중국	5천만(?)	6천만	6천만
독일	5천800만	6천100만	5천700만

출처 : 필립 젠킨스, 『신의 미래』. 179쪽.

학교이다.

앞에서 우리는 기독교 전체에 관한 통계를 살펴봤다. 그렇다면 우리의 좀 더 직적접 관심사인 개신교의 위치는 어떠할까? 젠킨스가 인용한 Global Christianity의 인터넷 자료에 의한 기독교 각 집단의 교세는 다음의 〈표 3〉과 같다. 여러분이 예상한 개신교의 위치는 어디쯤이었는가? 가톨릭에 비해 개신교 인구가 이렇게 적은 것을 몰랐던 사람도 있을 것이고, 독립교단의 교세가 예상 외로 강한 것에 놀란 사람도 있을 것이다. 그러나 이런 사람들을 안심시켜 줄 수 있는 것은 대부분의 독립교단이 개신교의 성격, 그중에서도 특히 오순절 운동의 성격을 지닌다는 것이다. 최근의 기독교인의 가장 급격한 증가는 이와 같은 오순절 운동의 성격을 지닌 독립교단에 의한 것이며, 이러한 현상은 우리 나라에도 소개된 하비 콕스의 *Fire from Heaven*(우리나라에는 『영성 · 음악 · 여성 : 21세기 종교와 성령운동』이라는 제목으로 번역되었다.)을 비롯한 많은 종교사회학 저술에서 다루어지고 있다. 결국 독립교단과 개신교 인구를 합치면 2005년 약 8억, 2025년 예상 약 11억 명이 되는 셈이다.

그렇다면 이러한 세계의 기독교, 특히 오순절 운동을 중심으로 한 개신교의 상황을 아는 것 이외에 이러한 통계들을 통하여 우리가 생각해 볼 수 있는 것은 무엇일까? 우선적으로 아프리카를 비롯한 제3세계 국가들에서 개신교가 성장하고 있는 원인에 대한 것이다. 사실 이에 대해 기술하는 것만으로도 책 한 권은 족히 써야 하기에 여기서 그 원인에 대해 충분히 살펴볼 수는 없다. 단지 종교 내적 요인 외에 사회적 상황과 관련하여 생각해 본다면, 사회 변동이라는 요인이 크게 작용하였고(이는 우리나라의 1960~70년대의 개신교 성장에서도 동일하다.), 다출산 국가라는 요인도 중요하게 작용하고 있다. 실제 20세기에 가장 눈부시게 성장한 종교가 이슬람과 기독교인데, 이 둘은 다출산이라는 공통점을 갖고 있다. 물론 기독교의 다출산은 서구의 기독교의 경우에는 해당되

표 3 기독교 각 집단의 교세 (단위 : 명)

집단	2005년	2025년
가톨릭	11억 1천900만	13억 3천600만
독립교단	4억 2천700만	6억 1천300만
개신교	3억 7천600만	4억 9천100만
정교회	2억 2천만	2억 3천600만
성공회	8천만	1억 800만
기타	3천400만	5천만
계	22억 5천600만	28억 3천400만

출처 : 필립 젠킨스, 『신의 미래』, 133쪽.

지 않는다. 이러한 사실은 미국 복음주의 기독교와 소위 '주류'(mainline) 기독교의 비교에서도 드러난다. 20세기 미국의 기독교에 있어 복음주의 측의 성장과 주류 기독교의 퇴조가 매우 의미 있는 현상으로 나타나는데, 여기에 일조한 것이 바로 복음주의 기독교의 다출산 경향이라는 것이다. 앞에서도 얘기한 바와 같이 '전도' 못하면 '애라도 많이 낳으라.'는 농담은 더 이상 농담이 아니라 가장 확실한 교회 성장의 수단이라는 것이다. 이러한 맥락에서 현재 한국 사회의 비혼과 저출산 경향에 대한 교회의 대처가 주목되는 것이다. 즉, 전도도 많이 해야 하지만 현재의 저출산 사회에서 기독교인이 많은 자녀를 출산하게 되면(물론 이들을 건전한 기독교인으로 키워야 함이 전제되지만), 자연스럽게 대한민국에서의 기독교인의 비율이 증가하게 될 것이라는 것이다. 따라서 대한민국의 복음화를 위해 성도에 대한 결혼 및 출산의 장려와 건전한 결혼 생활에 대한 교육은 매우 중요하다 할 것이다.

두 번째로 생각해 볼 것은 서두에 제기한 아프리카 선교와 관련된 사항이다. 아프리카의 복음화율이 우리에 비해서도 높음은 앞에서 충분히 얘기한 것으로 생각된다. 그렇다고 선교의 필요가 없는 것일까? 그렇지는 않다. 여기서 먼저 제기되어야 할 문제는 성직자 수급의 문제이다. 현재 서구 교회는 성직자의 부족으로 많은 인원을 소위 제3세계에서 끌어다 쓰고 있는 실정이다. 미국 가톨릭 신부의 많은 비율이 베트남을 비롯한 제3세계에서 온 이들이고, 이제는 우리 주변에서도 외국에서 목회하고 있는 한국인 목회자들을 많이 볼 수 있다(물론 아직은 한인 목회를 하는 경우가 대부분이지만 말이다). 그렇다면 제3세계는 성직자 지원자가 넘쳐서 서구 사회로 수출하는 것일까? 결코 그렇지 않다. 가톨릭의 경우를 보면 성직자 1명이 맡아야 하는 평신도의 수가 미국의 경우 1,200명인 반면에 나아지리아는 8,000명, 브라질은 8,800명에 이른다. 물론 개신교의 경우는 이러한 사정이 훨씬 나아진다. 하지만 성직자의 부족은 여전히 아프리카를 비롯한 제3세계 국가 기독교의 중요한 문제이다. 결국 목자 없는 양들이 이들을 이끌어 줄 선교사를 기다리고 있다는 것이다. 그리고 이와 함께 아프리카 교회의 조금은 독특한(이단적일 수도 있는) 성격도 선교사의 필요성을 제기하는 요인일 수 있다. 하지만 이와 같은 교리적인 문제는 여기서 다룰 수 있는 부분은 아닌 것 같다.

여기서 소개된 내용이 '우물 안 개구리'를 벗어나는 데 조금은 도움이 되었을까? 더 넓은 시각을 위해서는 지속적인 공부가 필요할 것이다. 특히 우리가 자랑하는 세계 제2위의 선교대국에 걸맞는 인식을 갖추기 위해서는 이러한 지속적인 공부가 필수적인 것이라 생각된다. 바깥 세상을 모르는 '우물 안 개구리'는 우물을 벗어나는 순간 위기를 맞을 수 밖에 없는 것이니까.

찾아보기

[저자약력]

최 현 종

서울대학교 심리학과
서울신학대학교 신학대학원(M.Div.)
독일 라이프찌히(Leipzig)대학 박사(종교사회학)
현 서울신학대학교 교양학부 조교수

저서 : 「한국 종교인구변동에 관한 연구」(2011)
「21세기 종교사회학」(2013, 공저)
「종교와 사회진보」(2015, 공저)
「종교는 돈을 어떻게 가르치는가」(2016, 공저) 외 다수
논문 : "종교 인구에 대한 센서스 결과 분석"(2010) 외 다수

오늘의 사회, 오늘의 종교

2017년 2월 10일 제1판 1쇄 인쇄
2017년 2월 15일 제1판 1쇄 발행

저 자 최 현 종
발행인 강 희 일 · 박 은 자
발행처 **다 산 출 판 사**
서울특별시 마포구 용강동 494-85
등 록 1979. 6. 5. 제 3-86 호(윤)
전 화 717-3661~2, 718-1751~2
FAX 716-9945
조판 민 하 디 지 탈 아 트

茶山出版社

정가 18,000원 파본은 바꾸어 드립니다.

http://www.dasanbooks.co.kr
ISBN 978-89-7110-539-9 93210